Le nouvel atelier de

français

cycle 3

Dire lire écrire

Sous la direction de Dominique ROURE
Inspecteur de l'Éducation Nationale

Jean-Louis BRAY Professeur des écoles

Geneviève COLLET Maître Formateur

Jacky CRÉPIN Inspecteur de l'Éducation Nationale

François FONTAINE Instituteur

Odile GRUMEL Conseillère Pédagogique

Christian LAMBLIN Instituteur

Michel PELTIER Conseiller Pédagogique

BORDAS

AVANT-PROPOS

Une démarche conforme aux instructions officielles

La collection « Le nouvel atelier de français » a été créée pour promouvoir une pédagogie globale du français basée sur les interactions entre *le dire, le lire* et *l'écrire*, entre les activités réflexives et les activités d'expression et de communication.

Amener l'enfant à un usage efficace de l'écrit et de l'oral impose en effet de développer ses capacités d'expression et de communication dans des situations variées tout en lui faisant approfondir sa réflexion sur le fonctionnement de la langue. Ces deux démarches, loin d'être cloisonnées, nécessitent d'être associées sans confusion ni dispersion.

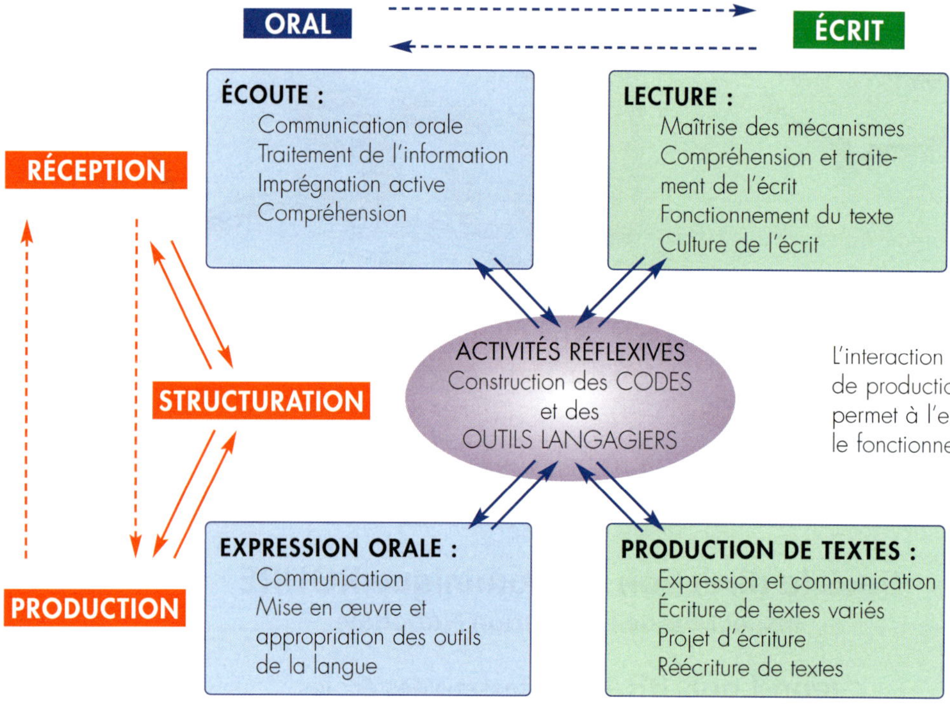

L'interaction entre les activités de production et de réception permet à l'enfant de s'approprier le fonctionnement de la langue.

Il s'agit bien de construire la langue écrite et la langue orale dans leur complémentarité et leurs spécificités respectives.

Un manuel qui s'inscrit pleinement dans la collection Le nouvel atelier de français

Chaque élément de la collection s'inscrit dans les choix didactiques précisés ci-dessus et s'efforce de répondre à des besoins spécifiques :

– Les manuels classiques « de niveau » constituent un outil collectif de référence pour les classes fonctionnant sur la base d'un niveau unique. Il convient de le mettre en œuvre en différenciant les activités et les modes d'accompagnement des élèves selon leurs besoins. Ces manuels conçus pour assurer la continuité des apprentissages au sein du cycle permettent de travailler progressivement en référence aux compétences attendues à la fin du cycle.

– Les fichiers photocopiables apportent une aide dans le fonctionnement de la classe en proposant notamment des activités collectives et individuelles d'approfondissement et en favorisant la construction de l'autonomie de l'élève.

Ce livre de cycle, regroupe en son sein, dans une progression claire et structurée, les différentes activités permettant d'atteindre des compétences visées en fin de cycle 3. Particulièrement indiqué **pour les classes multi-niveaux**, il peut aussi être utilisé avec des classes à niveau unique engagées dans une progression de cycle, dans lesquelles les enseignants souhaitent proposer des activités différenciées en fonction des besoins des élèves.

Cette approche plus collective et plus souple a été prise en compte dans la structuration de cet ouvrage, par l'identification **de trois niveaux de référence** rendant ainsi plus aisés le choix et la conduite des activités.

Un manuel clairement structuré pour une utilisation ouverte

Ce manuel de cycle est structuré en quatre parties clairement identifiées qu'il appartient à l'enseignant de mettre en œuvre à partir de ses choix de progression et d'organisation de la classe :

– une grande part des **activités d'oral, de lecture et d'écriture** proposées dans les manuels de la collection portant sur des extraits de textes variés, ont été reprises et réorganisées en fonction d'une progression de cycle établie à partir des fonctions de l'écrit,

– des **extraits de textes littéraires et des activités adaptées** ont été ajoutés afin de proposer une passerelle vers la lecture littéraire. Ces activités ont été organisées pour une mise en œuvre progressive au sein du cycle ; elles débouchent sur des lectures en réseaux,

– les **textes documentaires et les activités de lecture/écriture** proposés dans les manuels de la collection ont été repris et organisés pour constituer un ensemble d'activités cohérent et adapté à la construction des compétences méthodologiques liées à la transversalité de la lecture,

– les **textes poétiques et les activités d'expression, compréhension, production** proposés dans les manuels de la collection ont été repris et présentés afin de constituer un ensemble cohérent propice à l'initiation poétique et à la construction des compétences attendues.

L'enseignant dispose ainsi d'un ouvrage **conforme aux programmes officiels**, qui lui permettra d'engager les activités de lecture/écriture nécessaires à la construction des compétences visées au cycle 3. Il lui appartiendra d'adapter le rythme de progression en fonction des élèves de sa classe et de prolonger l'exploitation des textes pour engager les activités réflexives permettant de construire les connaissances instrumentales nécessaires à la maîtrise de la langue.

Les auteurs

Édition : Sylvie Jos
Fabrication : Patricia Poinsard
Illustrations : Unités 1, 18 et p. 266 : Guigoguin
Unités 2, 6, 12, 13, 19 et pp. 296, 297, 298 : Catherine Claveau
Unités 3, 7, 11 et 17 : Jean-François Dumont
Unité 4 et p. 260 : Eva Vandevorde
Unités 5 et 14 : Agnès Perruchon
Unité 8 : Claire Gourdin
Unités 9, 20 et p. 273 : Annie Claude Martin
Unité 10 et p. 280 : Virginie Regnauld
Unité 15 : Caroline Hesnard
Unité 16 : Tony Grippo
Unité 21 et p. 285 : Jörg Maillet
Pages 43 et 55 : Benoït Debecker
Page 291 : Virginio Vona
Iconographie : Christian Limouzy
Maquette de couverture : Sarbacane
Maquette intérieure : Marie-Christine Carini
Dessin de couverture : Yves Calarnou
Réalisation : FNG

ISBN 2-04-729645-5

ORGANISATION DU MANUEL

Première partie : Lire, dire, écrire autour de textes

THÈME	Activités orales	Texte 1 suivi d'activités de lecture et de vocabulaire	Découvrons suivi d'une séquence d'écriture	Texte 2 suivi d'activités de lecture et de vocabulaire	Découvrons le fonctionnement du texte	Texte 3 suivi d'activités de lecture et de vocabulaire	Projet d'écriture	atelier de lecture
RACONTER P. 7 À 102								
Unité 1 **L'enfance** **p. 8**	• Observer et imaginer • S'exprimer • Raconter un souvenir p. 9	*Victor, l'enfant sauvage* Marie-Hélène Delval, p. 10	**1.** Identifier les personnages, p. 12	*La canne magique* Gianni Rodari, p. 13	**2.** Présenter un personnage, p. 15	*Interdit aux tyrans !* Lizi Boyd, p. 16	**3.** Écrire un récit, p. 18	p. 19
Unité 2 **Vivre des aventures** **p. 20**	• Observer et imaginer • S'exprimer • Raconter une histoire drôle p. 21	*Départ vers l'aventure* Jean-Marie Le Clézio, p. 22	**1.** Identifier le héros, p. 24	*La capture* Molly Burkett, p. 25	**2.** Désigner des personnages, p. 27	*Un problème de mémoire* Ali Baba et les quarante voleurs p. 28	**3.** Écrire un conte à formule magique, p. 30	p. 31
Unité 3 **Les animaux** **p. 32**	• Observer et décrire • S'exprimer • Raconter une histoire imaginaire p. 33	*Les animaux et les voleurs* p. 34	**1.** Identifier la structure du récit, p. 36	*Pris au piège !* Paul Fournel, p. 37	**2.** Indiquer des déplacements, p. 39	*Le loup et l'agneau* Bernard Friot, p. 40	**3.** Écrire une histoire à répétitions, p. 42	p. 43
Unité 4 **Un monde imaginaire** **p. 44**	• Observer et raconter • Dialoguer • Utiliser des informations p. 45	*La journée du géant (1)* Margret et Rolf Rettich, p. 46	**1.** Construire un conte, p. 48	*La journée du géant (2)* Margret et Rolf Rettich, p. 49	**2.** Repérer l'organisation d'un récit, p. 51	*Poil à Gratter, la terreur de la forêt* Marie-Odile Judes, p. 52	**3.** Écrire un conte connu, p. 54	p. 55
Unité 5 **Les voyages** **p. 56**	• Observer et décrire • S'exprimer • Raconter un voyage p. 57	*Le garçon qui racontait des histoires* Daniel Pennac, p. 58	**1.** Raconter des événements, p. 60	*Le combat contre les requins* Ernest Hemingway, p. 61	**2.** Repérer le temps et les lieux, p. 63	*Après le naufrage…* Michel Tournier, p. 64	**3.** Écrire la suite d'un récit, p.66	p. 67
Unité 6 **La mer** **p. 68**	• Observer et imaginer • Justifier un choix • Utiliser des informations p. 69	*Le visiteur indélicat* Alain Bombard, p. 70	**1.** Organiser un récit, p. 71	*L'appétit vient en admirant* Bernard Moitessier, p. 73	**2.** Utiliser les organisateurs de texte, p. 75	*Le cimetière des naufragés* Alphonse Daudet, p. 76	**3.** Résumer un texte, p. 78	p. 79
Unité 7 **L'humour** **p. 80**	• Observer et imaginer • S'exprimer • Donner son avis p. 81	*Le discours* Christian Lamblin, p. 82	**1.** Différencier le discours et le récit p. 84	*Un automobiliste bien imprudent* François Fontaine, p. 85	**2.** Construire un dialogue, p. 87	*Une bonne plaisanterie* Ernestine et Frank Gilbreth, p. 88	**3.** Écrire une scène de théâtre, p. 90	p. 91
Unité 8 **Le fantastique** **p. 92**	• Observer et identifier • S'exprimer • Décrire un personnage p. 93	*L'apparition (1)* Ted Hugues, p. 94	**1.** Repérer l'organisation du récit, p. 96	*L'apparition (2)* Ted Hugues, p. 97	**2.** Enchaîner des actions, p. 99	*Une étrange maladie* Guy de Maupassant, p. 100	**3.** Écrire un récit fantastique, p. 102	

Première partie : Lire, dire, écrire autour de textes (suite)

Première partie : Lire, dire, écrire autour de textes (suite)

Devant chaque unité de la première partie figure une indication de niveau :

- niveau 1 : cette unité est plutôt destinée à la première année du cycle (CE2)
- niveau 2 : cette unité est plutôt destinée à la deuxième année du cycle (CM1)
- niveau 3 : cette unité est plutôt destinée à la troisième année du cycle (CM2)

Ces indications de niveau sont toutefois très relatives. L'enseignant peut proposer des unités sans lien avec le niveau de la classe, par exemple pour faire travailler des compétences spécifiques nécessaires dans un projet de classe, pour consolider des compétences fragiles ou complexes, ou encore parce qu'il va adapter ce qui était prévu.

Raconter

		lire / écrire	projets d'écriture
Unité 1	niveau 1	Identifier les personnages	Écrire un récit
Unité 2	niveau 1	Identifier le héros	Écrire un conte à formule magique
Unité 3	niveau 1	Identifier la structure du récit	Écrire une histoire à répétitions
Unité 4	niveau 1	Comprendre la construction du conte	Écrire un conte connu
Unité 5	niveau 2	Raconter des événements	Écrire la suite d'un récit
Unité 6	niveau 2	Percevoir l'organisation du récit	Écrire un résumé
Unité 7	niveau 2	Repérer les dialogues	Écrire une scène de théâtre
Unité 8	niveau 3	Organiser les actions	Écrire un récit fantastique

1

niveau 1

Dans cette unité tu vas apprendre à :

- ***1. Identifier les personnages.***
- ***2. Présenter un personnage.***
- ***3. Écrire un récit.***

À quel moment de l'année cette scène pourrait-elle se passer ? Pourquoi ?

à l'oral

Observer et imaginer

1. Observe la page de gauche. Donne le nom de tous les jeux auxquels jouent les enfants, puis décris ce que font les adultes.

2. Choisis un jeu sur le dessin et, sans dire son nom, décris-le à un camarade; il doit deviner de quel jeu il s'agit.

   Fais de même avec un jeu qui n'est pas représenté sur le dessin. As-tu donné le même genre d'informations?

S'exprimer

1. Quels sont les jeux auxquels tu préfères jouer? Quelles qualités sont nécessaires pour bien y jouer?

2. Y a-t-il des jeux qui te paraissent plutôt convenir aux filles? aux garçons? Qu'en penses-tu?

Raconter un souvenir

◆ Souviens-toi d'un jeu collectif auquel tu as joué quand tu étais au CE1. Raconte à tes camarades comment la partie s'est déroulée...

Voici quelques conseils pour préparer ce que tu vas dire :

- précise bien les circonstances: où et quand cela a-t-il eu lieu? Qui était présent?
- explique bien chaque événement: le début de la partie..., ce qui s'est passé ensuite..., (pense à utiliser des mots comme *brusquement, puis, ensuite, tout à coup, alors*...);
- n'oublie pas de raconter la fin de la partie *(Finalement...)*.

Pour t'aider, note les informations que tu dois absolument donner. Avant de raconter ton souvenir à la classe, essaie avec ton voisin. N'hésite pas à ajouter des détails pour rendre ton récit plus vivant.

◆ 1. Identifier les personnages

Victor, l'enfant sauvage

Cette histoire est vraie. Elle commence il y a presque deux cents ans dans une région de France qui s'appelle l'Aveyron. Une femme qui ramassait des champignons dans la forêt revient en courant dans son village. Elle est épouvantée[1]. Elle raconte :

« J'ai vu une espèce de bête qui courait à moitié debout, à moitié sur quatre pattes, avec une crinière noire sur la tête. »

Le lendemain, les chasseurs fouillent la forêt. Les chiens ont vite fait de flairer la piste de cette bête bizarre qui grimpe aux arbres et galope entre les buissons. La bête se réfugie dans un trou. Mais quand les chiens l'encerclent, elle attaque. Elle plante férocement ses dents dans la gorge d'un chien. Les chasseurs se précipitent. La bête est prise. Alors, l'un des chasseurs lui jette sur le dos une chemise. Car ce qu'ils viennent de capturer, ce n'est pas une bête, c'est un enfant, un garçon nu, au corps noir de terre, aux ongles longs et durs comme des griffes, c'est un enfant sauvage.

On enferme le sauvage à la gendarmerie, comme une bête dans une cage. Il est sale et il sent mauvais. Il grogne et il mord. Quand on lui apporte à manger, il renverse les aliments, il les pétrit[2] avec les doigts avant de les enfourner dans sa bouche.

J'aime lire n°40 de Marie-Hélène Delval,
© Bayard Presse.

1. **épouvanté :** effrayé.
2. **pétrir :** presser.

Le titre du livre : « J'aime lire » n° 40.

Le titre du texte : ....

Le personnage principal : Il s'appelle Victor.

L'auteur : Marie-Hélène Delval

L'éditeur : Bayard Presse

Lire sans hésiter

◆ Lis ces phrases en séparant les mots correctement.

Unefemmequiramassaitdeschampignonsrevientencourant.
Lelendemainleschasseursfouillentlaforêt.
Iles tsa leet ilse ntmau vais.

Vocabulaire

1. À l'aide des définitions suivantes, retrouve des verbes du texte.
   - Renifler quelque chose ou quelqu'un grâce à son odorat : …
   - Courir vite en parlant d'un cheval : …
   - Attraper, s'emparer d'un être vivant : …

2. À l'aide du texte et du dictionnaire, trouve la définition qui correspond :
   Enfermer, c'est … – Fouiller, c'est … – Encercler, c'est …

3. a. Indique où travaillent ces personnes :
   Ex : Les gendarmes travaillent dans la gendarmerie.
   le pâtissier – le menuisier – le chocolatier – le maire – le boulanger – le charcutier – le boucher – l'épicier.

   b. Recopie les métiers ci-dessus en les mettant au féminin.

Lecture - compréhension

L'essentiel

1. En t'aidant du texte, complète ce résumé :
   Cette histoire … . Elle commence il y a … . Une femme est épouvantée car elle a vu … qui … . Les chiens ont … qui est prise par les … . En fait, les chasseurs viennent de capturer … . C'est un … .

En détail

2. Où et quand se déroule cette histoire ?
3. Décris la façon dont se déplace l'enfant sauvage.
4. Comment l'enfant se défend-il contre les chiens ?
5. Comment Victor se conduit-il dans la gendarmerie ?

Découvrons les personnages

1. De quel personnage va-t-on raconter l'histoire, page 10 ? Aide-toi du titre.

2. Quels sont tous les personnages de l'histoire ?

3. Quel personnage apparaît en premier dans l'histoire ?
Quel est son rôle ?

4. Indique ce que font les personnages suivants :

Une femme	a. flairent la piste.
	b. encerclent la bête.
Les chasseurs	c. capturent la bête.
	d. se précipitent sur la bête.
Les chiens	e. découvre une espèce de bête.

5. *« Il est sale et il sent mauvais. Il grogne et il mord. Quand on lui apporte à manger, il renverse les aliments, il les pétrit avec les doigts avant de les enfourner dans sa bouche. »*

   a. De quel personnage s'agit-il ?

   b. Relève dans le texte tout ce que tu sais sur Victor.

   c. À l'aide de ces informations, imagine le personnage de Vortic qui est tout le contraire de Victor. Décris-le.

À toi d'écrire

6. a. Relis le dernier paragraphe en commençant par :
« On m'enferme à la gendarmerie, comme une bête … »
Qui pourrait tenir ce langage ? Quels mots changent ?

   b. Recopie le texte, des lignes 7 à 14, en le modifiant pour que ce soit Victor qui raconte sa capture.
« Le lendemain, les chasseurs fouillent la forêt. Les chiens ont vite fait de flairer ma piste, ils me prennent pour une bête bizarre qui grimpe… »
Souligne en couleur tout ce que tu as modifié.

◆ 2. Présenter un personnage

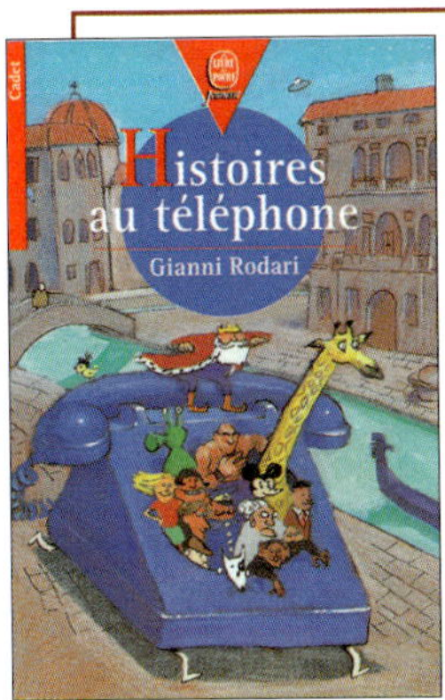

La canne magique

Un jour, le petit Claude jouait dans la cour de son H.L.M. quand il vit passer dans la rue un beau vieillard aux lunettes d'or qui marchait tout courbé en s'appuyant sur une canne. Celle-ci, soudain, lui échappa des mains. Claude fut leste[1] à la ramasser et la tendit au vieil homme, qui lui dit en souriant :

« Merci, mais je n'en ai pas besoin. Je peux très bien marcher sans canne. Si elle te plaît, garde-la. » [...]

L'enfant tapa deux ou trois fois la pointe par terre, puis, machinalement, enfourcha la canne, et voilà que soudain ce n'était plus une canne mais un cheval, un merveilleux poulain noir avec une étoile blanche sur le front, qui s'élança au galop autour de la cour, hennissant et soulevant des gerbes d'étincelles. Lorsque Claude, stupéfait et un peu effrayé, réussit à mettre pied à terre, la canne était redevenue une canne. [...]

« Je vais refaire un essai », décida Claude quand il eut repris son souffle. Il enfourcha à nouveau la canne : plus de cheval cette fois, mais un chameau solennel[2] et compassé[3] qui traversait un immense désert. [...]

L'après-midi passa rapidement au rythme de ces jeux. Vers le soir, Claude vit revenir le vieillard aux lunettes d'or. [...]

« Alors, elle te plaît, ma canne ? » demanda-t-il en souriant à l'enfant. Claude crut qu'il voulait la reprendre et la lui tendit en rougissant. Mais le vieil homme lui fit signe que non :

« Garde-la, garde-la. Que veux-tu que j'en fasse désormais ? Toi, tu peux voler avec ; moi, je ne pourrais que m'y appuyer. Je m'appuierai au mur, ce sera pareil. »

Et il s'en alla en souriant, car personne n'est plus heureux au monde qu'un vieillard qui peut faire un cadeau à un enfant.

Histoires au téléphone de Gianni Rodari,
coll. *Le livre de poche Jeunesse*,

1. **leste :** rapide.
2. **solennel :** fier.
3. **compassé :** un peu raide.

Si tu avais une canne magique, comment l'utiliserais-tu ?...

Lire sans hésiter

◆ Entraîne-toi à dire ces formules magiques :

abracadabra – aratiganatouac – farfillou, farfilla, quaradiba! – carabistouille de carabista – guiguenouillis guiguenouillas.

Lecture - compréhension

L'essentiel

1. Raconte l'histoire de la page 13, en quelques phrases, puis cherche un autre titre.
2. Pourquoi le vieillard a-t-il donné sa canne à l'enfant? Qu'en penses-tu?

En détail

3. Quels sont les personnages du texte? Quel est l'objet magique?
4. Complète ce tableau:

Le début	L'événement – Les aventures	La fin
a. Où se déroule l'histoire? **b.** De qui parle-t-on?	**c.** Que trouve Claude? **d.** Qui lui donne cet objet? Qu'en fait-il? **e.** En quoi est-il magique?	**f.** Comment se termine l'histoire?

Vocabulaire

► *Utiliser le dictionnaire* ◄

1. Remets ces listes de mots dans l'ordre alphabétique:
   a. vieillard – canne – lunettes – poulain – mur.
   b. chameau – cadeau – cheval – cour – canne.

2. Trouve le mot qui n'est pas à sa place:
   a. encore – encourager – énerver – encre – endive – enfourcher.
   b. chèvre – chevreuil – chevron – cheval – chez – choisir.

3. Dans chaque liste, place le mot où il faut :
   a. vieillard: vide – vie – vieillesse – vieux.
   b. machinalement: mâcher – machin – machine – mâchouiller.

◆ Dans le dictionnaire, les mots sont rangés dans l'ordre alphabétique:
A B C D E F G H I J K L M N O P Q R S T U V W X Y Z.

Découvrons comment présenter des personnages

1. a. Lis ces extraits et retrouve les personnages dont ils parlent :

le vieux chien de berger	le roi jaloux	le vieux paysan

A. Il exigeait de tous ses sujets une grande obéissance. Pourtant il n'était pas heureux car il se disait : « Ils m'obéissent parce que je suis jeune et fort. Mais quand je ne serai plus qu'un vieillard, ils n'auront plus peur et se révolteront. »

B. Il était vieux : boiteux sur trois pattes, le poil miteux, l'œil bigleux et les crocs tout usés. Mais il était brave et rusé, et le loup n'avait jamais pu lui voler la moindre brebis.

C. Il cultivait son champ et n'exigeait rien de la vie que de voir ses enfants grandir heureux. Sa femme et lui vivaient pauvrement dans leur chaumière et la vie s'écoulait tranquille.

b. Pour chacun des personnages, indique les renseignements que donne l'extrait.

2. Repère les personnages du texte, page 13 :

a. Trouve tous les mots qui décrivent *Claude*. Quels renseignements possèdes-tu sur lui ? Utilise-les dans une phrase qui le présente :

Claude est un enfant petit et leste, …

b. Relève tous les mots qui décrivent *le vieil homme*, puis avec tous ces mots, rédige une phrase qui le présente.

c. Pour chaque personnage, reprends ta phrase et complète-la en inventant d'autres détails.

Interdit aux tyrans[1] !

Alexandre est une vraie brute. Il se bat avec ses camarades et les oblige à toujours faire comme il le décide…

Et puis un jour… un nouveau est arrivé. C'était Emmanuel. […] Quand Alex a voulu jouer aux billes À SA FAÇON, Emmanuel lui a fait remarquer :

« Ce ne sont pas les véritables règles ! »

Alors, Alex a répondu : « Ici c'est MOI qui commande ! »

Mais Emmanuel n'a rien dit et il est parti tranquillement. […]

À présent, tout le monde ignorait Alexandre et jouait avec Emmanuel. Un jour, Emmanuel l'a invité :

« Alex, tu ne voudrais pas venir voir notre cabane ?

– Fiche-moi la paix ! » a grogné Alexandre.

Mais il s'est caché dans les hautes herbes pour regarder. Emmanuel l'a vu, à cause de son blouson gris et de son sac à dos violet, et il lui a crié :

« Monte vite, Alex ! On voit tout d'ici. »

Lentement, Alexandre a grimpé à l'échelle. Et quand il est arrivé en haut, il a dit :

« OK ! Maintenant je vais vous dire à quoi on va jouer. »

Mais Emmanuel a répondu du tac au tac[2] :

« C'est NOTRE cabane et, ici, on décide ensemble. Ici, tu ne peux pas commander tout seul, d'accord ? »

Il faisait froid dans notre cabane. Alex a proposé de nous aider à construire un toit. […] Quand tout a été fini, Emmanuel s'est exclamé :

« J'ai une surprise pour vous, fermez les yeux ! »

Il a cloué une pancarte sur le tronc de l'arbre puis a proclamé :

« Vous pouvez regarder ! »

INTERDIT AUX TYRANS

C'est moi qui commande de Lizi Boyd, trad. par Josette Gontier,

1. **tyran :** celui qui abuse de son pouvoir.
2. **du tac au tac :** sans attendre.

Imagine ce qui aurait pu se passer si Alexandre n'avait pas changé…

Vocabulaire

1. À partir des expressions, cherche les verbes correspondants :

Ex : faire une proposition → proposer.

- faire une invitation
- faire une construction
- faire une recommandation
- prendre une décision
- donner une réponse
- donner un ordre

2. Trouve le nom qui correspond à ces verbes :

aider, c'est proposer son … – se cacher, c'est trouver une … – jouer, c'est participer à un … – crier, c'est pousser un …

Lecture guidée

1. a. Relis attentivement ce passage du texte :

> « Alex, tu ne voudrais pas venir voir notre cabane ?
> – Fiche-moi la paix ! » a grogné Alexandre.
> Mais il s'est caché […]. Emmanuel l'a vu, […] et il lui a crié : « Monte vite, Alex ! On voit tout d'ici. »
> Lentement, Alexandre a grimpé à l'échelle. Et quand il est arrivé en haut, il a dit : « OK ! Maintenant je vais vous dire à quoi <u>on</u> va jouer. »
> Mais Emmanuel a répondu du tac au tac : « C'est NOTRE cabane et, ici, <u>on</u> décide ensemble. »

b. Quel personnage parle au début ? Quel personnage est désigné par les mots en rose ?

c. Quels sont les personnages désignés par les deux *on* soulignés ?

d. Pourquoi NOTRE est-il écrit en lettres majuscules ?

2. Relis le texte et retrouve d'autres expressions ou mots écrits en majuscules. Comment doit-on les lire à haute voix ?

Lire à haute voix

◆ Avec deux camarades, prépare la lecture du texte, jusqu'à la ligne 16, puis lisez-le aux autres en faisant bien ressortir les personnages.

À toi d'écrire un récit

1. À toi maintenant d'écrire un récit…

a. Choisis un élément dans chaque liste:
- enfant – prince – princesse – grenouille.
- baguette – canne – étoile – ballon – argent.
- trésor – prince – princesse – médicament.
- formule – sorcière – fée – dragon – potion magique.

b. Choisis ton personnage principal et complète le tableau suivant:

L'histoire commence…	Les événements	La fin
a. Où se déroule l'histoire? **b.** Que veut ton personnage?	**c.** Qu'arrive-t-il à ton personnage? **d.** Qui l'aide? Qui s'oppose à lui?	**e.** Il réussit à… **f.** Et maintenant…

Pour t'aider

- Avant d'écrire, imagine ton histoire. Raconte-la à un camarade, puis écris-la sur une grande feuille en sautant des lignes (pour pouvoir faire des changements ensuite).

- Pour améliorer ton brouillon, réponds à ces questions:

	Oui	Non
a. As-tu présenté ton personnage principal?	☐	☐
b. Arrive-t-il plusieurs aventures à ton personnage?	☐	☐
c. À la fin de l'histoire, a-t-on compris ce qui s'est passé?	☐	☐

- Si tu as répondu *Non*, reprends ton texte en suivant ces conseils :

a. Ajoute des renseignements sur ton personnage : qui il est, comment il est. Pour éviter les répétitions, utilise des pronoms.

b. Lis à un camarade le passage où tu racontes les aventures de ton héros. S'il te pose des questions, ajoute des informations.

c. Complète la fin pour que l'on sache ce qui arrive au héros.

À toi de réécrire

2. Recopie ton texte soigneusement. N'oublie pas de faire trois paragraphes (le début, les événements, la fin). Fais attention à la ponctuation.

L'atelier de lecture

1. Lire une consigne

La maîtresse a écrit la consigne au tableau. Un seul élève a bien respecté la consigne.

Qui est-ce ?
Qui a fait le plus d'erreurs ?

Notre ami Jean a une bouche souriante, des cheveux frisés et un long cou.
Dessine-le sur la feuille blanche.
Découpe ton dessin et colle-le sur une feuille verte.
Écris ton prénom en bas à gauche.

A

B

C

D

2. Comprendre un texte

Cette histoire a été coupée en quatre morceaux. Remets-les dans l'ordre !

A. – Je n'ai plus de bol, répond la vendeuse, mais j'ai de jolis vases pour mettre les fleurs.
– Excellente idée ! s'exclame Lucie. Mon grand-père sera ravi de boire son café dans un vase. »

B. « Mon grand-père aime bien boire du café, explique la fillette, mais il a cassé son bol. Je veux lui en acheter un autre.

D. Lucie est en vacances à Soulac. C'est une jolie petite ville au bord de la mer. Elle veut rapporter un souvenir pour son grand-père.

C. Ça tombe bien, il y a des marchands de poterie dans la rue de la Plage. Très vite une vendeuse s'approche de Lucie.

2

niveau 1

Dans cette unité tu vas apprendre à :

- ***1. Identifier le héros.***
- ***2. Désigner des personnages.***
- ***3. Écrire un conte à formule magique.***

Cet explorateur se trouve-t-il sur une rivière de ta région ? Justifie ta réponse.

à l'oral

Observer et imaginer

◆ Observe bien la page de gauche, puis réponds à ces questions :

a. Dans quel genre de pays se trouve cet explorateur ?

b. À ton avis, qu'y a-t-il dans son gros sac ?

c. As-tu remarqué la statue au premier plan ? Que fait-elle ici ?

d. Que risque-t-il de se passer avec le crocodile ?

S'exprimer

1. Il te suffit de fermer les yeux et de dire quatre fois « Kawana tawana ménataroa » pour te retrouver à la place du personnage dans la pirogue. As-tu envie de le faire ? Pourquoi ?

2. Si tu étais à sa place, que ferais-tu ?

Raconter une histoire drôle

◆ Si tu connais une histoire drôle, lève le doigt et prépare-toi à la raconter à ta classe…

a. L'un d'entre vous raconte son histoire. Écoute-le attentivement. L'aurais-tu racontée comme lui ?

b. Ton camarade a-t-il bien raconté son histoire ? Pour le savoir, réponds d'abord à ces questions :

- Son histoire est-elle drôle ? Pourquoi ? Ton camarade a-t-il présenté les personnages ? As-tu compris dans quel ordre se déroulent les actions ?
- Ton camarade a-t-il parlé distinctement et à la bonne vitesse ? A-t-il donné le ton pour faire parler les personnages ? A-t-il mimé certaines actions ? As-tu d'autres remarques à faire ?

À ton tour de raconter une histoire drôle !
N'oublie pas les remarques faites à ton camarade.

◆ 1. Identifier le héros

Départ vers l'aventure

Daniel, le héros de cette histoire, est pensionnaire dans un lycée. C'est un garçon solitaire qui ne pense qu'à une chose : la mer.

Il était très pauvre, son père avait une petite exploitation agricole à quelques kilomètres de la ville, et Daniel était habillé du tablier gris des pensionnaires, parce que sa famille habitait trop loin pour qu'il puisse rentrer chez lui chaque soir. Il avait trois ou quatre frères plus âgés qu'on ne connaissait pas.

Il n'avait pas d'amis, il ne connaissait personne et personne ne le connaissait. Peut-être qu'il préférait que ce soit ainsi, pour ne pas être lié. Il avait un drôle de visage aigu en lame de couteau, et de beaux yeux noirs indifférents[1].

Il n'avait rien dit à personne. Mais il avait déjà tout préparé à ce moment-là, c'est certain. Il avait tout préparé dans sa tête en se souvenant des routes et des cartes, et des noms des villes qu'il allait traverser. Peut-être qu'il avait rêvé à beaucoup de choses, jour après jour, et chaque nuit, couché dans son lit dans le dortoir, pendant que les autres plaisantaient et fumaient des cigarettes en cachette. Il avait pensé aux rivières qui descendent doucement vers leurs estuaires[2], aux cris des mouettes, au vent, aux orages qui sifflent dans les mâts des bateaux et aux sirènes des balises[3].

C'est au début de l'hiver qu'il est parti, vers le milieu du mois de septembre. Quand les pensionnaires se sont réveillés, dans le grand dortoir gris, il avait disparu.

Celui qui n'avait jamais vu la mer
de Jean-Marie Le Clézio,
coll. *Folio Junior*, © Éditions Gallimard.

1. **des yeux indifférents :** qui ne se fixent sur rien.
2. **l'estuaire :** l'endroit où le fleuve se jette dans la mer.
3. **une balise :** une bouée indiquant le chemin.

Portrait

Jean-Marie Le Clézio est né à Nice en 1940. C'est un romancier français de père anglais qui a commencé à publier très jeune (23 ans) de nombreux romans.

Le titre de l'histoire : ....
Le titre du livre : ....
L'auteur : ....

Quel est le genre du texte ? un conte de fées ? un roman ? un poème ? un article de journal ?

Lire sans hésiter

◆ Entraîne-toi à lire rapidement cette phrase sans te tromper :

Un seul mousse tousse sur ce beau bateau battant pavillon panaméen, c'est le petit mousse roux.

Vocabulaire

1. a. Par quel mot pourrait-on remplacer *aigu* dans le texte ?

rond – ovale – pointu – carré.

b. Cherche la définition de *aigu* dans le dictionnaire.
Indique ensuite ce qui ne peut pas être aigu :

la pointe d'un couteau – un ballon – un son – une maladie.

2. Lis attentivement ces deux phrases :

Le prisonnier a les mains liées. – Daniel préférait ne pas être lié.

Le mot *lié* a-t-il le même sens dans ces deux phrases ?
Par quels mots pourrait-on le remplacer dans chaque phrase ?

3. Relève tous les mots du texte qui font penser à la mer. Ajoutes-en trois à ta liste, puis compare ton travail avec celui de tes camarades.

Lecture - compréhension

L'essentiel

1. Une seule phrase correspond au texte. Laquelle ?

a. Daniel raconte un voyage qu'il a fait au bord de la mer.
b. À la fin de l'année, Daniel quitte le lycée pour partir en vacances.
c. Daniel s'enfuit de son lycée pour partir à l'aventure.
d. Daniel prépare un voyage qu'il fera à la fin de l'année.

2. Choisis trois adjectifs qui correspondent au personnage de Daniel, et trois autres qui ne lui correspondent pas du tout :

heureux – solitaire – peureux – bavard – gai – méchant – courageux – timide – paresseux – rêveur – triste.

En détail

3. Combien de frères Daniel a-t-il ?

4. Quand les pensionnaires s'aperçoivent-ils que Daniel a disparu ?

Découvrons le héros

1. En lisant le texte de la page 22, tu as fait connaissance avec le héros. Présente ce que tu as appris sur lui.

Sur une copie du texte, entoure tous les mots qui se rapportent à Daniel. Souligne en bleu les mots qui renseignent sur l'aspect physique du héros, et en rouge tout ce qui renseigne sur son caractère.

2. Essaie de répondre aux questions suivantes :

– à propos de l'aspect physique du héros :

Est-ce une fille ou un garçon ? Est-il jeune ou vieux ? Est-ce un enfant ou un adolescent ? Quelle est la couleur de ses yeux ? et celle de ses cheveux ? Connais-tu la forme de son visage ? sa taille et son poids ?

– à propos de sa vie et de son caractère :

Quel est son prénom ? Où vit-il ? A-t-il beaucoup d'amis ? Est-il bavard ? Est-ce qu'il réfléchit avant de faire quelque chose ?
Que sais-tu d'autre ?

3. Parmi ces personnages, lequel pourrait être Daniel ? Explique les raisons de ton choix.

À toi d'écrire

4. Choisis un des six personnages dessinés ci-dessus. Rédige un texte pour le présenter.

N'oublie pas de donner des informations sur son physique mais aussi sur son caractère et sur sa vie !

5. Fais lire ton texte à un camarade. Reconnaît-il le personnage que tu as choisi ? S'il ne le reconnaît pas, quels détails peux-tu ajouter pour améliorer ton texte ?

◆ 2. Désigner des personnages

La capture

Une jeune buse est tombée dans le jardin de Molly. La jeune fille essaie de l'attraper…

Je décrivis d'abord un cercle, pour venir me placer entre l'oiseau et la haie. Puis je me penchai en avant et allongeai le bras. J'imaginais que le jeune oiseau, tout comme ceux que j'avais vus, allait venir s'y percher de lui-même.

Un bref instant pourtant le grand poussin parut reculer; puis il se jeta sur moi, toutes griffes dehors, et escalada comme un tremplin[1] le dos de ma main et mon avant-bras, plantant ses ongles dans ma chair, jusqu'à l'endroit où j'avais remonté la manche de mon anorak.

Je ne m'attendais certes pas à cette attaque fulgurante[2], et je ne savais plus que faire. Les serres[3] du volatile m'avaient lacéré le bras de trois entailles[4] parallèles qui commençaient à me cuire, mais ce n'était pas la douleur qui me bouleversait le plus, c'était l'agressivité[5] de l'oiseau, alors que je ne cherchais qu'à l'aider.

Une fraction de seconde, l'envie me vint de l'envoyer valser d'un coup de pied, comme un vieux ballon crevé. Quelque chose me disait pourtant que c'était moi qui étais dans mon tort, ou plus exactement que ma démarche n'avait pas été la bonne.

Adieu Buzz de Molly Burkett,
coll. *Castor Poche*,
© Flammarion Jeunesse.

1. **un tremplin :** une rampe.
2. **fulgurant :** rapide et violent.
3. **les serres :** les griffes.
4. **une entaille :** une coupure.
5. **l'agressivité :** la méchanceté.

Quel animal aimerais-tu avoir chez toi ? Pourquoi ?…

Lire sans hésiter

◆ Complète en choisissant les mots entre parenthèses :

(coussin / cousin)	Mon ... pose sa tête sur un ... .
(visser / viser)	Avant de ... la cible, il faut la ... sur le mur.
(mange / mangue)	Je ... une ... .
(longe / longue)	Cette ... avenue ... le fleuve.

Lecture - compréhension

L'essentiel

1. La capture de la buse est-elle facile ? Pourquoi ?

2. À la fin de l'extrait, l'héroïne a envie de faire valser la buse « comme un vieux ballon crevé ». Comment expliques-tu cette réaction ?

En détail

3. Réponds à ces questions sans retourner au texte.
   - a. L'auteur utilise-t-il le mot *poussin* ?
   - b. Quel vêtement Molly porte-t-elle ? un manteau, un anorak, un imperméable ?
   - c. Où Molly est-elle blessée ? au bras ? à la jambe ? à l'épaule ?
   - d. À la fin, Molly donne un coup de pied à la buse. *Vrai* ou *faux* ?

Vocabulaire

► **Reconnaître les familles de mots** ◄

1. a. Lis ce texte :

Un accident

Molly grimpe dans un arbre pour observer un nid. Soudain, un coup de vent déséquilibre l'imprudente. Elle tombe par terre et elle se casse une dent ! Ses parents la conduisent chez le dentiste.

b. Recopie les trois mots contenant le groupe de lettres *dent*.

c. Deux de ces mots font partie de la même famille : ils ont un rapport avec les dents. Barre l'intrus.

d. À l'aide de ton dictionnaire, complète cette famille en ajoutant au moins trois mots.

2. Dans chaque liste, trouve l'intrus !

- la course – le coureur – le couvreur – courir.
- plat – aplatir – le platine – un plateau.
- tondre – la tonte – la tondeuse – tonton.

3. Dans le texte, page 25, cherche les mots permettant de compléter ces familles :

- embrasser – brassière …
- vieillard – vieillesse – vieille …
- agrandir – grandeur – grandir …
- marche – marcheur – marcher …

◆ Une famille de mots regroupe tous les mots qui ont été construits à partir du même radical.

Découvrons comment désigner des personnages

1. a. Voici deux extraits de phrases choisis dans le texte, page 25 :

« il se jeta sur moi » « je ne cherchais qu'à l'aider »

Quel est le personnage désigné par les mots en couleur ?

b. Recherche, dans le texte, les différents mots ou groupes de mots que l'auteur utilise pour parler de la jeune buse.

c. Relis le début du texte, jusqu'à « *griffes dehors* », en remplaçant ces mots par *la buse*. Est-ce que ce changement améliore le texte ?

d. Voici trois expressions utilisées par l'auteur pour parler de la buse :

- le grand poussin
- l'oiseau furieux
- la jeune buse

Ces trois expressions ont-elles exactement le même sens ?
Quels renseignements apporte chacune d'elles ?

2. a. Le texte suivant est-il bien écrit ? Pourquoi ?

Je photographiais un groupe d'éléphants lorsque soudain, un éléphant s'approcha de moi. C'était un grand éléphant couvert de cicatrices. L'éléphant s'arrêta à vingt mètres devant moi, agita sa tête et se prépara à m'attaquer. Bien sûr, je n'ai pas attendu la charge de cet imposant éléphant. Je me suis sauvé en courant !

b. Remplace à chaque fois le mot *éléphant* par un des mots suivants :

l'un d'eux – mâle – il – animal.

c. Relis le texte en remplaçant *les éléphants* par *les lionnes*.
Puis réécris-le.

Un problème de mémoire

Ali Baba a surpris des voleurs en train d'entasser leur butin dans une caverne. Pour y pénétrer, il faut prononcer une formule magique… Malheureusement, Ali Baba a raconté toute l'histoire à son frère, Kassim, qui menace de le dénoncer à la police s'il ne lui révèle pas la formule…

Sans faire de difficultés, il révéla à son frère les formules pour ouvrir et fermer le grand rocher et lui indiqua l'emplacement[1] exact de la caverne. Kassim partit aussitôt sans lui dire merci, et le lendemain dès l'aurore, il poussait vers la forêt dix mulets chargés de coffres. Il comptait faire autant de voyages qu'il le faudrait pour vider la caverne.

Il arriva bientôt au pied du rocher et prononça la formule : « Sésame, ouvre-toi ! »

Le rocher se fendit, il pénétra dans la caverne qui se referma derrière lui. Aussitôt il se mit à remplir des sacs qu'il viderait ensuite dans les coffres. Puis il revint près de l'entrée et dit : « Orge, ouvre-toi ! »

Il eut beau répéter « Orge, ouvre-toi ! », le rocher ne bougea pas. La tête tournée par toutes ses richesses, Kassim avait oublié la formule magique ! Alors il cria :
« Fève, ouvre-toi ! Seigle, ouvre-toi ! Pois chiche, ouvre-toi ! Maïs, ouvre-toi ! Blé, ouvre-toi ! Riz, ouvre-toi ! »

Il énuméra toutes les céréales et les graines que la main du créateur a semées sur la terre, mais en oubliant celle qui possédait la vertu[2] d'ouvrir le rocher : le sésame.

Voyant qu'il ne parvenait pas à ouvrir le rocher, Kassim se mit à chercher une autre sortie mais il ne rencontrait partout que des parois désespérément lisses.

1. **l'emplacement :** l'endroit.

2. **la vertu :** le pouvoir.

Ali Baba et les quarante voleurs, Mille ans de contes,

Invente une formule magique. À quelle occasion aimerais-tu l'utiliser ?

Vocabulaire

1. Recherche le mot *aurore* dans le texte et écris sa définition sur ton cahier. Compare ton travail avec la définition donnée par le dictionnaire.

2. Cherche le mot *céréales* dans le dictionnaire, puis fais la liste des céréales dont on parle dans le texte.

3. Recherche dans le texte tous les mots qui te font penser à la chasse au trésor. Avec tes camarades, faites la liste de ces mots au tableau. Justifiez chacun de vos choix.

Lecture guidée

1. a. Lis ce passage du texte. De quel endroit provient-il ?

> Sans faire de difficultés, il révéla à son frère les formules pour ouvrir et fermer le grand rocher et lui indiqua l'emplacement exact de la caverne. Kassim partit aussitôt sans lui dire merci, et le lendemain dès l'aurore, il poussait vers la forêt dix mulets chargés de coffres. Il comptait faire autant de voyages qu'il le faudrait pour vider la caverne.

b. Que fait Ali Baba *(aide-toi des passages en bleu)* ? Aurais-tu fait la même chose ?

c. Comment réagit le frère d'Ali Baba *(aide-toi des passages en rose)* ? Qu'en penses-tu ?

2. Sur une copie du passage ci-dessus :
   a. Trouve la phrase qui indique ce que Kassim veut faire. Colorie-la en vert.
   b. Entoure les mots qui montrent qu'il est pressé.
   c. Colorie en bleu les mots qui indiquent où se déroule l'action.
   d. Colorie en rouge les mots qui indiquent l'ordre des actions.

Lire à haute voix

- Relis le texte des lignes 18 à 25. Faut-il dire « Fève, ouvre-toi ! » sur le même ton que « Riz, ouvre-toi ! » ? Relis ce passage à haute voix en montrant bien l'énervement de Kassim.

À toi d'écrire un conte à formule magique

1. Ce jeune personnage aimerait bien ouvrir la porte, mais l'effrayante créature l'en empêche !
Dans le conte, ce passage commence par :
« Une bête énorme sortit de terre. »
Il se termine par :
« La porte se referma lentement. »

À toi d'imaginer, puis d'écrire tout ce qui se passe entre ces deux phrases !

Pour t'aider

- Qui est ce personnage ? Que fait-il ici ? Pourquoi le monstre l'empêche-t-il de passer ? Qu'y a-t-il derrière la porte ?
- Le personnage va utiliser une formule magique. Quelle peut être cette formule ? Que permet-elle de faire ?

À toi de réécrire

2. a. Voici le texte d'Oscar. Lis-le attentivement.

> Une bête énorme sortit de terre. Elle était énorme. La bête avança vers Piérak. Les dents de la bête faisaient peur à Piérak, mais Piérak ne bougea pas. Il ferma les yeux et il dit la formule magique : ratapi ratapiol disparais vilaine bestiole. Piérak ouvrit les yeux. La bête énorme était devenue une petite mouche. Piérak souffla dessus et la bête énorme s'envola. Alors Piérak ouvrit la porte et il descendit l'escalier qui était derrière la porte. La porte se referma lentement.

As-tu compris ce qui se passe ?

b. Ce texte est-il bien écrit ? Quels défauts remarques-tu ? Que faut-il faire pour en améliorer l'écriture ?

3. Sur ton cahier, réécris-le en l'améliorant. Compare ensuite ton travail à celui de tes camarades. Ont-ils corrigé les mêmes défauts que toi ?

L'atelier de lecture

1. Maîtriser la lecture

On peut fabriquer beaucoup de mots en ajoutant une étiquette verte au bout de l'étiquette rouge :

CHA PEAU

a. Seules trois étiquettes vertes ne permettent pas de faire des mots connus.
À toi de les trouver !

CHA

MEAU	ÎNE	MOU	PELLE
PEAU	TON	USSURE	LEUR
RTABLE	ISE	TIGUE	MPIGNON

b. En jouant avec les étiquettes, tu as donné le nom de tous ces dessins… sauf un ! Lequel ?

2. Devinettes !

Tu dois trouver un mot pour chaque devinette.

a. Je suis verte sur les arbres et blanche dans les cahiers. Qui suis-je ?

b. Je suis toujours sur ta chemise. Parfois, je suis aussi sur ton visage ! Qui suis-je ?

c. On se met à plusieurs pour recouvrir un mur de peinture, mais je suis toute seule sur les fesses de bébé. Qui suis-je ?

d. Quand on me regarde, on peut voir un roi, un pays, un paysage, ou le nom et l'adresse de quelqu'un. Qui suis-je ?

3

niveau 1

Dans cette unité tu vas apprendre à :

- *1. Identifier la structure du récit.*
- *2. Indiquer des déplacements.*
- *3. Écrire une histoire à répétitions.*

Nomme tous les animaux que tu vois. Quel est ton préféré ? Pourquoi ?

à l'oral

Observer et décrire

1. Observe tous les animaux sur la page de gauche et classe-les en deux groupes : les animaux sauvages et les autres.
   Quels classements peux-tu faire avec les autres ?
2. Choisis un animal sur la page et décris-le sans donner son nom ; tes camarades doivent deviner de quel animal il s'agit…
   Ex : C'est un animal très grand qui vit dans la savane. Sa peau est jaune avec des taches de couleur marron. Qui est-ce ?

S'exprimer

1. Quels animaux ont disparu de la Terre ? Sais-tu pourquoi ?
2. Trouves-tu que les hommes s'occupent bien des animaux ?

Raconter une histoire imaginaire

- Imagine que tu es un chat, un cheval ou un autre animal.
  Un jour, tu te retrouves devant un animal qui veut te chasser et te manger ! Tu vas raconter comment tu as réussi à te sauver…

  a. Prépare ton récit : choisis quel animal tu es, le lieu où tu vis, ce que tu fais, ta rencontre avec l'autre animal et comment tu t'es sauvé.
  Puis, raconte-le à ton voisin. Comment trouve-t-il ton récit ?

  b. L'un d'entre vous va maintenant raconter son histoire à toute la classe. À la fin de son récit, tu devras répondre à ces questions :
  - As-tu compris l'histoire ? Sais-tu comment elle se termine ?
  - As-tu bien entendu ce qu'a dit ton camarade ? L'histoire était-elle amusante ? Faisait-elle peur ? Y avait-il un début, un ou plusieurs événements et une fin ? As-tu réussi à imaginer l'histoire dans ta tête ?

  À ton tour ! Raconte ton histoire à la classe en utilisant les remarques faites à ton camarade.

◆ 1. Identifier la structure du récit

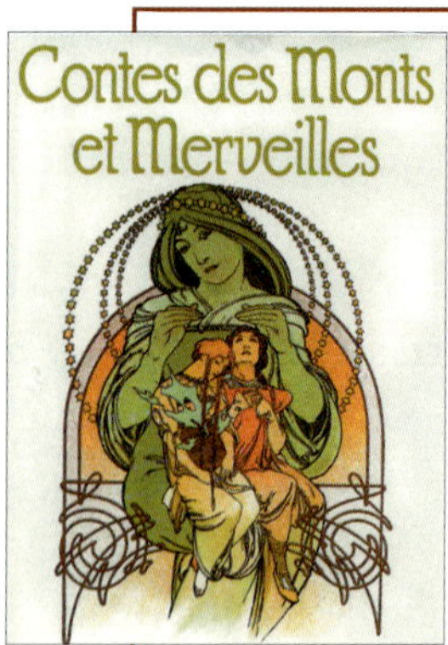

Les animaux et les voleurs

Des animaux voyagent ensemble. Ils ont trouvé refuge dans une cabane isolée où des voleurs ont caché leur butin. Soudain arrive l'un des voleurs.

Le chat lui cracha au visage, siffla, et lui lacéra[1] les joues de ses griffes comme si sa vie en dépendait. Le voleur, fou de douleur, fit un bond en arrière et atterrit… droit sur les cornes de la chèvre. Elle l'envoya promener de toutes ses forces et le piétina de ses sabots, pendant que l'oie le frappait de ses ailes et lui pinçait les mollets à qui mieux mieux. Le pauvre homme n'en pouvait déjà plus quand le coq, descendu du toit, se mit à le piquer du bec partout où il trouvait un endroit à piquer. Puis il termina par un vigoureux cocorico.

Le voleur se rua[2] hors de la cabane et courut retrouver ses compagnons, l'esprit en déroute.

– C'en est fait de nous, mes amis ! cria-t-il, hors d'haleine. La cabane est ensorcelée ! Une effroyable sorcière m'a craché son venin au visage, en sifflant et en me déchirant les joues de ses ongles. Ensuite le diable de la cour m'a empalé[3] sur ses cornes, m'a fouetté avec une trique[4] et m'a piétiné de ses sabots fourchus. Un autre démon a agité devant moi un linceul[5] blanc et m'a planté une fourchette dans les mollets. Pour finir, un monstre venu d'en haut m'a fondu dessus et m'a lacéré de coups d'épingle tout en hurlant : « Sus aux voleurs ! »

Après ce récit, les voleurs décidèrent de continuer à courir en abandonnant leur butin derrière eux et de ne plus jamais revenir dans ce coin de la forêt.

Contes des monts et merveilles, adaptés par Marie-Josée Lamorlette,

1. **lacérer :** couper.
2. **se ruer :** se précipiter.
3. **empaler :** transpercer.
4. **une trique :** un bâton.
5. **un linceul :** un drap pour envelopper les morts.

Le titre du texte : ....

Le titre du livre : ....

L'éditeur : ....

Ce texte est-il extrait d'un roman ? d'un conte ? d'un article de journal ? d'un livre documentaire ?

Lire sans hésiter

◆ Cette phrase est mal découpée. Sauras-tu la lire rapidement ?

A près ce récit, les vo leurs décidè rent de conti nuerà couriren aban donnant leurbut in derrière eux etdene plus jamaisre venir dans cecoin de la for êt.

Vocabulaire

1. Retrouve le sens des expressions soulignées :

ne pouvant plus réfléchir – souffrant terriblement – violemment

a. Le voleur, fou de douleur, fit un bond en arrière.
b. Elle l'envoya promener de toutes ses forces.
c. Le voleur avait l'esprit en déroute.

2. À partir de la ligne 15 du texte, retrouve l'expression qui correspond à la définition suivante :

– s'est abattu avec violence.

Lecture - compréhension

L'essentiel

1. À l'aide du texte, réponds aux questions suivantes :

a. Quels sont les héros de cette histoire ?
b. Que se passe-t-il lorsque le voleur entre dans la cabane?
c. A-t-il réussi dans son projet ? Pourquoi ?
d. Pourquoi ce que dit le voleur ne correspond pas à la vérité ?

En détail

2. Retrouve qui a fait ces actions :

a. se mit à le piquer du bec.
b. le piétina de ses sabots.
c. lui lacéra les joues.
d. fit un bond en arrière.

3. Fais correspondre les actions des animaux au récit du voleur :

Le chat lui cracha au visage. •	• Un autre démon a agité un linceul blanc.
L'oie le frappa de ses ailes. •	• Une sorcière a craché son venin.
L'oie lui pinça les mollets. •	• Un monstre m'a lacéré de coups d'épingle.
Le coq se mit à le piquer du bec. •	• Le démon m'a planté une fourchette dans les mollets.

Découvrons la structure d'un récit

1. Relis la première partie du récit, page 34, et cite tous les animaux dans l'ordre de leur apparition.

2. a. Combien y a-t-il de paragraphes dans ce récit ?
   b. Complète ce tableau en retrouvant ce qui correspond : au début, aux différents événements et à la fin.

   a. Le voleur raconte ce qu'il croit avoir vu. **b.** Les animaux attaquent le voleur. **c.** Les voleurs s'enfuient.

le début	les événements	la fin
lignes 4 à 12	lignes 13 à 23	lignes 24 à 26
...	...	...

3. Numérote ces phrases dans l'ordre du récit :
   a. Ensuite le diable de la cour m'a empalé sur ses cornes.
   b. Le chat lui cracha au visage, siffla et lui lacéra les joues de ses griffes.
   c. Le pauvre homme n'en pouvait déjà plus quand le coq se mit à le piquer du bec.
   d. Une effroyable sorcière m'a craché son venin au visage.
   e. Un autre démon a agité devant moi un linceul blanc.
   f. La chèvre l'envoya promener de toutes ses forces et le piétina de ses sabots.

À toi d'écrire

4. Voici l'histoire que Marie raconte en rentrant de l'école… Elle a beaucoup d'imagination ! Réécris son texte en changeant les mots en rose pour faire un récit auquel on croit. Tu peux remplacer le monstre par : *un vilain garçon, un gros chien blanc*… À toi de voir…

> Ce matin, sur le chemin de l'école, je me suis cognée à un monstre énorme. Je suis tombée et mon cartable a glissé dans la rivière. Le monstre s'est jeté dessus et l'a attrapé de ses grosses mains velues. Quand j'ai voulu le reprendre, il m'a jeté un sort et je ne pouvais plus bouger. Alors, il a grogné très fort ; je lui ai arraché mon cartable et j'ai réussi à m'enfuir.

◆ 2. Indiquer des déplacements

Pris au piège !

Les chats les plus connus du quartier disparaissent les uns après les autres. Y aurait-il un complot[1] *? Avec prudence, Minetchou parcourt les rues dans tous les sens pour inviter ses amis à une réunion générale…*

Minetchou a commencé sa patrouille nocturne et solitaire par l'avenue. Cette fois-ci, il ne s'est pas laissé distraire par les poubelles. Il inspecte. Ses yeux sont partout à la fois. Rien ne lui échappera.

Il a pris les trois ruelles et il arrive maintenant au tournant de la palissade[2]. À l'angle, il se plaque le dos au mur et avance prudemment la tête. Il jette un coup d'œil : personne. Il peut y aller. Il passe au pied du réverbère et avance, sûr de lui. Son regard balaie la rue. Personne sur son trottoir, personne sur le trottoir d'en face…

S'il levait un peu les yeux, il verrait quatre ombres menaçantes qui se laissent glisser le long du réverbère. S'il fixait son attention, il reconnaîtrait Vilmatou et les trois Marlou qui lui emboîtent le pas[3]… S'il était prudent, il se retournerait. Mais il regarde droit devant lui. Vilmatou lève son gourdin et frappe.

Le trou noir. […]

Superchat fait le tour du quartier, mais il sait qu'il est déjà trop tard. À l'heure qu'il est, Minetchou est sans doute aux griffes de l'ennemi. L'avenue est déserte, les ruelles sont désertes, les trottoirs sont déserts, le terrain vague est désert… Il faut se rendre à l'évidence : Minetchou a été enlevé ! En désespoir de cause, il fait jouer une dernière fois ses oreilles-radar. Rien. Que faire ? Le mieux est sans doute de mettre son habit dans sa musette[4] et d'aller à la réunion générale.

Superchat contre Vilmatou de Paul Fournel, coll. *Arc en poche*, Éditions Nathan, © DR.

1. **un complot :** un projet secret contre quelqu'un ou quelque chose.
2. **une palissade :** un mur en bois.
3. **emboîter le pas :** suivre juste derrière.
4. **la musette :** un petit sac en toile.

Imagine que tu es Superchat. Que vas-tu faire ? Raconte…

Lire sans hésiter

◆ Essaie de lire ces phrases en complétant ce qui manque :

Minetchou a commen•é •a patrouille nocturne et •olitaire par l'avenue. L'avenue est dé•erte, les ruelles •ont dé•ertes, les trottoirs •ont dé•erts, le terrain vague est dé•ert.

Lecture - compréhension

L'essentiel

1. Raconte en quelques phrases l'histoire, page 37.

2. Recopie ce passage en corrigeant ce qui ne correspond pas au texte.

   Cette fois-ci, il s'est laissé distraire par les poubelles. Il les inspecte. Ses yeux sont partout en même temps. Rien n'échappera. Son regard nettoie la rue. S'il levait un peu la tête, il verrait les ombres menaçantes.

3. Ne recopie que les phrases qui appartiennent au texte :

   Vilmatou lève son gourdin et frappe. – Superchat est un chat tigré très courageux et très fort. – Minetchou avance silencieusement grâce aux coussinets situés sous ses pattes. – Il faut se rendre à l'évidence : Minetchou a été enlevé.

En détail

4. Dis pour chacune de ces informations si elles sont vraiment données dans le texte ou si on le suppose. Justifie tes réponses.

   a. Minetchou a été enlevé. **b.** Minetchou avance prudemment.
   c. Superchat a un habit magique. **d.** Minetchou a été assommé.
   e. Superchat est un chat courageux. **f.** Superchat a des pouvoirs magiques.

Vocabulaire

► *Connaître les suffixes de taille* ◄

1. Choisis la bonne réponse :

   Un chaton est-il *un chat petit* ou *un jeune chat* ?
   Un lionceau est-il *un jeune lion* ou *un beau lion* ?
   Une poulette est-elle *une gentille poule* ou *une jeune poule* ?
   Un oisillon est-il *un jeune oiseau* ou *un oiseau peureux* ?

2. a. Trouve le nom des petits de ces animaux en utilisant les suffixes *-on* ou *-eau (aide-toi de ton dictionnaire)*:

un renard – une girafe – un canard – un ours – un éléphant – une chèvre – un lion – un loup.

b. Rajoute les suffixes *-ette* ou *-on* pour former de nouveaux noms:

une maisonn… – une fill… – une tartel… – un napper… – une camionn… – une chemis… – une épaul… – un poêl… – une régl…

3. a. Dans le texte, page 37:

– Minetchou est : un gros chat, un chaton, un vieux chat?

– Superchat est : un gros chat, un chat courageux, un vilain chat, un chat héros?

b. Quel est le nom du troisième chat?
Son nom est fabriqué à partir de deux mots: lesquels?
Cherche leur définition dans ton dictionnaire.

◆ Certains suffixes permettent de donner des indications sur la taille ou l'âge de la personne, de l'animal ou de l'objet. *Ex: une fillette, un chaton, une réglette…*

Découvrons comment indiquer des déplacements

1. Lis ce texte et classe, en deux colonnes, les mots qui indiquent *le déplacement* ou *la position*.

Le chat courut vers la rue. Il sauta par-dessus le muret et, après avoir traversé l'avenue, il se cacha derrière les poubelles. Devant lui, il aperçut une ombre qui s'enfuyait. Il hésita un peu puis s'élança jusqu'au coin de la ruelle. Là, il se blottit contre le mur et attendit, inquiet.

2. Remets ces phrases en ordre pour retrouver le trajet parcouru par Simon, puis souligne les groupes de mots qui indiquent *un déplacement*:

a. Au coin de la rue, il traversa rapidement l'avenue
b. il dévala l'escalier
c. jetant un coup d'œil aux alentours, il partit vers la gauche.
d. Simon claqua la porte et sortit en courant,
e. et enfila la ruelle étroite.
f. et déboucha dans la rue ensoleillée.
g. La circulation était dense. Il s'arrêta pour souffler un peu.
h. Il arriva sur une autre grande avenue.

◆ 3. Écrire une histoire à répétitions

Le loup et l'agneau

Le loup fait sa sieste. L'agneau s'approche doucement et lui saute sur le ventre.

– Je veux un bonnet ! crie l'agneau. Tricote-moi un bonnet, tout de suite.

Et le loup va chercher deux pelotes de laine, des aiguilles à tricoter et un modèle découpé dans un catalogue de tricots. Il s'applique énormément, mais le fil lui échappe sans cesse et les mailles se défont.

L'agneau est mort de rire, il n'en peut plus, il se tient les côtes et se roule par terre. Le loup est tout penaud[1].

– Fais-moi un gâteau au chocolat ! ordonne l'agneau.

Et le loup prend de la farine, des œufs, du sucre, de la levure et du chocolat. Il mesure, mélange, ajoute et fait cuire, exactement comme dans la recette. Mais le gâteau ne lève pas, il est aussi plat qu'une galette.

L'agneau se tape les cuisses, il en pleure de rire. Non, vraiment c'est trop drôle ! Le loup s'excuse humblement.

– Lis-moi la fable du loup et de l'agneau ! réclame l'agneau.

Et le loup grimpe sur un escabeau pour attraper le gros livre relié. Il met ses lunettes, cherche la bonne page et se met à lire. Le loup a une belle voix grave et il lit merveilleusement bien.

L'agneau hurle de rire. Il fait des bonds comme un cabri[2], il trépigne, il étouffe.

– Encore, encore ! bêle-t-il sottement.

Le loup reprend le livre et recommence à lire. Ses yeux se rétrécissent, sa voix est comme étranglée. Au milieu de la sixième ligne, il s'arrête brusquement, se lève d'un bond, se jette sur l'agneau et le dévore.

Les histoires se terminent toujours de la même façon,
Histoires Pressées de Bernard Friot, © Milan Éditions.

1. **penaud :** honteux.
2. **un cabri :** un chevreau.

À toi d'expliquer la « morale » de cette histoire…

Vocabulaire

1. Répartis ces adjectifs selon qu'ils correspondent à l'attitude du loup ou à celle de l'agneau.
   docile – gentil – autoritaire – dévoué – futé – moqueur – aimable – méprisant – serviable – dominateur.

2. Relève les mots du texte qui te font penser au tricot, puis à la cuisine.

3. Dans ce passage, retrouve les mots du texte qui ont changé. Et, pour chacun d'eux, indique si cela change le sens du texte :
   Le loup reprend le livre et recommence sa lecture. Ses yeux se plissent, sa voix est comme enrouée. Au milieu de la sixième phrase, il stoppe subitement, se lève brutalement, se jette sur l'agneau et le croque.

Lecture guidée

1. Lis attentivement cet extrait du texte, puis réponds aux questions en cherchant des indices. Précise ces indices pour justifier tes réponses.

> – Fais-moi un gâteau au chocolat ! [ordonne] l'agneau.
> Et le loup [prend] de la farine, des œufs, du sucre, de la levure et du chocolat. Il [mesure], [mélange], [ajoute] et [fait] cuire, exactement comme dans la recette. Mais le gâteau ne lève pas, il est aussi plat qu'une galette. L'agneau se tape les cuisses, il en pleure de rire. Non, vraiment c'est trop drôle ! Le loup s'excuse humblement.

a. Au début, est-ce une demande ou un ordre de l'agneau ? (2 indices)
b. À quoi voit-on que le loup fait beaucoup d'actions ? (1 indice)
c. À quoi voit-on qu'il suit la recette ? (2 indices)
d. À quoi voit-on que le résultat n'est pas ce qui est attendu ? (2 indices)

2. Compare le passage des lignes 3 à 10 avec le texte ci-dessus. Que remarques-tu ?

Lire à haute voix

◆ Lis à haute voix le passage des lignes 12 à 17. Observe bien la ponctuation pour exprimer l'application du loup, puis la moquerie de l'agneau.

À toi d'écrire une histoire à répétitions

1. Sur le modèle du texte de la page 40, tu vas imaginer l'histoire de deux animaux que tout oppose…

Pour écrire ton histoire, choisis d'abord tes personnages (ex : *la poule – le renard*…). Puis représente-toi bien leur caractère différent (ex : *calme – bruyant ; courageux – peureux*…). Invente ensuite deux ou trois événements qu'ils vivent ensemble… N'oublie pas d'inverser les rôles !

Pour t'aider

- Présente chaque personnage et la situation (ce que chacun fait).
- Découpe bien chaque événement : l'ordre donné par le 1er personnage, le développement de l'action, la réaction de l'autre personnage, puis la fin inattendue.

À toi de réécrire

2. Lis le texte de Pierre ainsi que les corrections du maître. Réponds aux questions, puis améliore le texte en reprenant les cases où tu as répondu *Non*.

incorrect (entouré)
majuscules (encadré)
on peut lier les phrases autrement (souligné deux fois)
je ne comprends pas l'histoire (souligné d'une vague)

l'éléphant se promène tranquillement et une souris surgit devant sa trompe et elle lui demande de cueillir un fruit dans l'arbre. elle veut celui qui est tout là-haut. l'éléphant tend sa trompe, il l'allonge, il l'étire le plus qu'il peut. le voilà par terre. quel poids lourd ! la souris veut jouer à chat et l'éléphant court après. Fatigué, il respire un grand coup et la souris est aspirée dans la trompe de l'éléphant et il l'avale et la dévore et alors, la souris lui demande un papillon magique.

	Oui	Non
L'histoire est-elle bien compréhensible ?	☐	☐
Les personnages sont-ils bien désignés ?	☐	☐
Les phrases sont-elles liées de façon logique ?	☐	☐
La ponctuation est-elle respectée ?	☐	☐

3. Reprends les questions ci-dessus pour vérifier ton propre texte. Améliore-le comme tu as fait avec celui de Pierre.

L'atelier de lecture

1. Lire une consigne

Cet élève a très bien travaillé ! Remets dans l'ordre les consignes qui lui ont permis d'obtenir les félicitations de la maîtresse.

a. Sous la liste, fais un dessin pour illustrer ce mot colorié en vert.

b. Entoure les noms qui te font penser à l'aventure.

c. Lis cette liste de noms.

d. Parmi les noms que tu as entourés, choisis celui qui te fait penser à une aventure dangereuse. Colorie-le en vert.

oreiller – robe – banquise – cartable
lapin – volcan – jungle – camion
boussole – ravioli – fleur – tigre

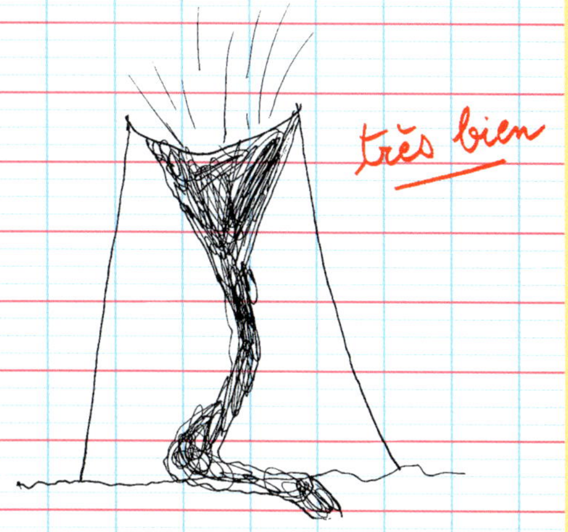

2. Maîtriser la lecture

a. Dans ce texte, certains mots ne sont pas séparés et les points sont mal placés. Recopie-le en corrigeant toutes ces erreurs.

Cettenuit,Lucie a trouvéunoursférocesoussonlit Heureusement,elle. aréussiàle capturer Maintenantilestaussi. gentil qu'unlapin.

b. Remets les dessins dans l'ordre de l'histoire.

4

niveau 1

Dans cette unité tu vas apprendre à :

- *1. Construire un conte.*
- *2. Repérer l'organisation d'un récit.*
- *3. Écrire un conte connu.*

Qui sont ces personnages ? Choisis-en un et essaie de raconter son histoire…

à l'oral

Observer et raconter

1. Observe bien la page de gauche. Puis choisis le trajet que suivra Blanche-Neige pour arriver à la maison des sept nains. Décris son parcours avec précision.

2. En t'aidant du dessin, raconte ce que fait chacun de ces personnages :
   - La Belle au bois dormant
   - Les Trois Petits Cochons
   - Cendrillon
   - Le Chat botté
   - Le Petit Poucet
   - Peau d'âne

Dialoguer

◆ Relis le conte du Petit Chaperon rouge.
Puis, avec le camarade de ton choix, désignez qui sera le Petit Chaperon rouge et qui sera le loup.

Tous les deux, imaginez et jouez la rencontre du Petit Chaperon rouge et du loup, lorsque celui-ci a pris la place de la grand-mère dans le lit.
- Mettez-vous d'accord sur les questions et les réponses. Qui les pose ? Qui répond ? Dans quel ordre ?
- Réfléchissez à la fin du dialogue.

Utiliser des informations

◆ Choisis un personnage dans l'illustration. Puis pose une devinette à tes camarades avec trois renseignements sur le personnage ; à eux de le reconnaître !
Ex : Je suis près du sapin, je porte une peau, j'ai les cheveux longs : qui suis-je ?

◆ 1. Construire un conte

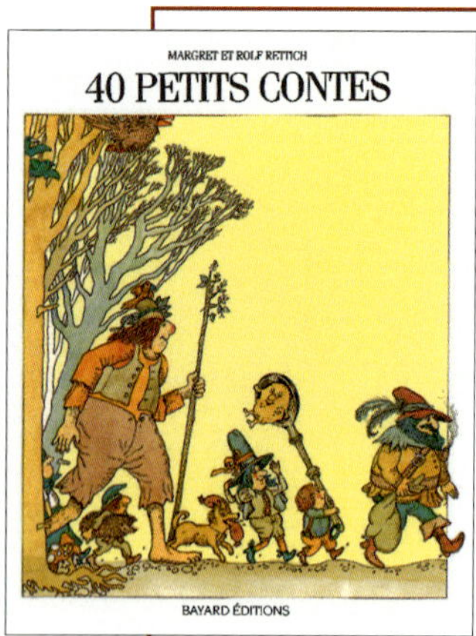

La journée du géant (1)

Il y a cent ans vivait un géant, quelque part dans le pays; et c'était un très méchant géant, car il ne mangeait rien d'autre que de la chair humaine. La plupart du temps, il se cachait derrière les collines et attrapait les gens qui travaillaient aux champs ou qui passaient sur la route. Il laissait partir les vieux qu'il trouvait trop durs et trop coriaces[1], mais les enfants étaient son repas favori parce qu'ils étaient bien tendres et bien moelleux[2]. Vous comprendrez donc pourquoi les pauvres parents n'avaient plus de repos. […] Enfin, un jour, le géant tomba malade et resta couché, tout affaibli, dans sa caverne. Son estomac grondait de faim si fort, que tout le monde regardait le ciel, croyant qu'un orage arrivait. Mais le ciel était bleu. Quelques hommes courageux se mirent en route afin de savoir d'où venait ce grondement.

Lorsqu'ils découvrirent le géant malade, ils rentrèrent en courant et criant joyeusement:

– Réjouissez-vous, le géant est en train de mourir!

Alors les gens laissèrent leurs enfants sortir dans les prés et les jardins. Mais le géant était loin d'être mort; et d'ailleurs il ne voulait pas mourir.

– Si seulement je pouvais être encore fort et jeune, même pour un seul jour, gémissait-il.

Le diable l'entendit et arriva aussitôt:

– Cela se peut, lui dit-il, pour une journée, je vais te rendre plus fort et plus jeune que jamais, mais quand le soleil se couchera, je ferai de toi ce que je voudrai.

Le géant fut d'accord et il serra la main du diable. *(à suivre)*

Le dernier géant, 40 petits contes de Margret et Rolf Rettich, © Bayard Éditions.

1. **coriace :** trop dur à mâcher.
2. **moelleux :** mou.

Le titre de l'histoire : ....

Le titre du livre : ....

Les auteurs : ....

Ce texte est-il extrait d'un roman ? d'un conte ? d'un article de journal ? d'un livre documentaire ?

Lire sans hésiter

◆ Remets cette phrase du texte en ordre, puis entraîne-toi à la lire vite.

couché, tout affaibli, tomba malade **Enfin, un jour,** **le géant** dans sa caverne. et resta

Vocabulaire

1. Retrouve le sens des mots ou groupes de mots soulignés :

- Les enfants étaient son repas favori.
  son meilleur repas ? son repas préféré ? son plus gros repas ?
- Les pauvres parents n'avaient plus de repos.
  peu riches ? fiers ? malheureux ? fatigués ?

2. Cherche dans le texte tous les mots qui rappellent la nourriture.

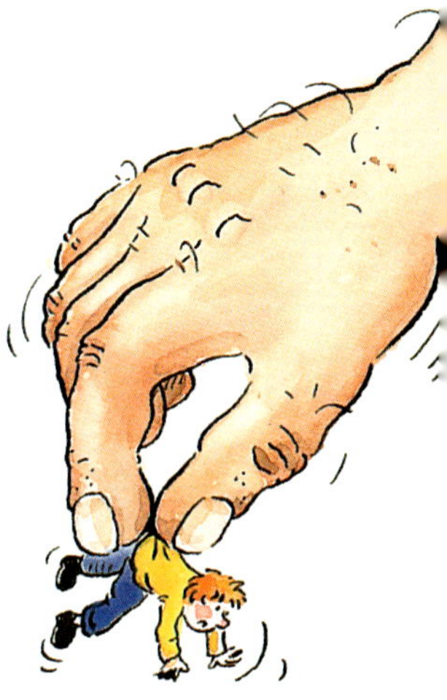

Lecture - compréhension

L'essentiel

1. À l'aide du texte, réponds à ces questions en construisant des phrases :

Quel est le personnage principal de ce conte ? Que fait-il toute la journée ? Que lui arrive-t-il ? Qui lui vient en aide ?

2. Quelle proposition résume le mieux l'histoire ? Explique pourquoi.

a. Ce conte raconte l'histoire d'un géant qui mangeait les gens d'un pays. Un jour, il tomba malade et tout le monde pensait qu'il allait mourir. Mais le diable lui proposa un marché.

b. Ce conte raconte les aventures du diable dans le pays du géant. Le diable propose un marché aux gens du pays. Il peut les débarrasser du géant qui n'arrête pas de manger leurs enfants.

En détail

3. Lis chaque phrase et réponds par *Vrai* ou *Faux*.

a. Cette histoire se passe il y a cinq ans.

b. Le géant aimait les enfants bien coriaces.

c. Les parents n'avaient plus de repos.

d. Des hommes courageux vinrent aider le géant malade.

Si tu as répondu *Faux*, corrige les phrases en t'aidant du texte.

Découvrons la construction du conte

1. Le conte, page 46, débute par une formule. Laquelle ?

2. Parmi ces formules, retrouve celles qui peuvent commencer un conte :
Il était une fois – Un homme et une femme – Ceci s'est passé – Les enfants – Au temps jadis – C'est l'histoire – C'était un petit garçon – En ce temps-là.

3. Réponds aux questions en t'aidant du texte, page 46 :
Au début du conte : où se passe cette histoire ? à quelle époque se déroule-t-elle ? comment vivaient les gens du pays ?
Les événements : un jour, que se passe-t-il ? que font les gens du pays ? que propose le diable ?
La fin du texte : le géant accepte-t-il la proposition du diable ?

4. Remets en ordre les paragraphes du conte ci-dessous :

A. Alors, le chien décida de rester avec l'homme parce que celui-ci n'avait pas peur. Depuis, le chien et l'homme sont amis.

B. Ensuite, il rencontra l'ours et lui demanda d'être son ami. Mais le chien aboya en dormant ; l'ours le réveilla et lui dit de ne pas aboyer car l'homme pourrait les tuer. Alors le chien quitta son ami trop peureux.

C. Aussi il demanda au lièvre de devenir son ami. Une nuit, le chien aboya dans son sommeil ; le lièvre eut peur que le loup l'entende et les mange. Alors le chien dut quitter son ami trop peureux.

D. Il y a longtemps, le chien vivait seul. Mais un jour, il en eut assez.

E. Enfin, il rencontra l'homme et lui demanda s'il voulait devenir son ami. L'homme accepta. Dans la maison, le chien aboya en dormant ; l'homme l'encouragea à continuer pour faire peur au lièvre, à l'ours et au loup.

À toi d'écrire

5. Le géant accepte la proposition du diable : pour une journée, il va redevenir jeune et fort. Imagine la suite et la fin du conte, page 46.
- Que fait le géant pendant cette journée ?
  Aide-toi du texte et n'oublie pas que le géant a retrouvé toute sa force.
- Que se passe-t-il à la fin de la journée quand le diable arrive ?

La journée du géant (2)

Dès qu'il fit jour, le géant descendit à grands bonds dans la vallée. Les gens travaillaient dans les champs et les enfants couraient partout sans soucis. Le géant n'eut qu'à les ramasser à pleines poignées. Il s'en remplit les poches et comme il voulait en avoir encore plus, il alla dans le village voisin, puis dans un autre encore. Partout il attrapa les enfants. Il les noua dans son mouchoir et les mit dans son chapeau. Les parents couraient derrière lui en se lamentant. Certains le piquaient à coups de fourche et de hache, mais le géant les enjambait en riant.

Pourtant il n'en avait toujours pas assez.

Il alla jusqu'à la ville. Là il attrapa encore des enfants et les mit dans ses bottes. Il accrocha ses bottes à son cou, puis enfin, il fit demi-tour pour rentrer chez lui, pieds nus. Il entra dans sa caverne. Là, il arracha des troncs d'arbres et fit un feu énorme. Puis il prit sa marmite de géant et y déversa tous les enfants.

– Ça va être un vrai festin ! se disait-il en se pourléchant[1].

Mais, juste au moment où il allait poser sa marmite sur le feu, le soleil se coucha.

Alors, le diable arriva aussi vite que l'éclair, il saisit le géant et l'emporta dans les airs. Quant aux enfants, ils grimpèrent hors de la marmite et coururent chez eux. Depuis on n'a plus jamais entendu parler de géant dans ce pays.

Le dernier géant, 40 petits contes de Margret et Rolf Rettich,

1. **se pourlécher :** se passer la langue sur les lèvres en se régalant.

Imagine le géant et décris-le… Penses-tu qu'il ait vraiment existé ?

Lire sans hésiter

◆ Lis ces phrases. Que remarques-tu ?

Il s'en remplit les pches et cmme il voulait en avoir encre plus, il alla dans les villages voisins. Il attrapa les enfants et les mit dans son chap et dans ses bttes.

Relis-les maintenant en rajoutant ce qui manque.

Lecture - compréhension

L'essentiel

1. Trouve les réponses sans regarder le texte, page 49.
   a. Le géant attrapa une grande quantité d'enfants. Où les mit-il ?
   dans ses poches – dans son sac – dans son mouchoir – dans son gilet – dans ses bottes – dans son pantalon – dans son chapeau.

   b. Pour défendre leurs enfants, comment les parents piquaient-ils le géant ?
   à coups de fourche – à coups de pied – à coups de hache – à coups de fouet – à coups de fourche et de hache – à coups de fourchette.

En détail

2. Sans relire tout le texte, retrouve le passage qui raconte ce qui arrive au géant au moment où il va poser la marmite sur le feu.

3. Avec ces mots, reconstitue une phrase du texte :
   arriva – Alors, – dans les airs – l'éclair, – il – le géant– le diable – saisit – vite – l'emporta – aussi – et – que.

4. Relève tous les détails du texte qui montrent qu'il s'agit d'un géant.

Vocabulaire

► ***Chercher un mot dans le dictionnaire*** ◄

1. Cherche ces mots dans ton dictionnaire :
   Comment as-tu fait ?
   Compare avec tes camarades.

geai [ʒɛ], n. m. ♦ Oiseau à plumage gris, brun et bleu.

géant, ante, n. *ou* adj. ♦ **1.** Personne d'une taille extrêmement élevée. – CONTR. un nain. **2.** ***Le géant de,*** ce qu'il y a de plus grand : *L'éléphant est le géant des animaux.* **3.** Très grand : *On vient de construire un pétrolier géant : 500 m de longueur !* – SYN. colossal, gigantesque, immense. – CONTR. minuscule, nain, petit.

geindre, v. (conjugaison **84**) ♦ **1.** Pousser de faibles gémissements : *Le bébé malade geignait doucement dans son berceau.* **2.** Se plaindre sans motif sérieux et d'une manière désagréable : *Voyons, André, tu n'arrêtes pas de geindre pour un rien.*

Bordas, *Le Junior.*

2. Si *géant* est écrit tout en haut de la page du dictionnaire, indique quels mots tu peux trouver sur la même page :

gendarme – grandir – abeille – gémir – oseille – guetter – gazon – gêner – gel – poignée.

3. Dans ton dictionnaire, cherche le mot écrit juste avant et juste après chacun de ceux-ci :

poignée – fourche – courir – botte – marmite.

◆ Dans le dictionnaire, les mots sont classés dans l'ordre alphabétique à partir de leur 1re lettre, puis de leur 2e et ainsi de suite.

Découvrons comment organiser un récit

1. Remets ces phrases en ordre pour reconstituer l'histoire du géant :

a. Alors, le diable arriva aussi vite que l'éclair et l'emporta.
b. Pourtant il n'en avait toujours pas assez.
c. Dès qu'il fit jour, le géant descendit dans la vallée.
d. Il alla jusqu'à la ville et attrapa encore des enfants.
e. Là, il fit un feu énorme. Mais, juste au moment où il posa sa marmite sur le feu, le soleil se couchait.
f. Depuis on n'a plus jamais entendu parler du géant.
g. Partout il attrapa les enfants.
h. Puis enfin, il fit demi-tour pour rentrer chez lui.

Écris tout ce qui t'a permis de retrouver l'ordre des actions. Compare avec un camarade.

2. Relis maintenant le texte, page 46, et recopie tous les mots qui indiquent qu'il se passe quelque chose de nouveau.

Tu peux t'aider de l'activité précédente...

3. Lis ces formules et classe-les en deux colonnes :

au début du conte / à la fin du conte.

Un jour – En ce temps-là – Désormais – C'est ainsi que – Finalement – Autrefois – Il y a des années – Il est un pays où – À cette époque – Depuis ce jour – Et depuis – Cette année-là – Depuis ce temps-là – Enfin – C'est alors que – Il était une fois.

◆ 3. Écrire un conte connu

Poil à Gratter, la terreur de la forêt

Poil à Gratter est un méchant loup qui zozote[1]. Un soir, il reçoit la visite de Loupiote, la fée des loups.

– Je suis très mécontente: tu fais peur à tous les animaux de la forêt et tu dis plein de gros mots. Si tu continues à être méchant, je te punirai. Mais si tu promets de devenir gentil, je te débarrasserai de ton zézaiement[2]...

– Ze te promets de ne plus faire peur aux animaux et de ne plus manzer de lapins ! zozota Poil à Gratter.

Alors, la fée toucha le museau du loup avec sa baguette magique et prononça une formule bizarre :

– Blési, blésa ! Zozoti, zozota ! Décampi, décampa !

Immédiatement, elle ordonna :

– Répète après moi : les chaussettes de la chouette sèchent sur la chaise.

– Les chaussettes de la chouette sèchent sur la chaise ! dit Poil à Gratter sans zozoter.

– Bon, dit la fée, je t'ai débarrassé de ton zézaiement, alors j'espère que tu tiendras ta promesse.

Et elle disparut dans un panache de fumée bleue. Mais le lendemain matin, le loup chaussa ses bottes, prit son fusil et partit chasser dans la forêt.

– J'ai une faim de loup, cria-t-il, je vais manger cinq lapins !

Un petit lapin passa entre ses bottes et le loup l'attrapa. Aussitôt le lapin se transforma en fée des loups.

– C'est comme ça que tu tiens ta promesse ? demanda Loupiote. Tu mérites une bonne correction !

Et elle asséna[3] un grand coup de baguette magique sur la tête de Poil à Gratter. Il y eut un bruit énorme et Poil à Gratter, le grand loup marron, fut changé en un loup rose à la queue verte.

Trois histoires de fées de Marie-Odile Judes, © Éditions Lito, 1992.

1. **zozoter :** prononcer avec un défaut.
2. **zézaiement :** zozotement.
3. **asséner :** donner un coup très fort.

Imagine d'autres punitions que la fée aurait pu donner au loup...

Vocabulaire

1. Cherche le mot dérivé du verbe :

le loup zézaie	→ *le zézaiement*	le loup gronde	→ le …
le loup bégaye	→ le …	le loup hurle	→ le …
le loup chuchote	→ le …	le loup geint	→ le …

2. Que veut dire l'expression « avoir une faim de loup » ?

être gourmand – vouloir manger un loup – avoir très faim – ne pas avoir faim – être affamé – avoir envie de manger – manger comme un loup.

3. Explique ces expressions. Aide-toi de ton dictionnaire.

faire des pas de géant – avoir le diable au corps – marcher à pas de loup.

Lecture guidée

1. Dans ce passage, quel est le personnage désigné par les mots en rose ?

> – Je suis très mécontente : tu fais peur à tous les animaux de la forêt et tu dis plein de gros mots. Si tu continues à être méchant, je te punirai. Mais si tu promets de devenir gentil, je te débarrasserai de ton zézaiement…
> – Je te promets de ne plus faire peur aux animaux et de ne plus manger de lapins ! zozota Poil à Gratter.

2. Repère les mots qui désignent l'autre personnage. Qui parle en premier ? Qui parle en second ?

3. Dans quel cas la fée punira-t-elle le loup ? À quelle condition le débarrassera-t-elle de son zézaiement ? Quels mots te l'indiquent ?

4. La fée est mécontente pour deux raisons. Lesquelles ? Le loup promet deux choses. Lesquelles ? Quel mot sert à attacher les deux réponses ?

Lire à haute voix

- Relis le texte à haute voix jusqu'à la ligne 19 en différenciant bien les deux personnages. Prépare ta lecture en imaginant le ton de la fée : elle est un peu en colère. Exerce-toi à zozoter comme le loup.

À toi d'écrire un conte connu

1. Tu vas maintenant écrire le conte du Petit Chaperon rouge.

Pour t'aider

- À l'oral, raconte l'histoire du Petit Chaperon rouge à tes camarades.
- Utilise ce guide pour rédiger ton texte sur ton cahier de brouillon :

  a. Écris la formule du début et le lieu où se passe l'histoire.

  b. Décris la situation de départ : qui est le héros (son nom) ? que fait-il ? et pourquoi agit-il ainsi ?

  c. Raconte les événements : que se passe-t-il ? où arrive-t-il ? que (qui) rencontre-t-il ? que décide-t-il de faire ?

  d. Utilise des mots qui indiquent les changements.

  e. Choisis une formule pour la fin du conte.

À toi de réécrire

2. Relis ton texte et réponds par *Oui* ou *Non* :

	Oui	Non
a. J'ai donné un titre à mon conte.	☐	☐
b. J'ai utilisé une formule de début.	☐	☐
c. J'ai écrit trois parties : le début, les événements, la fin.	☐	☐
d. J'ai désigné les personnages de plusieurs façons.	☐	☐
e. J'ai utilisé des mots qui indiquent les changements de temps et de lieux.	☐	☐
f. Je n'ai pas oublié la ponctuation.	☐	☐

3. Si tu as coché des cases *Non*, reprends ton texte et améliore-le.

L'atelier de lecture

1. Comparer un texte et une image

Juliette vient de recevoir une lettre.

– Olivier me raconte n'importe quoi ! s'écrie-t-elle.

– Pourquoi dis-tu cela ? demande sa mère, étonnée.

a. Que va répondre Juliette ?

> Bonjour Juliette !
>
> Voici un dessin du pays où je suis en vacances.
> Je l'ai prise hier à minuit. Comme tu le vois, c'est un pays où il fait très froid. C'est moi qui suis sur l'éléphant.

b. Corrige le texte d'Olivier pour que Juliette ne soit plus en colère.

2. Utiliser des informations

a. Simon a fait un cauchemar. Voici son récit :

> Je dormais sous ma tente. Soudain, on me chatouille les pieds ! Je regarde et je vois un ganavanarol en train de tisser sa toile entre mes orteils ! Horreur ! Je sors de la tente en courant et bing ! Je me cogne contre une batagamolette de trois mètres de haut !
> Je crie, je crie… et aussitôt un vol de loubinouramis carnivores fond sur moi. Ça bourdonne autour de mes oreilles ! Pour leur échapper, je plonge dans la rivière. Quelle erreur ! Une mégabiclopinette électrique s'attaque aussitôt à mes mollets ! Je crie encore plus fort et… je me réveille. Ouf ! Je suis chez moi, dans mon lit. Tout cela n'était qu'un cauchemar !

b. Trouve le nom de chacun des animaux du cauchemar de Simon.

5

niveau 2

Dans cette unité tu vas apprendre à :

- *1. Raconter des événements.*
- *2. Repérer le temps et les lieux.*
- *3. Écrire la suite d'un récit.*

Dans quelle partie du monde aimerais-tu vivre ? Pourquoi ?

à l'oral

Observer et décrire

1. Observe la page de gauche et décris ce qui est représenté.
2. Quels sont les différents personnages ? Comment les reconnais-tu ?
3. À la place de quel personnage aimerais-tu te trouver ? Pourquoi ?

S'exprimer

1. Selon toi, quel est le sens de cette phrase ?
   « Les voyages forment la jeunesse. »

   Compare ton explication avec celles de tes camarades.
2. Imagine le plus possible de raisons de voyager. Donne ces raisons à un camarade et écoute les siennes. Essayez chacun de trouver les arguments contraires à ceux de l'autre…

Raconter un voyage

◆ Tu as gagné un voyage en participant à un concours…
Imagine-le et raconte-le à tes camarades.

Pour cela :

• Choisis l'endroit où tu aimerais aller. Indique comment tu pourrais t'y rendre (aide-toi de ton livre de géographie). Donne les raisons qui t'ont permis de choisir cette destination et ce que tu souhaites y découvrir.

• Fais la liste des différentes étapes du voyage : l'arrivée sur place, le premier jour, les jours suivants… ton retour. Raconte comment cela s'est passé (ce que tu as vu, qui tu as rencontré…).

Pour rendre ton récit plus vivant, n'oublie pas de donner tes impressions, les émotions que tu as ressenties.

◆ Avant de raconter ton voyage à la classe, entraîne-toi avec ton voisin. Tiens compte de ses remarques et modifie éventuellement ton récit pour le rendre vraisemblable.

Le garçon qui racontait des histoires

Dans toute l'Afrique, Toa le marchand n'aurait pu trouver un garçon capable de charger et de décharger le dromadaire plus vite que lui. Ni de présenter plus joliment les marchandises devant les tentes des Bédouins[1], ni de mieux comprendre les chameaux, ni, surtout, de raconter de plus jolies histoires, le soir, autour des feux, quand le Sahara devient aussi froid qu'un désert de glace, et qu'on se sent encore plus seul. [...] Cela attirait les clients dans les campements de nomades. Toa était content.

– Eh ! Toa, comment l'appelles-tu, ce garçon ?

– Pas eu le temps de lui donner un nom ; je travaille, moi !

Les nomades n'aimaient pas Toa le marchand.

– Toa, ce garçon, tu ne le mérites pas.

Ils installaient le garçon tout près du brasero[2], ils lui donnaient du thé brûlant, des dattes, du lait caillé (ils le trouvaient trop maigre) et ils disaient :

– Raconte.

Alors le garçon racontait pour eux les histoires qui naissaient dans sa tête, là-haut sur la bosse de Casseroles. Ou bien il leur racontait les rêves du dromadaire, qui rêvait toutes les nuits et même parfois en avançant sous le soleil. Toutes ces histoires parlaient de l'Afrique jaune, le Sahara, l'Afrique du sable, du soleil, de la solitude, des scorpions et du silence.

Et quand les caravanes repartaient sous le ciel brûlant, ceux qui avaient entendu les histoires du garçon voyaient une autre Afrique, du haut de leurs chameaux. Le sable y était doux, le soleil une fontaine, ils n'étaient plus seuls : la petite voix du garçon les accompagnait partout dans le désert.

« Afrique ! »

Ce fut au cours d'une de ces nuits qu'un vieux chef touareg[3] (il avait au moins cent cinquante ans) déclara :

– Toa, ce garçon, nous l'appellerons « Afrique » !

L'œil du loup de Daniel Pennac, coll. *Pleine Lune*, © Éditions Nathan.

1. **les Bédouins :** peuple nomade du désert.
2. **un brasero :** une cuve métallique remplie de braises.
3. **les Touaregs :** peuple nomade du désert.

Le titre du texte : ....

Le titre du livre : ....

L'auteur : ....

Ce texte est-il extrait : d'un roman ? d'un article de journal ? d'une fiche documentaire ?

Lire sans hésiter

◆ Lis ces phrases en choisissant le bon mot :

Alors le *(glaçon/garçon)* racontait pour *(eux/deux)* les histoires qui *(naissaient/mouraient)* dans sa *(bête/tête)*, là-haut sur la *(bosse/cosse)* de Casseroles. Ou bien il leur *(mentait/racontait)* les rêves du *(chameau/dromadaire)*, qui rêvait *(doutes/toutes)* les *(bruits/nuits)* et même parfois en *(reculant/avançant)* sous le *(soleil/sommeil)*.

Vocabulaire

1. Relève dans le texte, tout ce qui indique que Toa vit dans un pays rude et que l'on s'y sent seul.
Relève tous les mots qui parlent du désert.

2. a. Qui sont les Bédouins et les Touaregs ?

   b. Relève dans le texte les mots qui donnent des informations sur leur mode de vie : habitation, nourriture, déplacement…

3. Trouve le contraire de chaque mot et utilise-le dans une phrase.

Ex : Ce garçon est capable de ***charger*** *et* ***décharger*** *le dromadaire.*

colorer – serrer – découper – barbouiller – bloquer – cacheter – coller.

Lecture - compréhension

L'essentiel

1. Réponds à ces questions en justifiant tes réponses à l'aide de phrases du texte :
   a. Où se déroule cette histoire ?
   b. Quels sont les personnages de l'histoire ?
   c. Qui raconte les histoires ?
   d. Qui les écoute ?

2. Raconte l'histoire que tu viens de lire en t'aidant de l'activité précédente.

En détail

3. Recopie les phrases du texte qui donnent les informations suivantes :
   – le nom du dromadaire,
   – le nom du garçon qui raconte,
   – les qualités de ce garçon,
   – l'endroit où naissent les histoires,
   – de quoi parlent ces histoires,
   – l'effet produit par ces histoires.

Découvrons les événements

1. Retrouve l'histoire que tu viens de lire en mettant en ordre les phrases suivantes, puis recopie-la.

a. Ces histoires attirent Bédouins et Touaregs le soir autour du feu.
b. C'est une histoire qui se passe en Afrique, dans le désert du Sahara.
c. Quand ils repartent, les nomades se souviennent des histoires du garçon ; la route alors leur semble plus courte et le désert moins hostile.
d. Installés autour d'un brasero, ils écoutent les récits que l'enfant invente.
e. Finalement un vieux chef touareg décide d'appeler le garçon : Afrique.
f. Il est aidé par un garçon qui raconte de belles histoires.
g. Toa est un marchand ambulant qui vend sa marchandise aux nomades du désert.

Entoure les mots qui t'ont permis de remettre l'histoire dans l'ordre.

2. Réponds aux questions suivantes :

- Quels renseignements apprend-on au début de l'histoire ?
- Que sait-on des personnages de l'histoire ? Que font-ils ? Qui parle ?
- Que se passe-t-il lorsqu'Afrique a fini de raconter ses histoires ?

3. Relève dans le texte, page 58, à partir de la ligne 13, les actions des personnages. Compare avec ton voisin et justifie tes choix.

À toi d'écrire

4. Voici la suite du texte de la page 58 :

« C'est vrai que Toa aurait tout vendu.
D'ailleurs, un beau matin, il vendit tout. »

À deux, imaginez ce qui peut arriver à Afrique à cause de Toa le marchand.

À qui Afrique a-t-il été vendu ?
Comment est-il traité maintenant ?
Cherche-t-il à s'échapper ?
Qui sont ses nouveaux amis ?

Racontez-le ensuite chacun par écrit en quelques lignes.

5. Imagine que tu es Afrique et invente une histoire que tu pourrais raconter, la nuit, autour du feu.

De quoi a rêvé le dromadaire ? Quelle(s) rencontre(s) a-t-il pu faire ?
Quelle(s) épreuve(s) a-t-il dû surmonter dans le désert ?

◆ 2. Repérer le temps et les lieux

Le combat contre les requins

Le héros de cette histoire est un vieux pêcheur. En mer depuis trois jours, il rentre au port épuisé ; l'énorme espadon qu'il a pêché est attaché à sa barque. Il a été, par deux fois déjà, attaqué par des requins qui ont commencé à dévorer sa prise.

Il ne voulut pas regarder son poisson. Il en manquait une bonne moitié. Le soleil s'était couché pendant qu'il se battait avec les requins.

– Va bientôt faire noir, dit-il. Je devrais voir les lumières de La Havane. […]

Aux alentours de dix heures du soir, il distingua, réfléchi sur la mer, le halo[1] des lumières de la ville. Ce ne fut d'abord qu'une clarté diffuse semblable à celle qui précède le lever de la lune ; puis les lumières devinrent des points fixes ; elles perçaient l'espace marin : il y avait une forte houle, car la brise avait beaucoup fraîchi. Le vieux maintenait le cap[2] sur les lumières. Il estima qu'il ne devait pas se trouver bien loin de la frange du courant. […]

« Pourvu que je ne sois pas encore obligé de leur taper dessus ! pensa-t-il. Je voudrais tant ne pas être obligé de leur taper dessus ! »

Mais à minuit le combat recommença. Cette fois le vieux savait que cela ne servirait à rien. Il avait contre lui une véritable meute. On ne voyait rien d'autre que la trace des ailerons dans l'eau et la traînée phosphorescente[3] que les requins laissaient chaque fois qu'ils se jetaient sur le poisson. Le vieux cognait au hasard sur des têtes, il entendait des mâchoires claquer. […]

Un dernier survint, qui s'attaqua à la tête. Le vieux comprit que tout était fini. Il brandit la barre et l'abattit sur la mâchoire même du requin qui était comme coincée dans les cartilages de la tête du poisson. Il cogna deux fois, trois fois, dix fois. La barre se rompit. Il continua à cogner avec le morceau cassé. Il le sentit entrer dans la bête ; déduisant de cela qu'il était très pointu, il frappa encore. Le requin lâcha prise et se tordit. C'était le dernier de la meute. Il ne restait plus rien à manger pour personne.

Le vieil homme et la mer d'Ernest Hemingway,
trad. par Jean Dutourd,

1. **un halo :** une faible lumière.
2. **maintenir le cap :** garder la même direction.
3. **phosphorescent :** lumineux.

À la place du pêcheur, qu'aurais-tu fait contre les requins ?

Lire sans hésiter

◆ Sépare les mots correctement :

Maisàminuitlecombatrecommença.Cettefoislevieuxsavaitquecelane serviraitàrien.Ilavaitcontreluiunevéritablemeute.Onnevoyaitriend'autre quelatracedesaileronsdansl'eauetlatraînéephosphorescentequelesrequins laissaientchaquefoisqu'ilssejetaientsurlepoisson.

Lecture - compréhension

L'essentiel

1. Réponds aux questions suivantes en justifiant ta réponse :
   - a. Quel est le personnage principal du récit, page 61 ?
   - b. Pourquoi lutte-t-il contre les requins ?
   - c. Quels sont ses moyens de défense ?
   - d. Qui sort victorieux de ce combat ?
   - e. Quelles qualités et quels défauts reconnais-tu au pêcheur ?
2. Aide-toi de ce que tu viens de faire pour résumer le texte.

En détail

3. Choisis la bonne proposition et justifie-la par une phrase du texte :
   - Les requins attaquent près du rivage ou en haute mer.
   - Le pêcheur combat un seul ou plusieurs requins.
4. Chacune des informations suivantes est-elle donnée dans le texte ? Justifie ta réponse à l'aide des phrases du texte.

   Le pêcheur ne veut pas taper sur les requins. – Le dernier requin est blessé. – Le pêcheur a tué le dernier requin. – Il ne reste plus que quelques morceaux de l'espadon. – Les requins veulent manger le pêcheur.

Vocabulaire

► *Utiliser le dictionnaire* ◄

1. Classe les mots suivants dans l'ordre alphabétique :
   - a. requin – pêcheur – bateau – lumière – meute – combat.
   - b. poisson – poison – portion – potiron – potion – porteur.
2. Quels mots dois-tu chercher dans le dictionnaire pour trouver la définition des mots en couleur : « Il vécut une folle nuit d'angoisse. »

3. Cherche dans ton dictionnaire le mot *halo*.
Qu'est-ce qui est écrit en haut de la page de gauche de ton dictionnaire ? Et sur celle de droite ? À quoi cela te sert-il ?

4. Cherche le plus vite possible les mots suivants :

combat – frange – requin – espadon – cap

Comment as-tu fait ? Compare ta méthode avec celle d'un camarade.

◆ Dans le dictionnaire, les mots sont classés par ordre alphabétique. Deux mots commençant par la même lettre sont classés en fonction de la deuxième, etc. Les adjectifs sont présentés au masculin et les verbes à l'infinitif.

Découvrons comment repérer le temps et les lieux

1. Repérer le temps.

a. Ces phrases ont été mélangées. Retrouve leur ordre chronologique *(leur ordre de succession dans le temps)*. Aide-toi du texte, page 61.

A. *Le soleil s'était couché* pendant qu'il se battait avec les requins.
B. Mais *à minuit* le combat recommença. Cette fois le vieux savait que cela ne servirait à rien.
C. *Aux alentours de dix heures du soir*, il distingua, réfléchi sur la mer, le halo des lumières de la ville.
D. *Finalement* il ne restait plus rien à manger pour personne.

b. Certaines de ces expressions donnent des informations précises sur un moment de la journée. Lesquelles ? Quelles autres indications peut-on déduire ? Grâce à quoi ?

2. Repérer les lieux.

a. Voici la suite du texte. Remets en ordre les phrases mélangées.

A. Comme il n'y avait personne pour l'aider, il rama aussi loin qu'il put, puis sortit de la barque et l'attacha à une pierre.
B. Ensuite, il mit le mât sur son épaule et commença à monter la côte.
C. Il démonta le mât, amena la voile et la plia.
D. Quand il entra dans le petit port, les lumières de la terrasse étaient éteintes et il comprit que tout le monde était couché.
E. Il se remit à gravir la pente.
F. Il s'arrêta un instant, se retourna et aperçut dans la lumière d'un réverbère la grande queue de l'espadon.
G. En arrivant au sommet, il tomba et resta prostré, le mât en travers des épaules.

b. En quoi les mots en couleur t'ont-ils aidé à reconstituer le passage ?

◆ 3. Écrire la suite d'un récit

Après le naufrage…

Réveillé par les premiers rayons du soleil levant, Robinson commença à redescendre vers le rivage d'où il était parti la veille. […]

En somme sa situation était loin d'être désespérée. Certes, cette île était apparemment déserte. Mais cela ne valait-il pas mieux que si elle avait été peuplée de cannibales ? En outre elle paraissait assez accueillante avec sa belle plage au nord, des prairies très humides et sans doute marécageuses à l'est, sa grande forêt à l'ouest, et, en son centre, ce massif rocheux que perçait une grotte mystérieuse et qui offrait un point de vue magnifique sur tout l'horizon.

Il en était là de ses réflexions quand il aperçut au milieu de la piste, qu'il avait suivie la veille, le cadavre du bouc assommé. Déjà une demi-douzaine de vautours au cou déplumé et au bec crochu se disputaient la charogne. Robinson les dispersa en faisant tournoyer son bâton au-dessus de sa tête, et les gros oiseaux s'envolèrent lourdement l'un après l'autre en courant sur leurs pattes torses[1] pour décoller.

Puis il chargea sur ses épaules ce qui restait du bouc, et poursuivit plus lentement sa marche vers la plage. Là, il découpa avec son couteau un quartier de viande et le fit rôtir suspendu à trois bâtons noués en trépied au-dessus d'un feu de bois.

La flamme pétillante[2] le réconforta davantage que la viande coriace et qui sentait le bouc. Il décida d'entretenir toujours ce feu pour économiser son briquet à silex et pour attirer l'attention de l'équipage d'un navire qui croiserait éventuellement au large de l'île. […]

À côté du feu toujours allumé sur la grève, il entassa des fagots de branchages et une quantité de varech[3] grâce auxquels il provoquerait des torrents de fumée si une voile se pointait à l'horizon. […]

Plus tard il trouva mieux encore : sur la falaise se dressait un grand arbre mort, un eucalyptus, dont le tronc était creux. Il bourra le tronc de brindilles et de bûchettes qui – enflammées – transformeraient vite tout l'arbre en une immense torche visible à des kilomètres.

Vendredi ou la vie sauvage de Michel Tournier, coll. *Folio Junior*, © Éditions Gallimard.

1. **torse :** tordu.
2. **pétillant :** éclatant avec de petits bruits secs.
3. **le varech :** les algues rejetées par la mer.

Que penses-tu de la situation de Robinson ? Est-elle désespérée ?

Vocabulaire

1. Relève tous les mots qui appartiennent au langage géographique et donne leur définition *(tu peux t'aider de ton dictionnaire)*.

2. Parmi les dessins ci-dessous, trouve celui qui représente l'île où Robinson a fait naufrage. Justifie ton choix.

3. Recopie ces phrases en remplaçant les mots en gras par des mots du texte :
   - Robinson trouva, sur **le rocher surplombant la mer**, un eucalyptus dont le tronc était creux.
   - Il descendait vers **la grève** par **le sentier** qu'il avait suivi **le jour précédent** au milieu duquel se trouvait **le corps** d'un bouc mort.
   - La flamme **crépitante** lui **redonna bien plus de forces** que la viande trop dure du bouc.

Lecture guidée

1. Sur une copie du texte, colorie en rouge tout ce qui donne des indications sur les lieux et en vert tout ce qui donne des indications sur le temps.

2. Relis le premier paragraphe en remplaçant les mots en rose par :
   finalement, bien sûr, de plus.

   Le sens du texte est-il modifié ?

3. a. Fais la liste de ce qui rend l'île *accueillante* selon Robinson et imagine trois arguments contraires qui rendent sa situation *tragique*.

   b. Rédige un court paragraphe en utilisant les indications ci-dessous.
   En somme sa situation était désespérée. Certes … . Mais … ? En outre … .

Lire à haute voix

- Prépare-toi à lire à haute voix le début du texte jusqu'à la ligne 15. Repère les liaisons et la ponctuation. Entraîne-toi à lire sans hésiter et à articuler.

À toi d'écrire la suite du récit

1. Voici la suite du texte, page 64 :

> Dès le lendemain, Robinson entreprit la construction d'une embarcation qu'il baptisa par anticipation *l'Évasion*.

Imagine et écris la construction de *l'Évasion*.

Pour t'aider

- Décris bien les différentes étapes :
  - la recherche du bois pour le bateau,
  - la construction du bateau,
  - les préparatifs du départ (le matériel, les provisions...).
- Utilise des indicateurs de temps comme :
  d'abord, puis, ensuite, enfin...
- Indique bien les lieux où se passent les différentes étapes.
- Relis ton récit en répondant à ces questions :

Dans ton texte :	Oui	Non
a. As-tu présenté la situation de départ ?	☐	☐
b. Sait-on toujours clairement de quoi ou de qui tu parles ?	☐	☐
c. L'ordre chronologique des actions est-il bien indiqué ?	☐	☐
d. As-tu utilisé suffisamment la ponctuation ?	☐	☐
e. Connaît-on la fin de l'histoire ?	☐	☐

À toi de réécrire

2. Dans certaines cases ci-dessus, tu as peut-être coché *Non*.
Aide-toi des remarques suivantes pour améliorer ton texte :

a. Relis le début de ton texte et vérifie que tu as bien indiqué : l'endroit où se déroule l'histoire, qui est le personnage principal, ce qu'il se propose de faire.

b. Lis ton texte à un camarade et modifie-le pour rendre plus clair ce qu'il n'a pas compris.

c. Indique clairement l'ordre chronologique des actions en utilisant des marqueurs de temps.

d. Fais lire ton texte à un camarade. Écoute-le bien et ajoute la ponctuation qui manque.

e. Précise comment l'aventure se termine pour Robinson (bien ou mal).

L'atelier de lecture

1. Lire une consigne

Voici les consignes de sécurité données aux pilotes d'un avion de taille moyenne :

Passagers ( ) : 12 maximum
Carburant ( ) : 5 000 litres minimum
Poids bagages ( ) : 1 500 kilos maximum
Parachutes ( ) : 1 par passager + 2 pour l'équipage
Radeaux de survie ( ) : 1 pour 6 personnes

Parmi ces six pilotes, lesquels n'ont pas suivi ces consignes de sécurité ?

Roberto	Axel	Alice	Magali	Savanna	Pierre
8	10	11	12	7	14
4 500	6 500	6 500	7 500	6 200	5 000
850	1 300	1 230	1 400	1 450	400
12	10	15	15	9	12
2	3	2	1	3	3

2. Comparer un texte et une image

Marie vient de recevoir cette carte postale. Après avoir regardé la photo et lu ce qui est écrit au dos, elle s'exclame : « Quentin n'est pas très observateur ! »

Pourquoi ?

Combien d'inexactitudes peux-tu relever dans ce qu'il a écrit ? Lesquelles ?

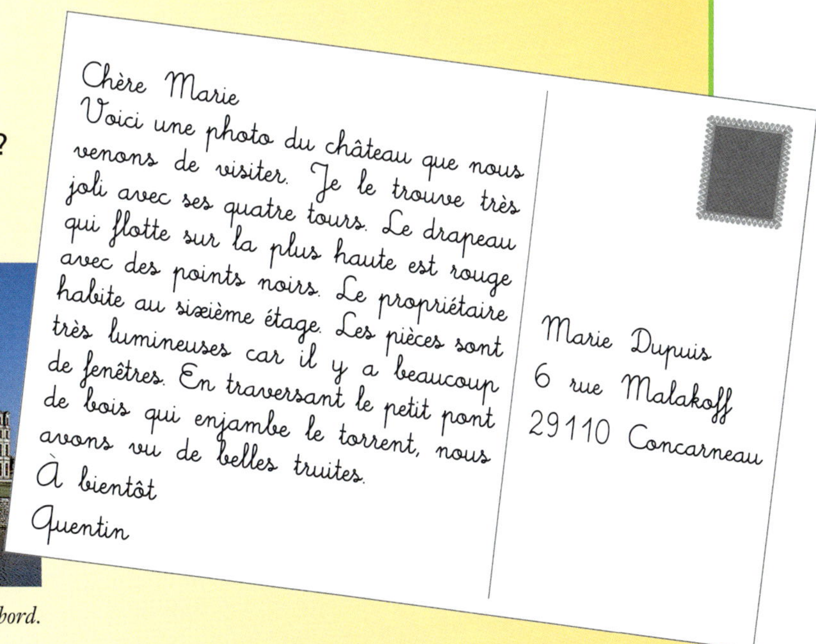

Château de la Loire, Chambord.

6

niveau 2

Dans cette unité tu vas apprendre à :

- *1. Organiser un récit.*
- *2. Utiliser les organisateurs de texte.*
- *3. Résumer un texte.*

Énumère le plus vite possible les objets et les animaux représentés ici.

à l'oral

Observer et imaginer

1. Observe les bateaux sur le dessin de la page de gauche. Sur lequel préférerais-tu embarquer ? Pourquoi ?

2. Quel est le détail que tu aimerais ajouter à ce dessin ? Un personnage humain ou animal, un élément naturel, une machine...
Explique les raisons de ton choix.

3. Si tu étais un plongeur, quel animal marin aimerais-tu observer de près ? Pourquoi ?

Justifier un choix

◆ Parmi ces étiquettes, choisis trois endroits où tu aimerais habiter et trois autres qui ne te plaisent guère.
Explique à chaque fois ton choix.
J'aimerais habiter… parce que…
Je n'aimerais pas habiter… parce que…

au bord de la mer | à la campagne | à la montagne | dans une grande ville | dans une petite ville | dans un village | dans le nord de la France | dans le sud de la France | au centre de la France | près d'une forêt | près d'une rivière | près d'un lac | près d'une plage

Utiliser des informations

◆ Reprends la liste des noms d'objets ou d'animaux que tu as trouvés en observant l'illustration. Choisis-en quelques-uns et fais-les deviner à tes camarades à l'aide de charades.
Ex : Mon premier est une note de musique : do.
Mon deuxième n'est pas épais : fin.
Mon tout est un mammifère marin : dauphin.

◆ 1. Organiser un récit

Le visiteur indélicat

En 1952, le docteur Alain Bombard embarque seul à bord d'un simple canot pneumatique baptisé « l'Hérétique ». Il n'emporte que très peu de vivres et d'eau douce car il veut prouver que l'homme est capable de survivre en pleine mer par ses propres moyens. Il gagnera son pari en traversant l'Atlantique en 64 jours. Voici un extrait du livre tiré de son journal de bord...

Je dormais heureux, lorsque je fus réveillé par l'impression que quelque chose d'insolite[1] se passait autour de moi. Je me levai.

La mer, derrière moi, était sillonnée par des éclairs phosphorescents[2] produits par un énorme poisson. Était-ce un espadon ou un requin ?

Cette fois-là l'animal fit montre d'une technique inusitée[3]. Il fonçait sur moi, et passait sous le bateau, en le raclant avec son dos.

Ce jeu dura six heures. Exaspéré[4], j'allais enfin me décider à l'attaquer, lorsqu'il disparut aussi rapidement qu'il était arrivé.

Le lendemain matin, alors qu'aucune vague n'avait rempli *l'Hérétique* pendant la nuit, je me retrouvai trempé. Je dus me rendre à l'évidence que le bateau commençait à faire eau. La bête, pendant la nuit, avait dû percer le fond de caoutchouc de sa peau rugueuse[5] de papier de verre.

Il était temps que j'arrive, car la situation dans laquelle je me trouvais devenait sérieusement inconfortable. Les flotteurs étaient certes intacts, la pression d'air s'y maintenait parfaitement, mais il était impossible de réparer l'infiltration[6], diffuse à travers le fond de l'embarcation. J'aurais préféré un vrai trou. Toutes les cinq heures, quand l'eau affleurait au plancher de bois, je devais écoper.

Ce manège dura pendant les dix jours qui me restaient avant de toucher terre.

Naufragé volontaire d'Alain Bombard,

1. **insolite :** étrange.
2. **phosphorescent :** qui produit de la lumière.
3. **inusité :** inhabituel.
4. **exaspéré :** énervé.
5. **rugueux :** se dit d'une surface qui accroche.
6. **une infiltration :** le passage lent d'un liquide.

Le titre du texte : ....

Le titre du livre : ....

L'auteur : ....

Ce texte est-il extrait d'un récit ? d'un conte ? d'un article de journal ? d'un livre autobiographique ?

Lire sans hésiter

◆ Voici les quatre premières lignes du texte. Entraîne-toi à les lire rapidement. Aide-toi, d'abord, du texte original pour trouver la fin des mots coupés, puis lis-les sans aide !

Je dor*** heur***, lors*** je fus ré*** par l'im*** que quel*** chose d'inso*** se pa*** autour de moi. Je me le***.

La mer, der*** moi, était sillo*** par des éclairs phos*** produits par un é*** poi***. Était-ce un es*** ou un re*** ?

Vocabulaire

1. Relève six mots qui montrent que cette histoire se déroule en mer.

2. Remplace chaque mot souligné par un mot du texte qui signifie la même chose.

a. Le clown entra dans la chambre. Cette présence <u>étrange</u> fit sourire le jeune malade.

b. Il repéra l'insecte grâce à son abdomen <u>lumineux</u>.

c. Mon père était <u>énervé</u> par le vacarme continuel de notre voisin.

d. La barque <u>se remplissait</u> et nous n'avions qu'un seau pour <u>vider l'eau</u>.

e. J'ai trouvé la tuile brisée qui est à l'origine de <u>la fuite</u>.

Lecture - compréhension

L'essentiel

1. En t'aidant du texte, réponds aux questions suivantes :

a. Qui est le personnage principal de cette histoire ?

b. Que fait-il seul en pleine mer ?

c. Qui lui a rendu visite ?

d. Pourquoi le titre évoque-t-il un visiteur indélicat ?

En détail

2. Pourquoi l'auteur dit-il : « J'aurais préféré un vrai trou. » ?

3. Compare ce texte à l'original et retrouve les six mots qui ont été remplacés ou modifiés :

Le lendemain soir, alors qu'aucune bague n'avait rempli *l'Hérétique* durant la nuit, je me retrouvai trempé. Je dus me rendre à l'évidence que le bateau commençait à faire eau. La bête, pendant la nuit, avait dû percer le rond de plastique de sa peau rugueuse de panier de verre.

Découvrons l'organisation du récit

1. Remets ces phrases dans l'ordre du récit, page 70.
   a. Sa peau rugueuse transperce le fond de l'embarcation.
   b. Il devra le faire régulièrement jusqu'à son retour à terre.
   c. Il se réveille.
   d. Un poisson passe plusieurs fois sous son bateau.
   e. Le navigateur ne peut pas réparer.
   f. Alain Bombard dort, heureux.
   g. Il est obligé d'écoper.
   h. Il aperçoit des éclairs dans l'eau.
   i. Le bateau commence à faire eau.

2. Parmi les phrases ci-dessus, quelles sont celles qui :
   – présentent les circonstances dans lesquelles débute le récit ?
   – précisent le déroulement des événements ?
   – indiquent la fin du récit ?

3. Sur une copie du texte, page 70, encadre chacune de ces trois parties :
   le début, les événements, la fin.

   Compare ton travail avec celui de tes camarades et mettez-vous d'accord sur un découpage commun. Quels indices et quels arguments avez-vous utilisés ?

À toi d'écrire

4. a. Voici trois événements qu'Alain Bombard aurait pu vivre au cours de cette rencontre :
   – Le navigateur combat le poisson. Il réussit (ou ne réussit pas) à le capturer.
   – Le poisson heurte le bateau et le navigateur tombe à l'eau.
   – Un des flotteurs a été transpercé et Alain Bombard doit le réparer.

   Choisis un de ces événements.
   À quel moment du récit aurait-il pu se produire ?
   Que faut-il changer dans le texte juste avant et juste après?

   b. Mets-toi à la place de l'auteur et développe cet événement sur quelques lignes. Attention ! Ton récit doit pouvoir s'intégrer au texte original sans en changer le début ni la fin.

   c. Reprends la copie du texte que tu as utilisée précédemment. Découpe-la afin de pouvoir y ajouter ton épisode.

L'appétit vient en admirant

En 1965, à bord du Joshua, *un petit voilier de dix mètres, Bernard Moitessier et son épouse traversent l'Atlantique, le Pacifique, puis reviennent vers la France en passant par le célèbre Cap Horn. Ils sont ici aux Galapagos, archipel[1] du Pacifique situé au large de l'Amérique du Sud.*

Autour du bateau, c'est le ballet de la nature : phoques, pélicans, fous de Bassan, poissons ! Ils sont tous là, par curiosité, sans méfiance, et ce sont les phoques qui nous intriguent[2] le plus. Les gros mâles ne font que passer, ondulant comme des dauphins avec tout juste un regard dans notre direction au moment où ils sortent la tête pour aspirer une bolée d'air. Mais les jeunes, extrêmement gracieux, nagent autour du *Joshua*, gardant longtemps leur petite tête ronde hors de l'eau avec, au fond de leurs yeux très grands, un regard presque humain. On sent chez eux une immense curiosité, un besoin démesuré[3] de jouer avec tout le monde, qui n'a rien de comparable avec celui des dauphins.

Une tortue… non, il y en a deux… leur carapace arrondie se confondait avec le dos des petits phoques et nous ne les avions pas remarquées dès l'abord. Seigneur… mais c'est plein de tortues dans ce lagon… au moins cinq, peut-être sept ou huit… Elles restent très peu en surface : juste assez pour lever leur tête pas plus grosse que le poing, respirer pendant quelques secondes, le dessus de la carapace hors de l'eau… et hop ! plus de tortue… Il sera difficile de harponner dans ces conditions.

Nous observons longuement… longuement… cela fait si longtemps que nous n'avons pas mangé de la viande fraîche… et c'est si bon, la tortue : tous les morceaux sont tendres.

Cap Horn à la voile, de Bernard Moitessier, © Éditions Arthaud.

1. **un archipel :** un ensemble de petites îles.
2. **intriguer :** exciter la curiosité.
3. **démesuré :** très important.

Quels sont les animaux dont tu n'aimerais pas goûter la chair ? Pourquoi ?

Lire sans hésiter

◆ Cherche dans quels mots de la première liste la lettre *p* est muette.
Indique la lettre muette que contient chacun des mots de la seconde liste :

- sept – capture – sculpture – compter – camper – compact – dompteur – reptile – tympan – champ – exemple.
- estomac – plomb – trois – marchand – clef – lourd – artichaut – temps – automne – doux – théâtre – asthme.

Lecture - compréhension

L'essentiel

1. Qui est le narrateur du texte, page 73 ? Où est-il ? Pourquoi est-il arrivé là ?

2. Explique, en une ou deux phrases, le titre de ce texte.

3. Quelle(s) information(s) faut-il ajouter au résumé suivant pour qu'il soit acceptable ?

   Un navigateur arrive dans une île des Galapagos. Il s'émerveille du ballet des animaux marins autour de son bateau. Il remarque qu'il y a également beaucoup de tortues.

En détail

4. Fais la liste des animaux cités dans le texte.

5. Recopie la phrase qui montre que le paisible navigateur est aussi un redoutable chasseur.

6. Relève les deux passages qui montrent que les phoques et les tortues ne respirent pas comme les poissons.

Vocabulaire

► *Lire une définition du dictionnaire* ◄

1. Recherche le mot *tendre* dans le texte. Est-ce un verbe, un nom ou un adjectif ? Recherche dans le dictionnaire la définition qui lui correspond.

2. a. Que signifie le *v* placé après *connaître* ?

   b. Combien y a-t-il de définitions ?

   c. Indique un synonyme et un contraire de *connaître*.

> **connaître,** v. (conjugaison 94) ◆ **1.** Savoir : *Paul connaît l'allemand et Jacques l'italien.* – CONTR. ignorer. • ***S'y connaître en***, avoir des connaissances en : *Tu t'y connais en électricité, je crois ?* **2.** Avoir vu, avoir visité : *Connais-tu Marseille ?* **3.** Savoir le nom, l'identité d'une chose ou d'une personne, l'avoir vue, savoir quelque chose sur elle : *Tu connais cette fleur ? Moi pas.* **4.** Subir, éprouver, profiter de, avoir : *Oui, j'ai connu cette joie !*

3. Dans le dictionnaire, chaque mot est suivi d'une abréviation. Que signifie-t-elle ?

cheval : **n.m.** table : **n.f.** danser : **v.** beau : **adj.**
toujours : **adv.** gens : **n. m. ou f. pl.**

4. a. Dans ton dictionnaire, cherche les définitions des mots suivants et compare-les. Que remarques-tu ?

- sardine – thon – rascasse.
- plonger – nager – sauter.
- épais – léger – lourd.

b. Essaie d'écrire la définition des mots suivants :

requin – mouiller – calme.

Compare ton travail avec les définitions données dans le dictionnaire.

5. Choisis trois mots et écris leur définition. Échange ensuite tes définitions avec celles d'un camarade. Pouvez-vous identifier les mots choisis ?

◆ Dans le dictionnaire, chaque mot est suivi, en général, par une abréviation qui indique sa nature et son genre, puis par une définition suivie d'un exemple.

Découvrons comment organiser un texte

1. Dans un texte narratif, on rencontre souvent des expressions qui indiquent où et quand quelque chose se passe.
Ces expressions permettent de suivre le déroulement du récit.
Ce sont des organisateurs de texte.

a. Repère ces organisateurs dans le texte, page 73. Qu'indiquent-ils ?

- En 1965, à bord du *Joshua* … • Autour du bateau, c'est le ballet …

b. Recherche dans le texte, page 61, les organisateurs qui indiquent :

– le lieu de l'action et le temps que le héros a passé dans ce lieu,
– l'heure à laquelle le héros aperçoit les lumières de la ville,
– l'heure à laquelle le combat recommence.

2. a. Voici des indications qui pourraient te servir pour raconter un voyage en bateau. Dans quel ordre les utiliserais-tu ?

a. Après avoir mis mon gilet de sauvetage …
b. En arrivant au port …
c. De retour à la maison …
d. Au moment de monter à bord …
e. Pendant la traversée …
f. Une fois en pleine mer …

b. En t'aidant de ces indications, raconte ta première promenade en bateau.

◆ 3. Résumer un texte

Portrait

Alphonse Daudet (1840-1897) a beaucoup décrit ses semblables. Il parle de son style comme d'un « mélange singulier de fantaisie et de réalité ».

Le cimetière des naufragés

En 1865, par un soir de forte tempête, un groupe de marins se réfugie sur une petite île inquiétante, au large de la Corse…

À peine débarqués, tandis que les matelots allumaient un feu pour la bouillabaisse[1], le patron m'appela et, me montrant un petit enclos de maçonnerie blanche perdu dans la brume au bout de l'île :

– Venez-vous au cimetière ? me dit-il.

– Un cimetière, patron Lionetti ! Où sommes-nous donc ?

– Aux îles Lavezzi, monsieur. C'est ici que sont enterrés les six cents hommes de la *Sémillante*, à l'endroit même où leur frégate[2] s'est perdue, il y a dix ans… Pauvres gens ! Ils ne reçoivent pas beaucoup de visites ; c'est bien le moins que nous allions leur dire bonjour, puisque nous voilà…

– De tout mon cœur, patron.

Qu'il était triste le cimetière de la *Sémillante* !… Je le vois encore avec sa petite muraille basse, sa porte de fer, rouillée, dure à ouvrir, sa chapelle silencieuse, et des centaines de croix noires cachées par l'herbe… Pas une couronne d'immortelles, pas un souvenir ! rien !… Ah ! les pauvres morts abandonnés, comme ils doivent avoir froid dans leur tombe de hasard !

Arrive alors un vieux berger que le capitaine Lionetti présente au narrateur. C'est lui qui a découvert les cadavres de la Sémillante.

– Oui, monsieur, c'est ce pauvre vieux qui est venu nous prévenir. Il était presque fou de peur ; et, de l'affaire, sa cervelle en est restée détraquée. Le fait est qu'il y avait de quoi…

Le récit s'achève. Le berger part, les marins s'endorment autour du feu. Le narrateur, lui, ne parvient pas à trouver le sommeil…

C'est ainsi que je passai toute la nuit à rêver, évoquant, à dix ans de distance, l'âme du pauvre navire dont les débris m'entouraient !… Au loin, dans le détroit[3], la tempête faisait rage ; la flamme du bivouac[4] se courbait sous la rafale ; et j'entendais notre barque danser au pied des rochers en faisant crier son amarre.

Lettres de mon moulin,
Alphonse Daudet.

1. **la bouillabaisse :** une soupe de poissons.
2. **une frégate :** un bateau de guerre à voiles.
3. **un détroit :** un bras de mer resserré entre deux terres.
4. **un bivouac :** un campement.

Si tu passais sur cette île, irais-tu visiter le cimetière de la *Sémillante* ? Pourquoi ?

Vocabulaire

1. Relève tous les mots ou expressions du texte qui montrent que ce cimetière est sinistre.

2. Complète ces phrases en utilisant des mots du texte :
   – Trois chèvres broutaient paisiblement dans le petit ...
   – Il ne restait du château fort qu'un pan de ... en partie caché par les arbres. – La jeune mariée était coiffée d'une ... de fleurs blanches.
   – Depuis que je me suis baigné avec ma montre, elle est complètement ...

3. Recherche la phrase commençant par « C'est ainsi ... ». Réécris-la en remplaçant certains mots par ceux-ci (utilise tous les mots de la liste) :
   restai – intervalle – restes – bateau – entière – malheureux – encerclaient – esprit – songer.

Lecture guidée

1. a. Relis ce passage du texte :

> « Venez-vous au cimetière ? me dit-il.
> – Un cimetière, patron Lionetti ! Où sommes-nous donc ?
> – Aux îles Lavezzi, monsieur. C'est ici que sont enterrés les six cents hommes de la *Sémillante*, à l'endroit même où leur frégate s'est perdue, il y a dix ans... **Pauvres gens** ! **Ils** ne reçoivent pas beaucoup de visites ; c'est bien le moins que nous allions **leur** dire bonjour, puisque nous voilà...
> – De tout mon coeur, patron. »

   b. Quels personnages désignent les mots en rose ?
   c. Quels sont les trois mots qui désignent uniquement le narrateur ?
   d. Quel pronom est utilisé pour désigner le narrateur et le patron ?

2. Quel personnage parle en premier ? Comment le sais-tu ? Qui parle en dernier ?

3. Sait-on où s'est brisé le bateau ? Quel indicateur de lieu le précise ?

Lire à haute voix

◆ Relis le texte des lignes 14 à 19. Entraîne-toi à le dire lentement, d'une voix grave et en respectant scrupuleusement la ponctuation. N'oublie pas les liaisons !

À toi de résumer un texte

1. Tu vas essayer de résumer le texte d'Alphonse Daudet, page 76.

Pour t'aider

- Relis le texte de la page 76 attentivement et plusieurs fois.
- Sépare bien le début, les différents événements et la situation finale. Encadre les organisateurs de texte.
- Fais la liste des éléments (informations ou événements) que tu désires garder.
- Prépare oralement ton résumé en ordonnant ces éléments. Numérote-les dans l'ordre où tu vas les donner.
- Lequel de ces deux textes résume le mieux le récit de Daudet ? Pourquoi ?

Olivier : Le narrateur arrive sur une île, au large de la Corse. Il découvre le cimetière abandonné où reposent les 600 marins de la Sémillante, morts dans un naufrage en 1855. Bouleversé par ce drame, le narrateur ne parvient pas à s'endormir.

Lætitia : En 1855, la frégate « La Sémillante » est prise dans une terrible tempête. Le navire est écrasé par les vagues et ses 600 passagers meurent noyés. Ils reposent dans un cimetière aujourd'hui abandonné, sur une des îles Lavezzi.

- Quelles corrections apporterais-tu au résumé de Lætitia ? Et à celui d'Olivier ?

À toi de réécrire

2. Réponds par *Oui* ou par *Non* aux questions suivantes :

	Oui	Non
a. As-tu indiqué la situation de départ ?	☐	☐
b. As-tu indiqué les principaux événements ?	☐	☐
c. As-tu indiqué la situation finale ?	☐	☐
d. As-tu utilisé des organisateurs dans ton récit ?	☐	☐

Si tu as répondu *Non* à certaines questions, corrige ton résumé pour que la réponse devienne *Oui*.

3. Échange ton texte corrigé avec celui d'un camarade. Peux-tu répondre *Oui* à toutes les questions ?

4. Compare ensuite ton résumé à ceux de tes camarades. Que penses-tu de leur travail ? Cela te donne-t-il des idées pour améliorer ton texte ?

L'atelier de lecture

1. Maîtriser la lecture

Un fabricant d'ordinateurs organise une course au trésor.
Pour aider les concurrents, il envoie ce curieux message sur Internet.

> Si tu veux gagnerun o* *rdinateur trèsbiené%%%quipé avec plus de cent jeux tous pl££us passionnants les uns que les autres,vavite sortir la d++ isquette qui dort dans sa cachette. ~~Elle se tro uve so~~us la pierre ~~Plate entre~~ le cactus à quatre brancheset legros rocher en forme delapin.

a. Quel trésor faut-il trouver ? Indique, sur le dessin, l'endroit où il est caché.

b. Que va gagner celui qui le retrouvera ?

c. Sur ton cahier, copie correctement le message en ne gardant que l'essentiel.

2. Mots mêlés !

Les mots de cette grille se lisent de gauche à droite, horizontalement, verticalement ou en diagonale.

ALGUE	CRABE	OISEAU	ROCHER
BATEAU	MARÉE	PLACE	SABLE
CAP	MER	PLAGE	SEL
CÔTE	NAGEUR	PORT	VAGUE

C	R	A	B	E	S	M	M
S	Ô	R	O	C	H	E	R
B	A	T	E	A	U	R	L
E	A	B	E	G	N	E	M
R	V	P	L	A	G	E	A
C	R	A	B	E	E	R	R
A	N	A	G	E	U	R	É
P	O	R	T	U	D	E	E
T	I	O	I	S	E	A	U

a. Recopie cette grille sur ton cahier, et barre tous les mots de la liste.

b. Un mot de la liste est répété deux fois dans la grille. Quel est ce mot ?

c. La grille contient tous les mots de la liste sauf un. Lequel ?

d. Lorsque tu as trouvé tous les mots de la grille, il reste douze lettres. Mets-les dans l'ordre pour obtenir le nom d'une mer très connue.

7

niveau 2

Dans cette unité tu vas apprendre à :

- ***1. Différencier le discours et le récit.***
- ***2. Construire un dialogue.***
- ***3. Écrire une scène de théâtre.***

Quels détails montrent qu'il s'agit d'une pièce de théâtre ?

à l'oral

Observer et imaginer

1. Que représente ce dessin ? Quel titre pourrais-tu lui donner ?
2. Quels indices permettent de deviner où se passe cette représentation ?
3. Qui joue cette pièce ? À ton avis, que raconte-t-elle ? Imagine son titre.
4. Où se trouve le cancre ? Comment l'as-tu reconnu ? Aimerais-tu jouer son rôle ?

S'exprimer

- Ce matin, en entrant dans la classe, un élève a bousculé un camarade en lui disant : « Toi, tu es un cancre, tu dois entrer en dernier ! » Que penses-tu de son attitude ?

Donner son avis

- La pièce *Le cancre génial* raconte l'histoire d'un mauvais élève dont tout le monde se moque...
Un jour, le cancre découvre qu'il est très fort en maths.
Il parvient à résoudre des problèmes si compliqués qu'il devient célèbre. Il passe même à la télévision.
Tous ceux qui se moquaient de lui veulent alors devenir ses amis...

Qu'a voulu dire l'auteur en écrivant cette pièce ?
Êtes-vous d'accord avec lui ?

a. L'un d'entre vous prend la parole. Écoutez tous attentivement son point de vue.
b. A-t-il bien compris la question ?
A-t-il vraiment donné son avis et expliqué pourquoi il pense ainsi ?
c. Êtes-vous d'accord avec votre camarade ? Avez-vous changé d'avis en l'écoutant ? Pourquoi ?

À ton tour de donner ton avis sur la pièce *Le cancre génial*.

◆ 1. Différencier le discours et le récit

Le discours

Un ministre répète un discours devant Gladys, sa secrétaire. Un garde est également présent sur scène.

LE MINISTRE *(déclamant haut et fort)* : «Chers amis de l'Académie française…» *(se tournant vers Gladys)* Pas mal pour un début, n'est-ce pas ?

LA SECRÉTAIRE : C'est excellent, monsieur le Ministre.

LE GARDE : Peut-être un peu classique ?

LE MINISTRE : Vous, le garde, on ne vous a pas sonné! Bon, je continue. «Chers amis de l'Académie française, c'est avec plaisir que j'ai pris connaissance de vos travails *(la secrétaire et le garde sursautent)* sur l'évolution de la langue française»…

LA SECRÉTAIRE : Pardon, monsieur le Ministre… Vous avez bien dit «vos travails» ?

LE GARDE : Ah oui! Il l'a dit ! J'ai bien entendu!

LE MINISTRE : Mais oui, Gladys ! Ces gens m'ont envoyé des kilos de dossiers que je n'ai pas encore eu le temps de lire!

LA SECRÉTAIRE : Voyez-vous, monsieur le Ministre, on ne dit pas « vos travails » mais « vos travaux »…

LE MINISTRE *(étonné)* : Ah bon ? un travail, des travaux ?

LE GARDE : C'est ça ! Un travail, des travaux ! Pas besoin d'être ministre pour savoir ça !

LE MINISTRE: Ah vous, le garde ! Bon, je reprends ! «Chers amis de l'Académie française, c'est avec plaisir que j'ai pris connaissance de vos travAUX *(il insiste sur le AUX)* sur l'évolution de la langue française. J'ai tout lu, jusque dans les moindres détaux…

LA SECRÉTAIRE : Des détaux ? Qu'est-ce que c'est ?

LE MINISTRE : Ben quoi ? Puisque «un travail, des travaux», j'en déduis fort habilement que «un détail, des détaux».

LE GARDE *(éclatant de rire)* : Ah ah! Un épouvantail, des épouvantaux ! Un portail, des portaux!

La grammaire en scène de Christian Lamblin, © Éditions Retz.

Le titre du texte : ....

Le titre du livre : ....

L'auteur : ....

Ce texte est-il extrait d'un roman? d'un conte? d'un article? d'une pièce de théâtre?

Lire sans hésiter

◆ Combien de fois le mot théâtre a-t-il été écrit correctement ici ?

théorique – théêâtre – théâtre – thermomètre – théâtralité – théâtre – théâtre – THÉÂTRE – théâtre – thermal – théière – Tétâhe – téhâtre – théâtral – thomas – Théâtre – THEATE – théorème – TAÊTRE – thâtre – thématique – théâtre – thâthre – théère

Vocabulaire

1. La secrétaire trouve le début du discours *excellent*.
Quel autre adjectif aurait-elle pu utiliser ?

2. Recopie ces adjectifs en trois groupes selon ce qu'ils indiquent :
a. le discours est très bon. b. le discours est convenable. c. le discours est mauvais.
intéressant – correct – bien écrit – nul – passable – ordinaire – instructif – remarquable – désolant – moyen – passionnant – affligeant – médiocre – banal – désastreux – honnête – captivant – pénible – acceptable – minable.

3. Le ministre dit au garde : « Vous, on ne vous a pas sonné ! »
Quel est le sens de cette expression ? D'où vient-elle ?

4. Aide-toi des dessins pour trouver le sens de ces expressions.
Utilise ensuite chacune d'elles dans une phrase.
- être comme une armoire à glace
- mettre l'eau à la bouche

Lecture - compréhension

L'essentiel

1. Cette pièce donne-t-elle une bonne image du ministre ? Pourquoi ?

2. Quelles différences vois-tu entre le comportement du garde et celui de la secrétaire ? Donne un exemple.

En détail

3. Le ministre prononce un mot qui n'existe pas. Quel est ce mot ?

4. Donne un exemple qui montre que le ministre n'hésite pas à dire des mensonges.

5. Quel personnage prend le plus souvent la parole ?

Découvrons la différence entre discours et récit

1. Relis les cinq premières lignes de la pièce de théâtre, page 82 :

a. Comment peux-tu identifier le premier personnage qui parle ?

b. Quelles sont les paroles que le ministre prononcera dans son discours ?

c. À quoi sert le texte qui n'est pas dit par les personnages ?

2. Le début du texte aurait pu être écrit dans un style différent.

A. au style direct	Le ministre s'approcha de Gladys et commença à lui lire son discours. « Chers amis de l'Académie française… », dit-il. Puis, se tournant vers Gladys, il ajouta : « Pas mal pour un début, n'est-ce pas ? – C'est excellent », répondit la secrétaire.
B. au style indirect	Le ministre s'approcha de Gladys et commença à lui lire son discours. Il s'arrêta dès les premiers mots pour indiquer qu'il trouvait le début vraiment réussi. La secrétaire l'approuva.

a. Ces deux textes racontent-ils la même chose ? Qu'est-ce qui change d'un texte à l'autre ?

b. Quelles sont les paroles prononcées par le ministre dans le texte A ? Que sont devenues les paroles du ministre dans le texte B ?

c. Quelle différence remarques-tu entre le style direct et le style indirect ?

À toi d'écrire

3. a. Imagine le dialogue entre les personnages. Prépare ton texte au brouillon, puis trace les bulles sur ton cahier et recopie-le dedans.

b. Essaie de réécrire cette histoire au style indirect. Aide-toi de l'activité 2. Puis compare ton récit avec celui d'un camarade.

◆ 2. Construire un dialogue

Un automobiliste bien imprudent

L'AGENT *(rejoignant l'automobiliste après avoir sifflé)* : Alors, monsieur, vous n'avez pas vu le feu ?

L'AUTOMOBILISTE : Le feu ? Où ça ? Il y a le feu ? Il faut appeler les pompiers !

L'AGENT : Mais non, monsieur, le feu rouge ! Il faut s'arrêter au feu rouge.

L'AUTOMOBILISTE : Ah ! Excusez-moi, je ne l'ai pas vu.

L'AGENT : Et votre ceinture ? Vous n'avez pas attaché votre ceinture !

L'AUTOMOBILISTE : Je n'ai pas besoin de ceinture, monsieur l'agent, j'ai des bretelles pour tenir mon pantalon !

L'AGENT : Oh, mais je n'aime pas qu'on se moque de moi. Montrez-moi vos papiers !

L'AUTOMOBILISTE : Quels papiers ?

L'AGENT : Les papiers de la voiture, bien sûr !

L'AUTOMOBILISTE : *(qui cherche dans ses poches et en sort toute une série de papiers)* : Des papiers… Attendez, j'ai du papier pour écrire, des papiers de bonbons, des mouchoirs en papier… c'est tout.

L'AGENT : Bon, vous n'avez pas de papiers… Et votre permis de conduire, vous l'avez ?

L'AUTOMOBILISTE : Un permis de conduire ? Mais pour quoi faire ?

L'AGENT : Mais enfin, monsieur, vous ne pouvez pas rouler sans permis !

L'AUTOMOBILISTE : Mais si ! La voiture ne peut pas rouler sans essence, mais sans permis, elle marche quand même, vous savez !

L'AGENT : Mais il est fou, celui-là ! Vous allez souffler dans le ballon !

L'AUTOMOBILISTE : Vous avez un ballon ? Vous pouvez me le donner pour mon petit garçon ? Il adore jouer au ballon !

Des sketches à lire et à jouer de François Fontaine,

Pourquoi faut-il avoir un permis pour conduire une voiture ?…

Lire sans hésiter

◆ Combien de fois peut-on écrire le mot automobiliste avec ces étiquettes ?

AU | AUTO | TOMO | BILASTE | MOBI | BILISTE | TAMOBI | AUTOMO | TOMA | AUTOMI | BILISTE | LISTE

Lecture - compréhension

L'essentiel

1. Quel est le dessin qui correspond le mieux à la situation présentée, page 85 ? Explique les raisons de ton choix.

En détail

2. Fais la liste des mots sur lesquels *joue* l'automobiliste.
Peux-tu en ajouter quelques-uns ?

3. Pourquoi le policier demande-t-il à l'automobiliste de *souffler dans le ballon* ? À quoi cela sert-il ?

Vocabulaire

► *Connaître les synonymes d'un mot* ◄

1. Que signifient les mots *synonyme* et *homonyme* ? Aide-toi du dictionnaire.

2. Dans le texte, l'automobiliste s'amuse-t-il avec les *synonymes*, les *homonymes* ou avec les *différents sens* d'un mot ? Justifie ta réponse à l'aide d'exemples.

3. Quels mots du texte pourrais-tu remplacer par les mots suivants :
incendie – bouclé – présentez – véhicule – circuler – carburant – fonctionne.

4. Recopie les mots suivants en regroupant les synonymes :
maison – parler – édifice – couleur – causer – discuter – beau – nuance – habitation – bâtiment – joli – teinte – bavarder – mignon – papoter – coloris – charmant – converser.

5. Remplace le mot *petit* par l'un de ses *synonymes*. Aide-toi de la liste suivante :
minuscule – modeste – réduit – court – jeune – exigu – maigre – étroit – fin – faible – mineur.

une *petite* chambre – un *petit* homme – un *petit* prix – une *petite* somme d'argent – un *petit* bâton – une *petite* colère – un *petit* défaut – une *petite* pluie.

6. Remplace chaque mot en rose par un *synonyme* :

un gros chagrin – une voix haute – une bonne tarte – un gros éléphant – une haute montagne – une grande chambre – une bonne affaire – un homme puissant – un morceau de sucre – un morceau de musique – un moteur puissant.

◆ Les synonymes sont des mots qui ont des sens voisins. Pour remplacer un mot par un de ses synonymes, il faut tenir compte du sens de ce mot dans la phrase.

Découvrons comment construire un dialogue

1. Quel extrait correspond à un texte de théâtre ? Justifie ta réponse.

A. L'agent (*s'approchant de la voiture*) : Bonjour monsieur. Je souhaite contrôler les papiers de votre véhicule.
L'automobiliste (*étonné*) : Des papiers ? Quels papiers ?

B. L'agent s'approcha de la voiture.
« Bonjour monsieur, dit-il. Je souhaite contrôler les papiers de votre véhicule.
– Des papiers ? Quels papiers ? » répondit l'automobiliste en prenant un air étonné.

L'autre extrait est-il écrit au style direct ou indirect ?

2. Observe les passages en bleu. À quoi servent-ils dans le texte A ? et dans le texte B ? Quelles différences remarques-tu ?

3. La ponctuation de ces deux textes est-elle identique ? Quelles différences remarques-tu ? À quoi servent les signes : – « »

4. En t'aidant du texte B, réécris au style direct l'échange entre l'agent et l'automobiliste lignes 17 à 20, page 85.

5. Imagine le dialogue entre ces deux enfants. Introduis-le ensuite dans un texte écrit au style direct.

◆ 3. Écrire une scène de théâtre

Une bonne plaisanterie

Pour promener sa femme et ses douze enfants, Frank Gilbreth a acheté une voiture qu'il a baptisée Ferblantine.

Quelques jours après l'arrivée de Ferblantine chez nous, papa nous prit la main, chacun à notre tour, nous amena près d'elle, souleva le capot et nous dit de regarder le petit oiseau qui gazouillait dans le moteur. Le cou tendu, l'enfant Gilbreth écarquillait[1] les yeux et pendant ce temps-là papa courait sur la pointe des pieds appuyer sur le klaxon.

Ce « kadoukah » qui nous éclatait aux oreilles était effrayant et nous exécutions un magnifique saut de carpe pour la plus grande joie de papa.

« Tu as vu le petit oiseau ? disait-il entre deux quintes de rire[2]. Ah ! quel bond ! Je parie qu'un kangourou n'aurait pas mieux sauté. Ah ! ah ! ah ! »

Un jour que nous revenions d'un pique-nique particulièrement raté, le moteur hésita, toussa, cracha et s'arrêta.

Papa était assommé par la fatigue et sa progéniture[3]. Nous lui avions passablement tapé sur les nerfs, et la voiture surchauffée fumait. Il nous fit évacuer le siège arrière, pour atteindre les outils. La banquette était coincée et ne lâcha prise qu'après un dur combat et un bon coup de pied. Papa tomba la veste, retroussa ses manches et leva le capot. [...] Nous ne voyions plus de lui que sa chemise trempée de sueur qui lui collait sur le dos.

Personne ne faisait attention à Bill. Il grimpa sur le siège avant et tout à coup... « kadoukah ! »

Papa sursauta si fort qu'il toqua[4] du front contre le capot, perdit l'équilibre et heurta du poignet le radiateur brûlant. (...) Et il explosa :

« Mille milliards de diables, qui est-ce qui a fait ça ?

– Bonté divine ! » s'exclama maman, dont c'était le plus grand juron.

Bill, qui avait six ans, et le talent de se fourrer dans des situations impossibles, fut le seul à avoir la force de rire. D'un rire forcé, il faut l'avouer.

« Tu as vu le petit oiseau, papa ?

– Il y a un temps pour les plaisanteries et un temps pour les fessées, répliqua papa, les dents serrées.

1. **écarquiller :** ouvrir grand.

2. **des quintes de rire :** des éclats de rire.

3. **la progéniture :** les enfants.

4. **toquer :** cogner.

– Ah ! quel bond ! Je parie qu'un kangourou n'aurait pas mieux sauté, papa », dit Bill qui ne cherchait qu'à gagner du temps.

Papa se détendit et le lâcha.

« Parole d'honneur, tu as raison, Bill. J'ai dû sauter comme un kangourou. »

Treize à la douzaine d'Ernestine et Frank Gilbreth, © Pierre Horay Éditeur, 1949.

Vocabulaire

1. Relève les mots qui désignent des pièces d'une voiture.
2. Quel est le mot du texte qui a été inventé par l'auteur ?
3. Relis les lignes 17 à 23 et relève les mots ou expressions qui illustrent la violence de ce passage.
4. À quel mot du texte correspond chacune de ces définitions :
   - Série de cinq cartes se suivant. Accès de toux.
   - Les enfants, par rapport aux parents. La descendance.
   - Faire sortir d'un endroit. Faire quitter en masse un lieu.
   - Poisson d'eau douce.

Lecture guidée

1. a. Relis cet extrait du texte :

> Quelques jours après l'arrivée de Ferblantine chez nous, papa nous prit la main, chacun à notre tour, nous amena près d'elle, souleva le capot et nous dit de regarder le petit oiseau qui gazouillait dans le moteur.

   b. Observe les pronoms en bleu. Qui désignent-ils ?

   c. Quels sont les sujets des verbes soulignés en rose ? Qui agit dans ce passage ?

2. Sachant que ce père a douze enfants, quelle expression montre qu'il adore faire cette blague ?

Lire à haute voix

◆ Relis la fin du texte, des lignes 33 à 40, en montrant bien la colère du père et la peur contrôlée de l'enfant qui veut se faire pardonner.

À toi d'écrire une scène de théâtre

1. Relis le texte, page 88, de la ligne 24 jusqu'à la fin.
Tu vas essayer de transformer ce passage en pièce de théâtre.

Pour t'aider

- Cherche le nombre de comédiens nécessaires pour jouer cette scène (lignes 24 à 40).
- Repère dans le passage, lignes 24 à 40 :
  - les paroles prononcées par les personnages (tu peux les faire parler davantage ou différemment mais tu ne dois pas changer le sens du texte) ;
  - les indications que tu vas donner pour guider le jeu des acteurs, (imagine la scène et précise les mouvements et expressions des acteurs) aide-toi des activités 1 et 2 du *Découvrons*, page 87 ;
  - les détails que tu ne vas pas utiliser et ceux que tu peux ajouter pour rendre la scène plus drôle.
- Voici le début transformé en pièce de théâtre. À toi de poursuivre !

Bill grimpe sur le siège avant et klaxonne.
Le père sursaute, se cogne, perd l'équilibre et se brûle.
Le père (*furieux*) : ...

À toi de réécrire

2. a. Solenne a poursuivi le texte de la façon suivante :

> Bill (avec un rire forcé) : Tu as vu le petit oiseau, papa ? dit Bill.
> Le père (dents serrées) : Il y a un temps pour les plaisanteries et un temps pour les fessées !
> La mère (inquiète) : Quel bond ! Je parie qu'un kangourou n'aurait pas mieux sauté, papa.
> Le père (garant la voiture) : Parole d'honneur, tu as raison, Bill. Tu as dû sauter comme un kangourou !

b. Ce texte comporte-t-il des erreurs ? Quelles sont celles liées à l'histoire ? et celles concernant l'écriture d'un texte de théâtre ? Que faudrait-il faire pour améliorer le texte de Solenne ?

c. Réécris cet extrait en corrigeant les erreurs que tu as repérées.

L'atelier de lecture

1. Reconnaître les mots

Voici quelques inventaires. Dans les deux premiers, on a remplacé chaque voyelle par un point rose ! Dans les deux suivants, ce sont les consonnes qui ont été remplacées par un point rose.
Réussiras-tu malgré tout à les identifier ?

A. une trousse d'élève : •n• r•gl•, d••x cr•••ns, •n c•mp•s, qu•tr• st•l•s, •n• g•mm•, h••t f••tr•s.

B. une boîte à outils : •n• p•nce, c•nq t••rn•v•s, un m•rt•••, tr•nt• v•s, v•ngt-c•nq cl••s, tr•nt• ch•v•ll•s, un cr•••n.

C. un zoo : •eu• •io••, u•e •i•a•e, •eu• é•é••a•••, •i• •i••e•, •eu• •i••o•o•a•e•, u•e •yè•e.

D. un coffre à jouets : •eu• •o•o••, ••oi• •u•••e•, •i•• •oi•u•e•, u•e ••ue, u• co•••e• •e •a•ui••a•e, •eu• •ou•ée•, u• •eu •e •a••e•.

2. Prendre des indices

a. Peux-tu deviner les mots qui se cachent sous les numéros ?

> *Monsieur Dépoque*
> *Antiquaire*
>
> *Mademoiselle,*
>
> *La semaine dernière vous avez effectué un stage de vendeuse dans mon magasin d'antiquités. J'avoue ne pas être très satisfait de vos services.*
> *En effet :*
> *– Vous avez cassé (1) ayant appartenu au roi Louis XVI. J'aurai du mal à en trouver un autre de la même époque !*
> *– Je ne retrouve plus (2) de Strasbourg qui étaient dans la vitrine. Où les avez-vous rangées ?*
> *– Une cliente est partie avec (3) du Moyen Âge, et elle ne l'a pas payée !*
> *– Je recherche également (4) du XIXe siècle qui étaient exposés à côté de la caisse. J'espère qu'un client malhonnête ne les a pas volés !*
> *Je vous remercie de m'indiquer rapidement comment vous comptez résoudre tous ces problèmes.*
>
> *Cordialement.*

b. Remplace chaque numéro par un mot en t'aidant de la liste suivante :
les pistolets – une cabane – les saucisses – les disques – une armure – un bol – un ordinateur – les assiettes.

8

niveau 3

Dans cette unité tu vas apprendre à :

- *1. Repérer l'organisation du récit.*
- *2. Enchaîner des actions.*
- *3. Écrire un récit fantastique.*

Parmi ces personnages, lequel te paraît le plus angoissant ? Pourquoi ?

à l'oral

Observer et identifier

1. Parmi tous les personnages représentés, quels sont ceux que tu connais ? Où les as-tu rencontrés ?

2. Choisis un personnage de l'illustration. Tes camarades doivent le trouver en te posant des questions auxquelles tu ne répondras que par *oui* ou par *non*. Attention, ils n'ont pas le droit de le nommer !

S'exprimer

1. En quoi ces personnages vous paraissent-ils fantastiques ?

2. Quels sont les personnages fantastiques connus qu'on pourrait ajouter à l'illustration ? Justifiez vos choix.

3. Imaginez d'autres personnages fantastiques...

Décrire un personnage

◆ Choisis dans l'illustration ou dans un autre livre un personnage ou un animal fantastique (tu peux aussi le dessiner toi-même) ; tu devras en faire une description à tes camarades.

Pour cela :

- Fais l'inventaire précis des caractéristiques de ton personnage : tête, corps, vêtements, attitude, allure...
- Pour chaque partie de ton personnage, donne des informations précises : forme, couleur...
- Choisis l'organisation de ton portrait : de l'allure générale au détail ou de la tête aux pieds...
- Précise en quoi il est fantastique.
- Varie les formes de phrases que tu vas utiliser : *Il est ..., Ses yeux...*
- Utilise des verbes différents : *être, apparaître, ressembler à, paraître...*

Entraîne-toi avec un camarade et modifie la description de ton personnage en fonction de ses remarques.

◆ 1. Repérer l'organisation du récit

L'apparition (1)

L'homme de fer arriva en haut de la falaise.

Combien de temps avait-il marché ? Nul ne le savait. D'où venait-il ? Nul ne le savait. Comment avait-il été fait ? Nul ne le savait. Plus haut qu'une maison, le géant de fer se dressait dans la nuit, tout au bord de la falaise.

Le vent chantait entre ses doigts de fer. Sa tête en fer, grosse comme une capsule de fusée, tourna lentement vers la droite, puis vers la gauche. Ses oreilles en fer tournèrent elles aussi.

Il écoutait la mer. Et ses yeux la cherchaient, pareils à d'énormes torches qui lançaient des éclairs blancs, rouges, infrarouges. L'homme de fer n'avait jamais vu la mer.

Il oscillait[1] au bord de la falaise, tout au bord. Il souleva son pied droit, son énorme pied en fer, et l'avança dans le vide. CRRRRAAAASSSSH !

L'homme de fer bascula. La tête la première, il rebondit, rebondit encore sur les rochers dans un terrible fracas de tôles froissées. Ses jambes se détachèrent, puis ses mains, ses bras, ses oreilles, sa tête et ses yeux. Tous les morceaux rebondirent, s'entrechoquèrent, s'écrasèrent et roulèrent en bas, tout en bas, sur les rochers qui se perdaient dans la mer. Derrière lui, de grosses pierres dévalèrent la falaise.

Et puis, le silence.

Juste le bruit des vagues qui cernent la plage où sont éparpillés les morceaux de l'homme de fer, immobiles et silencieux. Seule une main, échouée près d'une vieille botte de pêcheur, remue les doigts, l'espace d'un instant, aussi maladroite qu'un crabe renversé sur le dos. À nouveau, plus rien. (...)

La nuit passa. Juste avant l'aube, quand le noir du ciel devient bleu et que l'on peut distinguer chaque rocher, deux mouettes survolèrent la grève[2] en criant.

Elles se posèrent sur une bande de sable. Dans leur nid accroché à la falaise, deux oisillons affamés attendaient leurs parents partis en quête de nourriture. L'une des mouettes s'envola ; elle avait vu quelque chose, quelque chose qui brillait dans les rochers. D'un coup d'aile, elle se laissa glisser doucement et atterrit sur les rochers tranchants. Elle prit l'objet rond et dur dans son bec. C'était un œil de l'homme de fer. Elle le rapporta à sa compagne, et les deux mouettes regardèrent l'œil. Et l'œil les regarda. Il roulait d'un côté et de l'autre, regardait les deux mouettes tour à tour. Les oiseaux trouvèrent qu'il s'agissait là d'un drôle de mollusque[3].

Alors l'autre mouette s'envola, plana au-dessus des rochers, puis vint toucher le sable et prit quelque chose dans son bec, quelque chose de bizarre.

1. **osciller :** faire un mouvement d'avant en arrière.
2. **grève :** plage.
3. **mollusque :** animal au corps mou.

Elle repartit lentement : l'objet était lourd et encombrant. La mouette le laissa enfin tomber dans le nid, à côté de l'œil. La chose avait cinq jambes et remuait. La mouette crut avoir affaire à une nouvelle espèce de crabe. Un drôle de crabe. Un drôle de mollusque. Les mouettes ne savaient pas qu'elles venaient de trouver une main et un œil de l'homme de fer.

Le géant de fer de Ted Hugues, trad. de S. de Vogelas, coll. *Folio Cadet*, © Éditions Gallimard.

Vocabulaire

1. Relève tous les mots qui se rapportent au vocabulaire de la mer.

2. a. Donne le sens que les mots *grève*, *vague*, *échouer* et *survoler* ont dans le texte. Pour chacun d'eux, recopie sa définition.

   b. Utilise-les maintenant dans les phrases suivantes :
   Elle n'a pas révisé le code de la route, elle va ... au permis de conduire. – Les employés de cette entreprise ont décidé de cesser le travail, ils font ... . – Il n'a pas lu attentivement son texte, il s'est contenté de le ... . – C'est une question trop ..., je ne peux y répondre avec précision.

   c. Quel sens ont ces mots dans les phrases précédentes ? Quelles différences repères-tu ?

Lecture - compréhension

Prendre des indices

1. Réponds par *VRAI* ou par *FAUX* et justifie avec des phrases du texte.
   a. L'homme de fer éprouve des sentiments, des émotions.
   b. Les mouettes prennent les morceaux de l'homme de fer pour des crabes ou des coquillages.
   c. Les mouettes veulent retrouver les morceaux de l'homme de fer.
   d. Cette histoire se passe la nuit.

2. En combien de morceaux l'homme de fer se brise-t-il ? Quels morceaux les mouettes retrouvent-elles ? Pour répondre, relis le texte en entier.

Saisir l'essentiel

3. Cette histoire peut-elle être vraie ? Pourquoi ?

4. Qui sont les personnages ? Qui est le personnage principal ?

5. Imagine les raisons qui ont conduit l'homme de fer sur la falaise.

6. À ton avis, que va-t-il se passer ensuite ?

Découvrons l'organisation du récit

1. Dans le texte, page 94, jusqu'à la ligne 10, relève tout ce que tu apprends sur :
   a. le lieu où se déroule l'histoire,
   b. le personnage : qui est-il ? d'où vient-il ? comment est-il ? pourquoi est-il là ?

2. Fais de même des lignes 11 à 18. Qu'arrive-t-il à l'homme de fer ?

3. Relis le texte de la ligne 28 à la fin. Quels sont les personnages présents ? Que font-ils ? Comment apparaît le personnage principal ?

4. Reprends tous les éléments précédents dans le tableau suivant :

a. La situation initiale (le début de l'histoire)	Le personnage principal L'événement déclencheur	Qui et comment est-il ? Qu'arrive-t-il au héros ?
b. La suite de l'histoire	Les événements	Que se passe-t-il d'abord ? Ensuite ? Après ?
c. La situation finale (la fin)	La situation d'arrivée	Comment se termine le récit ?

5. Relis le texte des lignes 20 à 27. Comment l'auteur montre-t-il que rien ne se passe dans l'histoire ? Relève les trois phrases qui l'indiquent.

6. **a.** Relis les deux phrases du texte, lignes 14 à 17, « *Ses jambes... dans la mer* ». Dans la première phrase, fais la liste des morceaux de l'homme de fer. Par quel groupe de mots cette énumération est-elle remplacée dans la seconde phrase ?

b. L'auteur aurait aussi pu écrire :
« L'homme de fer s'écrasa en morceaux sur les rochers. »
Aurait-il alors dit la même chose ? Pourquoi ?

À toi d'écrire

7. **a.** Réécris la présentation du géant de fer en t'aidant du début du texte, page 94 :
   ... arriva ... . ? Nul ne le savait. ... ?
   Nul ne le savait. ... ? Nul ne le savait. Plus ... .

b. De la même manière, écris le début d'un texte qui parle d'un fantôme ou d'une soucoupe volante, puis continue ton histoire en imaginant une rencontre étrange entre ton personnage et un autre.

8. Reprends l'activité 6 du *Découvrons*.
Sur le même modèle, écris deux phrases parlant de voitures pendant une course ou d'une séance à la piscine :
   – la première avec une succession de noms ;
   – la deuxième avec une suite de verbes d'action.

L'apparition (2)

À peine réunis, l'œil regarda la main. Une petite lueur bleue se mit à clignoter. La main se dressa alors sur le pouce et trois doigts, et tendit l'index, comme un long nez. Il tâtonna et toucha l'œil. Il s'en empara joyeusement, le fit rouler sous le majeur et l'installa entre le pouce et l'index : la main pouvait voir.

Elle regarda autour d'elle, fixa une des mouettes et la toucha du bout d'un de ses doigts glacés ; puis elle toucha l'autre mouette. Pris de panique, les deux oiseaux disparurent haut dans le ciel en poussant des cris d'effroi. Alors la main commença lentement à escalader les rochers. Elle se dirigea soudain vers quelque chose qu'elle attrapa et tira vers elle. Mais l'objet était coincé entre deux rochers. C'était un des bras de l'homme de fer. Bientôt, elle dut renoncer et elle se fraya[1] tant bien que mal un chemin parmi les rochers ; à nouveau, elle s'arrêta au contact d'un autre morceau de ferraille. C'était l'autre main de fer qui serra ses doigts autour de l'auriculaire de la première main et se laissa hisser hors du trou où elle était tombée.

Les deux mains, l'une guidant l'autre, retournèrent vers le bras, et, ensemble, elles parvinrent à le dégager. La main qui voyait s'attacha au poignet du bras qui se souleva et se mit à marcher sur sa main retrouvée. L'autre main suivait derrière, et l'étrange équipage continua ses recherches.

Un œil ! Là, faisant des appels muets à côté d'un galet blanc et noir !

La main qui voyait donna l'œil à la main aveugle. Les deux mains pouvaient voir à présent. Elles coururent sur les rochers et trouvèrent bientôt une jambe. Elles s'y perchèrent, et la jambe partit en sautillant parmi les rochers, le bras se balançant au bout de la main qui elle-même se cramponnait au sommet de la jambe. Les deux mains, aidées de leurs yeux, guidaient la jambe, tournant d'un côté ou d'un autre comme des cavaliers sur leur monture. Bientôt, l'autre jambe et l'autre bras apparurent. Chaque main, pourvue[2] de son œil et accrochée à un bras, chevauchait maintenant une jambe.

Elles descendirent les rochers jusqu'à la plage. L'une d'elles trouva une oreille et, au même instant, l'autre mit au jour l'énorme torse. Infatigables, les mains accrochèrent les jambes et les bras au torse. L'étrange corps se redressa, gagna la plage, les yeux dans les mains, à la recherche de sa tête. Il la trouva nichée dans un nid d'algues rouges, dépourvue bien sûr d'yeux et d'oreilles. En un tournemain[3], l'homme de fer eut à nouveau la tête sur les épaules.

Les yeux purent enfin reprendre leur place. Il ne manquait plus qu'une oreille, et l'homme de fer arpenta[4] la plage à sa recherche. Le soleil se levait sur la mer, le jour naissait. De leur nid, en haut de la falaise, les deux mouettes

1. **se frayer :** se tracer.
2. **pourvu :** muni.
3. **en un tournemain :** en un instant.
4. **arpenter :** parcourir en long et en large.

observaient le géant qui s'affairait[5] en bas des rochers. Dans le nid, il y avait une énorme oreille en fer. (...)

En bas, tout en bas, l'homme de fer continuait de chercher. Il s'arrêta et contempla la mer. Pensait-il qu'elle lui avait volé son oreille ? La marée avait pu l'emporter, alors qu'il gisait en morceaux sur les rochers. Il s'avança dans les vagues qui se fracassaient contre les brisants, s'arrêta un instant ; il avait de l'eau jusqu'aux genoux. Il continua de s'enfoncer dans la mer, profondément, très profondément.

Le géant de fer de Ted Hugues, trad. de S. de Vogelas, coll. *Folio Cadet*, © Éditions Gallimard.

5. **s'affairer :** s'agiter.

à l'oral

Imagine ce que les mouettes vont pouvoir faire de l'oreille de l'homme de fer ?

Lecture - compréhension

Prendre des indices

1. Voici des parties du corps de l'homme de fer. Dans quel ordre les mouettes les ont-elles retrouvées ? Justifie ta réponse à l'aide du texte.

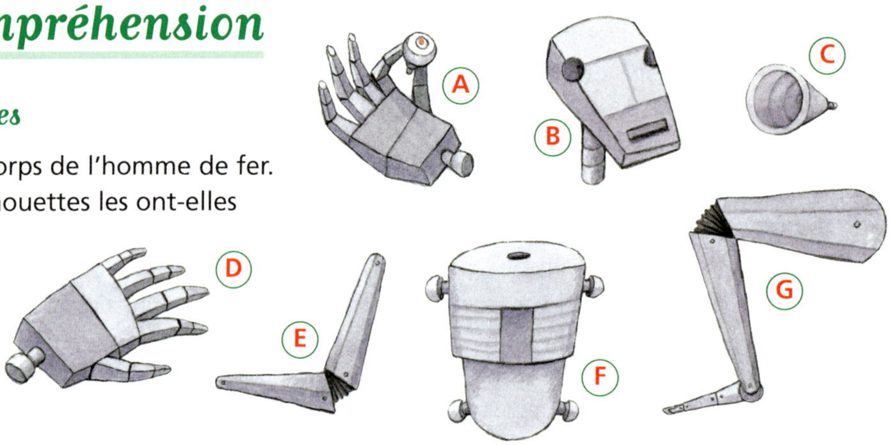

Saisir l'essentiel

2. Après avoir bien lu le texte, choisis le résumé qui correspond le mieux à la fin de cette histoire :

a. Les mouettes décident d'aider le géant de fer à se reconstruire. Elles rassemblent donc tous les morceaux sur la plage, en commençant par l'œil et une des deux mains.

b. Une des mouettes trouve une main et l'autre un œil de l'homme de fer. L'œil va aider la main et retrouvera ainsi presque tous les autres morceaux du géant.

Complète-le si tu le souhaites.

Vocabulaire

► *Manier radical, préfixes et suffixes* ◄

1. **a.** Relis le texte, page 97, et recopie tous les mots soulignés.

b. Pour chacun d'eux, trouve son radical et indique comment il est formé : préfixe et/ou suffixe. (Tu peux t'aider du dictionnaire.)

c. Indique le sens de chaque préfixe.

2. **Trouve le contraire de ces mots à l'aide des préfixes suivants :** *in-, im-, mal-, mé-, més-, ir-, il-*. **Puis classe-les dans un tableau.** (Utilise ton dictionnaire.)

adroit – poli – correct – estimer – perméable – aventure – content – connu – respectueux – patient – lisible – partial – remplaçable – tolérant – lettré – humain – mobile – traiter.

3. **a.** **Classe les mots suivants selon leur suffixe :**

blanchâtre – portable – beigeasse – accessible – respirable – paperasse – démontable – irrésistible – verdâtre – fadasse – remplaçable – rougeâtre.

b. **Quel est le sens de chaque suffixe ?**

4. **À l'aide du dictionnaire, trouve cinq mots de la même famille que :** *terre, mer* **et** *chair*. **Utilise-les dans des phrases.** (Attention, le radical peut changer !)

Découvrons comment enchaîner des actions

1. **Relis ce passage et explique à quoi servent les mots en rose** (connecteurs de temps). **Encadre les verbes et place-les sur un axe du temps.**

Elle regarda autour d'elle, fixa une des mouettes et la toucha du bout d'un de ses doigts glacés ; puis elle toucha l'autre mouette. Pris de panique, les deux oiseaux disparurent haut dans le ciel en poussant des cris d'effroi. Alors la main commença lentement à escalader les rochers.

2. **Recopie le passage suivant en insérant les connecteurs :**

finalement, puis, d'abord, enfin, alors.

Elles descendirent les rochers jusqu'à la plage. L'une d'elles trouva une oreille et, au même instant, l'autre mit au jour l'énorme torse. Infatigables, les mains accrochèrent les jambes et les bras au torse. L'étrange corps se redressa, gagna la plage, à la recherche de sa tête. Il la trouva nichée dans un nid d'algues rouges.

Compare ton travail avec celui d'un camarade.

3. **Complète le texte avec les marqueurs de temps suivants :**

la semaine suivante, après, dès le lendemain, la veille.

Les deux enfants se rencontrèrent ... la séance de cinéma. Ils discutèrent de ce film qu'un de leurs camarades avait vu ... . Ils décidèrent ... de conseiller ce spectacle à tous ceux qu'ils aimaient bien. ... tous les enfants avaient vu le film.

4. **a.** **Recopie ce texte en soulignant les marqueurs de temps et en encadrant les verbes. Place chronologiquement les verbes que tu as encadrés sur un axe du temps.**

Le soleil était levé depuis quelques minutes lorsque le bateau sortit du port. La veille, la météo annonçait du beau temps et les marins avaient embarqué joyeusement, car ce jeudi-là, le ciel était clair. Ils décidèrent cependant de rentrer quand ils virent le ciel se couvrir de nuages. Quand la tempête éclata, ils avaient regagné le port.

b. **Réécris le texte précédent en présentant les actions dans l'ordre où elles se sont produites. Compare ton travail avec celui de tes camarades.**

Quels marqueurs de temps avez-vous utilisés ? Pourquoi ?

Une étrange maladie

Atteint d'une étrange maladie, un homme raconte à son médecin...

Ayant soif un soir, je bus un demi-verre d'eau et je remarquai que ma carafe, posée sur la commode en face de mon lit, était pleine jusqu'au bouchon de cristal. J'eus, pendant la nuit, un de ces sommeils affreux dont je viens de vous parler. J'allumai ma bougie, en proie à une épouvantable angoisse, et, comme je voulus boire de nouveau, je m'aperçus avec stupeur que ma carafe était vide. Je n'en pouvais croire mes yeux. Ou bien on était entré dans ma chambre, ou bien j'étais somnambule[1].

Le soir suivant, je voulus faire la même épreuve. Je fermai donc ma porte à clef pour être certain que personne ne pourrait pénétrer chez moi. Je m'endormis et je me réveillai comme chaque nuit. On avait bu toute l'eau que j'avais vue deux heures plus tôt.

Qui avait bu cette eau ? Moi, sans doute, et pourtant je me croyais sûr, absolument sûr, de n'avoir pas fait un mouvement dans mon sommeil profond et douloureux.

Alors j'eus recours[2] à des ruses pour me convaincre que je n'accomplissais point ces actes inconscients[3]. Je plaçai un soir, à côté de la carafe, une bouteille de vieux bordeaux, une tasse de lait dont j'ai horreur, et des gâteaux au chocolat que j'adore.

Le vin et les gâteaux demeurèrent intacts. Le lait et l'eau disparurent. Alors, chaque jour, je changeai les boissons et les nourritures. Jamais on ne toucha aux choses solides, compactes, et on ne but, en fait de liquide, que du laitage frais et de l'eau surtout.

Mais ce doute poignant restait dans mon âme. N'était-ce pas moi qui me levais sans en avoir conscience, et qui buvais même les choses détestées, car mes sens engourdis par le sommeil somnambulique pouvaient être modifiés, avoir perdu leurs répugnances ordinaires et acquis des goûts différents.

Je me servis alors d'une ruse nouvelle contre moi-même. J'enveloppai tous les objets auxquels il fallait infailliblement[4] toucher avec des bandelettes de mousseline[5] blanche et je les recouvris encore avec une serviette de batiste[6].

1. **être somnambule :** faire des choses tout en dormant.
2. **avoir recours :** utiliser.
3. **inconscient :** non raisonné.
4. **infailliblement :** obligatoirement.
5. **mousseline :** tissu fin.
6. **batiste :** toile de lin très fine.

7. immaculé : sans aucune tache.

Puis, au moment de me mettre au lit, je me barbouillai les mains, les lèvres et les moustaches avec de la mine de plomb.

À mon réveil, tous les objets étaient demeurés immaculés[7] bien qu'on y eût touché, car la serviette n'était point posée comme je l'avais mise ; et, de plus, on avait bu de l'eau et du lait. Or ma porte fermée avec une clef de sûreté et mes volets cadenassés n'avaient pu laisser pénétrer personne.

Alors, je me posai cette redoutable question : qui donc était là, toutes les nuits, près de moi ?

Le Horla de Guy de Maupassant, © *Librio* pour la couverture.

à l'oral

Quelle(s) explication(s) donnerais-tu à ces étranges phénomènes ?

Lecture guidée

1. a. Relève dans le texte les adjectifs qui accompagnent les noms suivants :

ces sommeils … – une … angoisse – mon sommeil … et … – ce doute … – les choses … – mes sens … – le sommeil … – cette … question.

b. Quelle est l'atmosphère suggérée par ces expressions ?

2. Relis cet extrait du texte :

> À mon réveil, tous les objets étaient demeurés immaculés **bien qu'**on y eût touché, **car** la serviette n'était point posée comme je l'avais mise ; et, **de plus**, on avait bu de l'eau et du lait. **Or** ma porte fermée avec une clef de sûreté **et** mes volets cadenassés n'avaient pu laisser pénétrer personne.

Recopie ce passage en remplaçant les mots en rose respectivement par :

encore que, puisque, parce que, pourtant, ainsi que.

Explique à quoi servent ces mots.

3. a. Dans la phrase suivante, que désigne le *on* ?

« On avait bu toute l'eau que j'avais vue deux heures plus tôt. »

Pourquoi l'auteur utilise-t-il ce pronom ? Par quoi pourrais-tu le remplacer ?

b. Recopie les autres phrases du texte dans lesquelles le personnage mystérieux est désigné par *on*.

4. Explique ce que fait l'auteur pour savoir qui boit l'eau et le lait.

Lire à haute voix

◆ Tu vas lire le début de ce texte (jusqu'à la ligne 12) à tes camarades en essayant de leur faire partager ton angoisse devant ces phénomènes.

Pour cela repère ce sur quoi tu vas insister, utilise la ponctuation et choisis le bon timbre de voix.

À toi d'écrire un récit fantastique

1. Relis le texte de Maupassant, page 100, et termine le récit à ta manière.
   Pour cela, imagine d'abord un moyen pour découvrir cette présence invisible :
   où ? quand ? comment ? pourquoi ?
   Donne une explication ou au contraire laisse le mystère entier.

2. En t'inspirant de tes lectures ou des films que tu as pu voir, écris un récit fantastique qui te met en scène (un texte écrit avec *je*).

Pour t'aider

- Reporte-toi au tableau, page 96, et suis attentivement les différentes étapes :
  la situation initiale – le déroulement des différentes actions – la situation finale.

- Utilise des marqueurs de temps pour indiquer l'ordre dans lequel se déroulent les actions :
  d'abord, ensuite, puis, en même temps, au moment où, après, avant que...

- Décris avec précision ce qui se passe, choisis les détails indispensables à la compréhension des événements.

À toi de réécrire

3. Fais relire ton récit à un camarade et demande-lui de répondre à ces questions :

Dans le texte:	Oui	Non
a. La situation de départ est présentée.		
b. On sait toujours de qui ou de quoi parle le texte.		
c. L'ordre des actions est indiqué.		
d. La ponctuation est utilisée convenablement.		
e. La fin de l'histoire est connue.		

4. Si, dans certaines cases, la réponse est *Non*, corrige ton texte.
   Aide-toi des remarques suivantes pour l'améliorer.
   a. Relis le début et vérifie que tu as bien indiqué où se déroule l'histoire, qui est ton personnage, comment il est et ce qu'il se propose de faire.
   b. Utilise les remarques de ton camarade pour rendre ton texte plus clair.
   c. Utilise des marqueurs de temps pour indiquer l'ordre des événements.
   d. Relis ton texte à haute voix pour faire apparaître la ponctuation nécessaire.
   e. Précise comment se termine l'histoire (bien ou mal) et imagine les sentiments de ton personnage.

Décrire

		lire / écrire	projets d'écriture
Unité 9	niveau 2	Identifier une description	Décrire une atmosphère
Unité 10	niveau 3	Exprimer des émotions	Écrire une fiche de lecture
Unité 11	niveau 3	Différencier narration et description	Écrire un récit avec du suspense
Unité 12	niveau 3	Décrire et présenter des personnages	Écrire un portrait

9

niveau 2

Dans cette unité tu vas apprendre à :

- *1. Identifier un passage descriptif.*
- *2. Décrire un paysage.*
- *3. Créer une atmosphère.*

Recherche des détails qui évoquent un rêve et d'autres qui évoquent un cauchemar.

à l'oral

Observer et imaginer

1. Si ce dessin devenait un paysage réel, et que tous les personnages soient vivants, à quel endroit aimerais-tu te trouver ?
Vers quel endroit n'aimerais-tu surtout pas aller ?
Explique les raisons de tes choix.

2. Choisis un des personnages représentés sur l'illustration.
Imagine qui il est, d'où il vient, ce qu'il fait...

Choisir les bons mots

1. Le verbe *rêver* a-t-il le même sens dans ces deux phrases ?
• Luc rêve de visiter la Chine. • Luc rêve de son grand-père.
Justifie ta réponse et invente une phrase pour chacun de ces deux sens.

2. Utilise toutes les étiquettes pour préciser les rêves de Manon, Alex et Julie :
• Manon rêve de (ou d')... • Alex rêve à... • Julie rêve que (ou qu') ...

faire du ski | des vacances à Mexico | la mer est jaune | la plage | être une bonne cavalière | le soleil brille | son grand-père | un fantôme dort sous son lit | parvenir au sommet de la montagne

Utiliser des informations

◆ Choisis un de ces personnages et décris-le à tes camarades. Ils doivent le reconnaître. Mais attention ! tu n'as pas le droit de dire son nom ni d'utiliser les mots interdits, indiqués sous chaque étiquette :

Blanche-Neige *(nain, sorcière)*
Le Petit Poucet *(ogre, caillou)*
La Belle au bois dormant *(sorcière, prince)*
Zorro *(noir, masque)*
Dracula *(vampire, sang)*
Tarzan *(jungle, sauvage)*
Batman *(héros, voler)*

◆ 1. Identifier un passage descriptif

Aux frontières du rêve…

Il y a deux ans, dit-elle, quand je fus si malade, je remarquai que je faisais toutes les nuits le même rêve. Je me promenais dans la campagne ; j'apercevais de loin une maison blanche, basse et longue, qu'entourait un bosquet[1] de tilleuls. […]

Dans mon rêve, j'étais attirée par cette maison et j'allais vers elle. Une barrière peinte en blanc fermait l'entrée. Ensuite on suivait une allée dont la courbe avait beaucoup de grâce. Cette allée était bordée d'arbres sous lesquels je trouvais les fleurs du printemps: des primevères, des pervenches et des anémones, qui se fanaient dès que je les cueillais. Quand on débouchait de cette allée, on se trouvait à quelques pas de la maison. Devant celle-ci s'étendait une grande pelouse, tondue comme les gazons anglais et presque nue. Seule y courait une bande de fleurs violettes.

La maison, bâtie de pierres blanches, portait un toit d'ardoises. La porte, une porte de chêne clair aux panneaux sculptés, était au sommet d'un petit perron. Je souhaitais visiter cette maison, mais personne ne répondait à mes appels. J'étais profondément désappointée[2], je sonnais, je criais, et enfin je me réveillais. Tel était mon rêve, et il se répéta, pendant de longs mois, avec une précision et une fidélité[3] telles que je finis par penser que j'avais, certainement dans mon enfance, vu ce parc et ce château. […]

Quelques années plus tard, la narratrice découvre par hasard une maison qui correspond très exactement à celle de son rêve. Elle apprend par un vieux domestique que les propriétaires ont fui la maison, car elle était hantée. Comme la visiteuse ne veut pas le croire, le vieil homme précise qu'il a lui même rencontré le fantôme plusieurs fois, la nuit, dans le parc…

– Quelle histoire! dis-je en essayant de sourire.

– Une histoire, dit le vieillard d'un air de reproche, dont vous au moins, madame, ne devriez pas rire, puisque ce fantôme, c'était vous.

La maison, nouvelle d'André Maurois, © Éditions des deux Rives. DR.

Portrait

André Maurois (1885-1967) est un écrivain français important qui est entré à l'Académie française en 1938. Il a aussi écrit de nombreux livres en temps qu'historien.

1. **un bosquet :** un groupe d'arbres.
2. **désappointé :** déçu.
3. **une fidélité :** une régularité.

Le titre du texte : ....

Le titre du livre : ....

L'auteur : ....

Ce texte est-il extrait d'un recueil ? d'un conte ? d'un article de journal ? d'un livre documentaire ?

Lire sans hésiter

◆ Deux phrases du texte ont été mélangées ! À toi de les séparer et de les lire rapidement.

- Une Seule barrière y peinte courait en une blanc bande fermait de l' fleurs entrée. violettes.
- Dans La mon maison, rêve, bâtie j'étais de attirée pierres par blanches, cette portait maison un et toit j'allais d' vers ardoises. elle.

Vocabulaire

◆ Indique la légende de ce dessin sur ton cahier.

À chaque numéro en vert correspond un nom du texte.
Aide-toi de ton dictionnaire pour écrire correctement les noms correspondant aux lettres en rouge.

Lecture - compréhension

L'essentiel

1. Parmi ces trois résumés, lequel correspond à notre histoire ?

a. Quand elle était jeune, une femme habitait une belle maison blanche. Un jour, au cours d'un voyage, elle tombe malade. Tous les soirs, elle rêve que sa maison est hantée par un vieux domestique.

b. Alors qu'elle est gravement malade, une femme rêve régulièrement d'une maison. Un jour elle découvre exactement la même au cours d'un voyage. Elle apprend que cette maison est hantée par un fantôme, et que ce fantôme, c'est elle.

c. Au cours d'un voyage, une femme découvre une belle maison. Elle se déguise en fantôme pour faire peur aux propriétaires. Malheureusement un vieux domestique la reconnaît.

2. Quelle impression ressens-tu en lisant cette histoire ?

En détail

3. Retrouve dans le texte les noms précisés par chacun de ces adjectifs :

basse – blanches – violettes – tondue – petit – sculptés – peinte.

4. Cherche des indices révélant si le narrateur est une femme ou un homme...

Lire sans hésiter

◆ Repère, dans chaque liste, le mot qui ne se prononce pas comme les autres :

- maîtresse – mètraisse – maitrese – mettraysse – mèthraice.
- récréation – rékréacion – récréhassion – récréiassion – rékréation.

Lecture - compréhension

L'essentiel

1. De quoi parle le texte, page 109 ?

2. Quelle différence vois-tu entre la partie placée avant ce signe : [...] et celle qui se trouve juste après ? Se passent-elles à la même époque ?

En détail

3. Relève huit noms utilisés en géographie pour préciser le relief d'un pays.

4. Quelle expression montre que cet extrait se trouve au début d'un récit ?

5. Quel mot indique qu'une partie de ce récit se déroule il y a moins de 2000 ans ?

Vocabulaire

► *Jouer avec les familles de mots, les préfixes et les suffixes* ◄

1. a. Recopie et complète chaque famille avec un mot trouvé dans le texte :

loin, éloigné, lointain – verdure, vert, … – ombre, ombrelle, … – adoucir, doux, … – beau, embellir, … – mer, marin, … – miséreux, misère, … – invraisemblable, vrai, …

b. Les mots d'une même famille sont formés à partir d'une partie commune : *le radical*. Souligne ce radical dans chacune des familles trouvées ci-dessus. Est-il toujours identique ?

2. a. Recopie cette famille de mots et souligne le radical commun. Invente une phrase avec chacun d'eux :

former – déformer – transformer – formation – transformateur.

b. La partie placée devant le radical est *le préfixe*. La partie placée derrière le radical est *le suffixe*. Dans chacun des mots ci-dessus, colorie les préfixes en vert et les suffixes en rouge.

3. a. Cherche cinq mots formés avec le préfixe *trans*. Que signifie ce préfixe ?

b. Cherche cinq mots formés avec le suffixe *ateur*. Que signifie ce suffixe ?

4. a. Repère le suffixe et indique le sens qu'il donne au mot :

teinturerie, laiterie – cuillerée, fourchettée – coureur, chanteur – gentillesse, politesse – abreuvoir, plongeoir – carnivore, herbivore – français, polonais.

b. Repère le préfixe et indique le sens qu'il donne au mot :

bicolore, bimoteur – antivol, antigel – centimètre, centilitre – automobile, autoportrait – télécommande, téléphone – parachute, paravent – rejouer, refaire – décoller, dénouer – incroyable, invisible – préhistoire, prévoir.

5. Transforme les mots suivants en ajoutant un préfixe et un suffixe :

monter – porter – mobile – construire – flamme – adroit.

◆ Les mots d'une même famille sont formés autour d'un radical commun auquel on ajoute un préfixe ou un suffixe. Ce préfixe et ce suffixe donnent un sens précis au mot.

Découvrons comment décrire un paysage

1. a. Dans le texte, page 109, repère le passage décrivant l'endroit où les hommes ont choisi de construire leur ville.

À quel temps sont les verbes de cette description ?
Relève les détails permettant d'imaginer cet endroit.
Lesquels peuvent être représentés sur un dessin ?
Quelles couleurs faudra-t-il utiliser ?

b. Recherche les informations permettant d'imaginer la ville construite. Quels bâtiments va-t-on trouver ? Qu'y a-t-il autour de la ville ?

c. Utilise toutes ces informations pour dessiner et colorier Myra dans son paysage. Compare ensuite ton dessin avec ceux de tes camarades, puis avec celui de la page 109.
Lesquels sont les plus fidèles au texte ?

2. a. Par quoi as-tu commencé pour faire ton dessin ?
Quel élément as-tu dessiné en dernier ?

b. Si tu devais décrire ton dessin, suivrais-tu le même ordre ?
Par quoi commencerais-tu ? Par quoi finirais-tu ?

c. Avec tes camarades, mettez-vous d'accord sur l'ordre qu'il faudrait suivre pour décrire ton dessin de Myra et de son paysage.

◆ 3. Créer une atmosphère

Nuit d'horreur

Portrait

Guy de Maupassant (1850-1893) est le maître de la nouvelle. Il a fait son apprentissage sous la direction de Flaubert, autre grand écrivain français du 19ᵉ siècle.

C'était l'hiver dernier, dans une forêt du nord-est de la France. La nuit vint deux heures plus tôt, tant le ciel était sombre. J'avais pour guide un paysan qui marchait à mon côté, par un tout petit chemin, sous une voûte[1] de sapins dont le vent déchaîné tirait des hurlements. Entre les cimes, je voyais courir des nuages en déroute, des nuages éperdus qui semblaient fuir devant une épouvante. Parfois, sous une immense rafale, toute la forêt s'inclinait dans le même sens avec un gémissement de souffrance. […]

Le narrateur arrive dans la maison d'un garde forestier. Il y découvre un vieil homme armé d'un fusil de chasse…

« Voyez-vous, monsieur, j'ai tué un homme, voilà deux ans cette nuit. L'autre année, il est revenu m'appeler. Je l'attends encore ce soir. »

[…] Nous restions immobiles, livides[2], dans l'attente d'un événement affreux, l'oreille tendue, le cœur battant, bouleversés au moindre bruit. Et le chien se mit à tourner autour de la pièce, en sentant les murs et gémissant toujours. Cette bête nous rendait fous ! Alors, le paysan qui m'avait amené se jeta sur elle, dans une sorte de paroxysme[3] de terreur furieuse, et, ouvrant une porte donnant sur une petite cour, jeta l'animal dehors.

Il se tut aussitôt; et nous restâmes plongés dans un silence plus terrifiant encore. Et soudain, tous ensemble, nous eûmes une sorte de sursaut: un être glissait contre le mur du dehors vers la forêt; puis il passa contre la porte, qu'il sembla tâter d'une main hésitante; puis on n'entendit plus rien pendant deux minutes qui firent de nous des insensés[4]; puis il revint, frôlant toujours la muraille; et il gratta légèrement, comme ferait un enfant avec son ongle; puis soudain une tête apparut contre la vitre du judas, une tache blanche avec des yeux lumineux comme ceux des fauves.

Et un son sortit de sa bouche, un son indistinct, un murmure plaintif.

Alors un bruit formidable éclata dans la cuisine. Le vieux garde avait tiré. Et aussitôt ses fils se précipitèrent, bouchèrent le judas en dressant la grande table qu'ils assujettirent[5] avec le buffet.

Et je vous jure qu'au fracas du coup de fusil que je n'attendais point, j'eus une telle angoisse du cœur, de l'âme et du corps que je me sentis défaillir, prêt à mourir de peur.

1. **une voûte :** un toit arrondi.
2. **livide :** pâle.
3. **un paroxysme :** une extrême intensité.
4. **insensé :** fou.
5. **assujettir :** pousser contre.
6. **indicible :** si fort qu'on ne peut pas le dire.
7. **un auvent :** un petit toit devant une fenêtre ou une porte.

Nous restâmes là jusqu'à l'aurore, incapables de bouger, de dire un mot, crispés dans un affolement indicible[6].

On n'osa débarricader la sortie qu'en apercevant, par la fente d'un auvent[7], un mince rayon de jour.

Au pied du mur, contre la porte, le vieux chien gisait, la gueule brisée d'une balle.

La peur de Guy de Maupassant, nouvelle publiée dans le journal *Le Gaulois* en 1882.

Vocabulaire

1. Repère les adjectifs utilisés dans le texte. Recopie ceux qui expriment la peur. Pourquoi l'auteur n'a-t-il pas employé d'adjectifs tels que : gentil, agréable, souriant, sucré…

2. Cherche cinq adjectifs que Maupassant aurait pu utiliser et cinq autres dont il n'aurait sûrement pas fait usage ici.

3. Voici trois titres d'histoire :
Tempête en pleine mer – Perdu dans le désert – Mon chien Willy.
Imagine des adjectifs que tu pourrais lire dans chacune d'elles.

Lecture guidée

1. Relis cet extrait du texte en sautant les passages en rose :

> **Et soudain**, tous ensemble, nous eûmes une sorte de sursaut : un être glissait contre le mur du dehors vers la forêt […] ; **puis** il revint, frôlant toujours la muraille ; **et** il gratta légèrement, comme ferait un enfant avec son ongle ; **puis soudain** une tête apparut contre la vitre du judas, une tache blanche avec des yeux lumineux comme ceux des fauves. **Et** un son sortit de sa bouche, un son indistinct, un murmure plaintif. **Alors** un bruit formidable éclata dans la cuisine. Le vieux garde avait tiré.

En supprimant les passages en rose, change-t-on l'ordre des actions ? À quoi servent ces passages ?

2. a. À quoi servent les mots en vert ? Pourquoi Maupassant en a-t-il utilisé plusieurs ? En quoi le dernier mot en vert est-il différent des autres ?

b. Observe la longueur de chaque phrase. Que remarques-tu ?

À toi de créer une atmosphère

1. À toi de transformer cette gentille rencontre en une vision de cauchemar !

> Nous arrivâmes devant une jolie cabane entourée d'arbres en fleurs. Un petit chien blanc salua notre arrivée par des aboiements joyeux. Averti de notre présence, le propriétaire ouvrit largement sa porte, à laquelle pendait un bouquet de fleurs séchées. « Soyez les bienvenus ! », nous lança-t-il avec un grand sourire.

Pour t'aider

- Compare le passage ci-dessous avec le début du texte de Maupassant, page 112.

  Relève les mots qui ont été changés :

  > C'était l'été dernier, dans une forêt du nord-est de la France. La nuit vint deux heures plus tard, tant le ciel était lumineux. J'avais pour guide un paysan qui marchait à mon côté, par un large chemin, sous une haie de sapins que le vent faisait danser. Entre les cimes, je voyais filer des nuages en balade, des nuages enflammés qui semblaient courir vers le soleil couchant.

  Que ressens-tu en lisant les mots de Maupassant ?
  Et en lisant ceux du texte modifié ?
- Aide-toi maintenant du travail précédent pour rédiger ton texte...

À toi de réécrire

2. Réponds par *Oui* ou par *Non* aux questions suivantes :

	Oui	Non
a. As-tu utilisé des adjectifs évoquant la méchanceté ou la peur ?	☐	☐
b. As-tu ajouté des détails destinés à faire frissonner le lecteur ?	☐	☐
c. As-tu changé des verbes ?	☐	☐
d. As-tu eu peur en écrivant ton texte ?	☐	☐

Si tu as répondu *Non* à certaines questions, corrige ton texte pour que la réponse devienne *Oui*.

3. Lis les textes écrits par tes camarades. Y en a-t-il qui te font peur ? Pourquoi ?

L'atelier de lecture

1. Lire une consigne

Voici le tableau de bord
de ton vaisseau spatial.

Pour allumer le réacteur turbocompressé, suivre les instructions suivantes :

a. Baisser A – Mettre bouton sur 3 – Éteindre voyant rouge.

b. Baisser C – Allumer voyant vert.

c. Lever A – Baisser B – Mettre bouton sur 2 – Allumer voyant rouge.

d. Lever C – Mettre bouton sur 1 – Allumer voyant jaune.

Sur ton cahier, dessine le tableau de bord du vaisseau prêt à décoller.
Si tu hésites, fais d'abord un rapide dessin
pour chacune des étapes.

2. Maîtriser la lecture

a. Ce texte contient de nombreux termes techniques. Cherche dans un dictionnaire la signification de ceux que tu ne connais pas. Entraîne-toi à les lire sans hésiter.

> Afin de permettre une importante accélération, les réacteurs des engins spatiaux sont alimentés par des gaz liquéfiés appelés propergols. Ces engins spatiaux emportent des spationautes, des satellites ou les modules d'une station spatiale dans la haute atmosphère. De nombreux satellites de télécommunication sont déjà en orbite autour de la Terre. Ces satellites volant à haute altitude dans l'atmosphère peuvent être endommagés par le rayonnement solaire ou par des météorites. On appelle météorite un astéroïde venant du cosmos et pénétrant dans l'atmosphère.

b. Complète ces phrases en utilisant des mots du texte, puis recopie-les sur ton cahier :

- Avant le départ, les réservoirs de la fusée sont remplis de … .
- Une équipe de … va installer une … … qui restera en … autour de la Terre.
- Une étoile filante, c'est une … qui brûle en entrant dans l'… .

10

niveau 3

Dans cette unité tu vas apprendre à :

- *1. Exprimer des émotions.*
- *2. Exprimer des circonstances.*
- *3. Rédiger une fiche de lecture.*

Cet enfant ira jusqu'à la cabane sans avoir peur. Comment expliques-tu cela ?

à l'oral

Observer et imaginer

1. Imagine une histoire qui réponde aux questions suivantes :
Qui est cet enfant ? Pourquoi est-il seul dans la forêt ?
Que va-t-il faire dans la cabane ?

2. Observe le lézard. À ton avis, de qui ou de quoi a-t-il peur ?

S'exprimer

- Recherche deux situations dans lesquelles tu aurais sûrement très peur.
Imagine, pour chacune d'elles :
– l'endroit où cela se passe et la raison qui t'y a amené ;
– le ou les éléments qui inspirent ta frayeur.
- Présente une de ces deux situations à tes camarades. La trouvent-ils effrayante ? Pourquoi ?

Raconter un souvenir

- Un jour (hier, l'année dernière ou lorsque tu étais petit...), tu as certainement vécu une expérience effrayante. Tu vas la raconter à tes camarades...

  Pour cela :
  - Indique l'endroit et décris les éléments du paysage qui ont une importance dans ton récit.
  - Quel âge avais-tu ? Où étais-tu ? Pourquoi étais-tu à cet endroit ? Qui était avec toi ? Que s'est-il passé ? Pourquoi as-tu eu peur ?
  - Comment les actions se sont-elles déroulées ? Ces événements ont-ils modifié ton comportement ?
  - Tu peux préparer ton récit en prenant des notes sur un brouillon.
  Indique juste les informations importantes.
- Raconte-toi l'histoire une première fois en t'aidant de tes notes.
Si cela est possible, enregistre-toi puis écoute la cassette pour vérifier que ton récit est bien construit et que tu n'oublies rien d'important. Donne un titre à ton histoire.

  Quand tu te sens prêt, raconte l'histoire aux autres.
- Note les titres des histoires racontées par tes camarades.
Laquelle est la plus effrayante ? Quelle est celle que tu préfères ? Pourquoi ?

◆ 1. Exprimer des émotions

Les fantômes des bois

Cosette, une fillette de huit ans, a été recueillie par le couple Thénardier, qui la maltraite. La voici qui part chercher de l'eau par une sombre nuit d'hiver.

La pauvre enfant se trouva dans l'obscurité. Elle s'y enfonça. Seulement, comme une certaine émotion la gagnait, tout en marchant elle agitait le plus qu'elle pouvait l'anse du seau. Cela faisait un bruit qui lui tenait compagnie. […] De temps en temps, elle voyait le rayonnement d'une chandelle à travers la fente d'un volet, c'était de la lumière et de la vie, il y avait là des gens, cela la rassurait. Cependant, à mesure qu'elle avançait, sa marche se ralentissait comme machinalement. Quand elle eut passé l'angle de la dernière maison, Cosette s'arrêta. Aller au-delà de la dernière boutique, cela avait été difficile ; aller plus loin que la dernière maison, cela devenait impossible. Elle posa le seau à terre, plongea sa main dans ses cheveux et se mit à se gratter lentement la tête, geste propre aux enfants terrifiés et indécis. Ce n'était plus Montfermeil, c'étaient les champs. L'espace noir et désert était devant elle. Elle regarda avec désespoir cette obscurité où il n'y avait plus personne, où il y avait des bêtes, où il y avait peut-être des revenants[1]. Elle regarda bien, et elle entendit les bêtes qui marchaient dans l'herbe, et elle vit distinctement[2] les revenants qui remuaient dans les arbres. Alors elle ressaisit le seau, la peur lui donna de l'audace : « Bah ! dit-elle, je lui dirai qu'il n'y avait plus d'eau ! »

Et elle rentra résolument dans Montfermeil.

À peine eut-elle fait cent pas qu'elle s'arrêta encore, et se remit à se gratter la tête. Maintenant c'était la Thénardier qui lui apparaissait ; la Thénardier hideuse avec sa bouche d'hyène et la colère flamboyante dans les yeux. L'enfant jeta un regard lamentable en avant et en arrière. Que faire ? que devenir ? où aller ? Devant elle le spectre[3] de la Thénardier ; derrière elle tous les fantômes de la nuit et des bois. Ce fut devant la Thénardier qu'elle recula. Elle reprit le chemin de la source et se mit à courir. Elle sortit du village en courant, elle entra dans le bois en courant, ne regardant plus rien, n'écoutant plus rien. Elle n'arrêta sa course que lorsque la respiration lui manqua, mais elle n'interrompit point sa marche. Elle allait devant elle, éperdue.

Tout en courant, elle avait envie de pleurer. Le frémissement nocturne de la forêt l'enveloppait toute entière. Elle ne pensait plus, elle ne voyait plus. L'immense nuit faisait face à ce petit être. D'un côté, toute l'ombre ; de l'autre, un atome[4].

Il n'y avait que sept ou huit minutes de la lisière du bois à la source. Cosette connaissait le chemin pour l'avoir fait bien souvent le jour. Chose étrange,

1. **revenants :** fantômes.
2. **distinctement :** nettement.
3. **spectre :** apparition menaçante.
4. **atome :** minuscule grain de matière.

elle ne se perdit pas. Un reste d'instinct la conduisait vaguement. Elle ne jetait cependant les yeux ni à droite ni à gauche, de crainte de voir des choses dans les branches et dans les broussailles. Elle arriva ainsi à la source.

Les misérables de Victor Hugo,
© Hachette Livre pour la couverture.

Vocabulaire

1. Relève les mots du texte que tu ne connais pas.
   Aide-toi du texte et de ton dictionnaire pour trouver le sens qu'ils ont ici.
   Compare tes réponses à celles de tes camarades.

2. Fais la liste des mots que Victor Hugo utilise pour décrire la Thénardier.
   Quelle image donnent-ils de ce personnage ?

3. Pourquoi Victor Hugo a-t-il utilisé le mot *atome* à la ligne 36 ?

4. a. Au nom *peur*, un dictionnaire des synonymes propose les mots suivants :
   frayeur – inquiétude – anxiété – appréhension – épouvante – effroi.

   Classe ces mots en leur donnant une note de 1 à 10 (1 pour une petite peur, 10 pour une très forte). Plusieurs mots peuvent avoir la même note.

   b. Imagine une situation dans laquelle tu ressentirais de la frayeur.
   Décris-la brièvement. Fais le même travail pour l'inquiétude et l'appréhension.
   Compare tes situations avec celles proposées par tes camarades.

Lecture - compréhension

Prendre des indices

1. Quels détails montrent que cette histoire se déroule il y a longtemps ?
2. Comment expliques-tu que Cosette voie distinctement des revenants dans les arbres ?
3. Relève la phrase qui montre que Cosette a vraiment très peur de la Thénardier.

Saisir l'essentiel

4. De quoi et de qui Cosette a-t-elle peur ?
5. Un élève de CM2 a représenté le texte à l'aide de ce dessin :
   Comprends-tu ce qu'il a voulu montrer ? Indique les passages qui correspondent aux différentes parties du dessin.

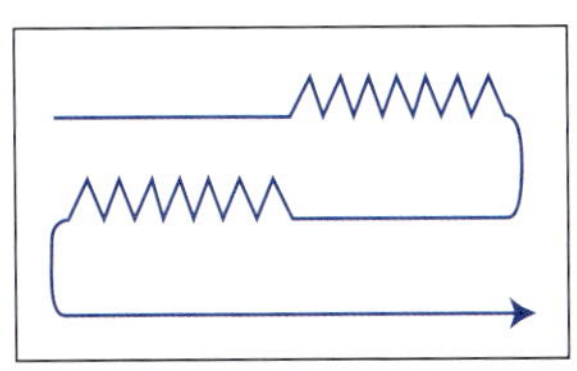

Découvrons l'expression des émotions

1. Recherche, dans le texte, page 118, la phrase ou l'expression qui, à ton avis, évoque le mieux la peur ressentie par Cosette. Compare ton choix avec ceux de tes camarades.

2. a. Dans cet extrait du texte, certains passages ont été supprimés :

> De temps en temps, elle voyait le rayonnement d'une chandelle à travers la fente d'un volet. Cependant, à mesure qu'elle avançait, sa marche se ralentissait. Quand elle eut passé l'angle de la dernière maison, Cosette s'arrêta. Elle posa le seau à terre, plongea sa main dans ses cheveux et se mit à se gratter lentement la tête.

Si on ne lit que cet extrait, que peut-on imaginer de la situation dans laquelle se trouve Cosette ? Est-elle effrayée ? Pourquoi s'arrête-t-elle ?

b. Compare cet extrait modifié avec l'extrait original, page 118.
Lequel évoque le mieux la peur ressentie par Cosette ? Pourquoi ?

c. Voici les passages supprimés dans l'extrait modifié. Retrouve la place de chacun d'eux sans retourner au texte. Indique ce qu'ils apportent au récit de Victor Hugo.

(A) c'était de la lumière et de la vie, il y avait là des gens, cela la rassurait.

(B) comme machinalement.

(C) geste propre aux enfants terrifiés et indécis.

(D) Aller au-delà de la dernière boutique, cela avait été difficile ; aller plus loin que la dernière maison, cela devenait impossible

3. Recopie le texte des lignes 22 à 28. Souligne en bleu les actions de Cosette. Souligne en rouge les passages permettant de savoir ce qu'elle pense ou ce qu'elle ressent.

À toi d'écrire

4. a. Lis ce texte :

> Ce matin-là, Lisa se réveille très tôt. Comme tout le monde dort, elle sort pour aller se promener au bord de l'étang. Dehors, il fait encore nuit. Un peu froid aussi. La lune brille dans le ciel. Lisa traverse le jardin. Des brindilles craquent sous ses pas. Un chien aboie. De gros oiseaux noirs passent dans le ciel. Lorsque Lisa arrive au bord de l'étang, elle entend une grosse bête sauter dans l'eau. Il y a de la brume. Elle rentre vite à la maison.

b. Ce texte donne-t-il des précisions sur ce que pense Lisa ? sur ce qu'elle ressent ?

c. Que pourrait-on dire pour mieux comprendre les sentiments et les émotions de l'héroïne ?

5. Transforme le texte de façon à bien montrer les sentiments que peut ressentir Lisa.

◆ 2. Exprimer des circonstances

L'épouvantable bête

Élisabeth est une jeune parisienne en vacances à la campagne…

Elle allait s'avancer vers l'armoire, quand son cœur se crispa et ses jambes fléchirent. Muette d'horreur, elle considérait fixement le mur, en face d'elle. Dans ce désert de plâtre, une énorme araignée noire s'étalait comme une tache d'encre aux prolongements filiformes[1]. Les poils même de ses pattes se détachaient avec une netteté affreuse sur le fond blanc. Accroupie sur ses huit membres pliés, elle était prête à trotter, à bondir. Élisabeth sentit sur sa peau la galopade légère du monstre. Un frisson la chatouilla dans la région des reins. Elle poussa une clameur folle, se rua vers la porte, dévala les marches, et toujours hurlant, tomba dans les bras de tante Thérèse. Des figures inquiètes l'entourèrent. On la pressa de questions. Elle reprit son souffle et hoqueta :

« Dans ma chambre…, une araignée…, une grosse araignée !…

– Ce n'est que ça ? dit tante Thérèse en riant. Il ne faut pas avoir peur des araignées. Tu n'es pas une mouche ! Elles ne te feront pas de mal !

– Je ne veux pas remonter là-haut », dit Élisabeth.

Elle tremblait. Elle claquait des dents.

« Mon Dieu, que cette enfant est donc nerveuse ! » dit Ménou.

Pépitou, téméraire[2] malgré son grand âge, se dirigea vers le perron ;

« Je t'en débarrasserai en un clin d'œil, moi, de ton araignée ! »

L'oncle Julien, enflammé par l'exemple, lui emboîta le pas[3]. […]

Les adultes tentent d'attraper l'araignée. Plusieurs tentatives échouent sous le regard terrifié d'Élisabeth…

L'araignée descendit vers la couverture.

« Vite ! Vite ! » cria tante Thérèse.

Déséquilibré par son premier effort, Pépitou donna de grands coups maladroits avec le carton pour empêcher la fugitive de poursuivre sa route. Chaque fois, il arrivait trop tard.

Élisabeth, debout près de la porte, trépignait de dégoût et d'épouvante.

« Attention, Pépitou ! gémissait Geneviève. Plus par ici !… Tu vois bien, elle file ! elle file !… Dépêche-toi, tu vas l'avoir !… »

Soudain, l'araignée disparut.

« Elle est dans le lit ! hurla Élisabeth.

– Mais non, dit tante Thérèse, elle est partie.

– Elle n'est pas partie, elle est dans le lit ! » reprit Élisabeth, d'une voix enrouée par les larmes.

Tante Thérèse rejeta les couvertures, souleva l'oreiller, secoua les draps, l'araignée restait introuvable.

1. **filiforme :** ayant la forme d'un fil.
2. **téméraire :** audacieux.
3. **emboîter le pas :** suivre quelqu'un.

« Alors, elle est derrière ! » dit Élisabeth.

Un peu confus d'avoir manqué leur chasse, Pépitou et l'oncle Julien écartèrent le lit de la cloison. Tante Thérèse, Geneviève, puis Élisabeth se hasardèrent dans la ruelle. Leur inspection les amena à conclure que l'animal s'était sans doute réfugié dans quelque trou.

« Elle en sortira la nuit ! balbutia Élisabeth. Elle se promènera sur moi ! Oh ! tante Thérèse, c'est affreux ! Je ne pourrai pas dormir ! Je t'en supplie, fais quelque chose !... »

La grive de Henri Troyat, © Éd. Plon.

à l'oral

Si tu étais à la place d'Élisabeth, que ferais-tu ?

Lecture - compréhension

Prendre des indices

1. À quoi te font penser les mots suivants ? désert – enflammé – région – fugitive – ruelle.

2. Dans quel sens ont-ils été utilisés par Henri Troyat ?

3. Sur une copie du texte, colorie tous les détails concernant l'araignée.

Saisir l'essentiel

4. a. Remets ces phrases dans l'ordre du récit :

Tout à coup, je l'ai entendue crier. / Nous n'avons pas réussi à capturer l'araignée. / Elle a descendu les escaliers à toute vitesse. / Élisabeth avait donc très peur de passer la nuit dans sa chambre. / Nous ne savions pas ce qui l'avait effrayée. / Comme cela ne la calmait pas, nous sommes tous montés à l'étage. / Ma nièce était montée se coucher. / Je me suis un peu moquée de sa peur. / Elle nous a dit qu'il y avait une araignée dans sa chambre.

b. Qui raconte l'histoire que tu viens de reconstruire ?

5. Quelles différences vois-tu entre la peur ressentie par Élisabeth et celle ressentie par Cosette dans le texte, page 118 ? Justifie ta réponse en donnant des arguments précis.

Vocabulaire

► Distinguer les adverbes des adjectifs ◄

1. a. Associe deux par deux les mots de cette liste. Que remarques-tu ?

gentil – sage – gentiment – sagement – méchant – méchamment.

b. À ton avis, pourquoi un mot comme *gentiment* s'appelle-t-il un adverbe ? Justifie ta réponse à l'aide de quelques exemples.

2. Recherche dans le texte, page 121, un adverbe formé à partir de l'adjectif *fixe*. Quel est le sens de cet adverbe ?

3. a. Recherche, dans le texte, page 16, un autre adverbe formé à partir d'un adjectif.

b. Parmi les adverbes que tu connais, choisis-en trois formés à partir d'un adjectif. Rédige une phrase pour chacun d'eux.

4. Transforme :
a. l'adjectif en adverbe : curieux – bruyant – intelligent – lent – prudent – méchant – récent.
b. l'adverbe en adjectif : savamment – gaiement – mollement – dangereusement – fréquemment.

Tu peux en vérifier l'orthographe dans le dictionnaire.

Découvrons comment exprimer des circonstances

1. a. Repère dans le texte, page 121, les phrases ou les morceaux de phrases qui permettent de répondre aux questions suivantes :
- Qu'est en train de faire Élisabeth lorsqu'elle aperçoit l'araignée ?
- Pourquoi Élisabeth ressent-elle un frisson dans la région des reins ?
- Que fait tante Thérèse tout en essayant de raisonner Élisabeth ?
- Pourquoi Ménou trouve-t-il qu'Élisabeth est nerveuse ?
- Dans quel but Pépitou donne-t-il de grands coups avec le carton ?
- Pour quelle raison Élisabeth dit-elle, à la fin de l'extrait : « Je ne pourrai pas dormir ! » ?

b. Sur une copie du texte, page 121, colorie tous les mots qui indiquent les circonstances des actions.

2. Aide-toi du dessin pour répondre avec précision aux questions ci-dessous :

a. Où se passe cette scène ?

b. Combien y a-t-il de personnages ?

c. Pourquoi la vieille femme est-elle effrayée ?

d. Que fait-elle pour se défendre ?

e. D'où vient ce fantôme ?

f. Le fantôme est-il effrayant ? Pourquoi ?

3. Raconte cette petite histoire par écrit…

a. … en supposant que tu en es le héros.

b. … en supposant que tu es caché en train d'observer la scène.

Dans les deux cas, donne toutes les informations nécessaires pour qu'un lecteur puisse répondre aux questions posées à gauche du dessin.

11

niveau 3

Dans cette unité tu vas apprendre à :

- ***1. Différencier narration et description.***
- ***2. Utiliser les temps du passé.***
- ***3. Écrire un texte avec du suspense.***

Laquelle de ces aventures aimerais-tu vivre ?

à l'oral

Observer et déduire

1. Observe les illustrations de la page de gauche. Que cherche à faire chaque personnage ? Comment le sais-tu ?

2. Décris la tenue de chaque personnage et l'endroit où il se trouve.

3. Cherche l'intrus dans chaque aventure et explique pour quelle raison il n'a pas sa place dans l'illustration.

Raconter une histoire

◆ Tu vas raconter une aventure à tes camarades…

Pour cela :

- **Choisis, parmi les illustrations, l'aventure que tu préfères.**
  Donne-lui un titre ; repère où elle a lieu, puis imagine et note brièvement sur ton cahier :
  – son point de départ, son but ;
  – les différents événements qui se sont produits ;
  – de quelle façon elle va se terminer.
- **Lorsque tu as construit ton récit, raconte cette aventure à un camarade.**
  L'a-t-il trouvée intéressante ? As-tu réussi à éveiller sa curiosité ? A-t-il bien compris ce qui s'était passé ? A-t-il été tenu en haleine ? Si non, pourquoi ?
- **Demande-lui à son tour de te raconter l'aventure qu'il a choisie,** et répondez de nouveau aux questions.
- **Avec vos deux aventures, préparez maintenant un récit commun pour le présenter à votre classe…** Éliminez certaines choses, ajoutez-en d'autres… N'oubliez pas de mettre le ton en racontant votre histoire…

◆ Parmi toutes les aventures que vous avez imaginées, choisis celle que tu aimerais vivre à ton tour et fais-en le récit à tes camarades… à ta façon.
Ajoute ou élimine des événements pour rendre l'histoire plus intéressante encore ; entraîne-toi à varier le ton que tu utilises lorsque tu racontes…

À la poursuite du Lapin Blanc

Alice a suivi un étrange Lapin Blanc dans son terrier…

Alice ne s'était pas fait le moindre mal, et fut sur pied en un moment ; elle leva les yeux, mais tout était noir au-dessus de sa tête. Devant elle s'étendait un autre couloir où elle vit le Lapin Blanc en train de courir à toute vitesse. Il n'y avait pas un instant à perdre : voilà notre Alice partie, rapide comme le vent. Elle eut juste le temps d'entendre le Lapin dire, en tournant un coin : « Par mes oreilles et mes moustaches, comme il se fait tard ! » Elle tourna le coin à son tour ; très peu de temps après lui, mais, quand elle l'eut tourné, le Lapin avait disparu. Elle se trouvait à présent dans une longue salle basse éclairée par une rangée de lampes accrochées au plafond. Il y avait plusieurs portes autour de la salle, mais elles étaient toutes fermées à clé ; quand Alice eut marché d'abord dans un sens, puis dans l'autre, en essayant de les ouvrir une par une, elle s'en alla tristement au milieu de la pièce, en se demandant comment elle pourrait bien faire pour en sortir. Brusquement, elle se trouva devant une petite table à trois pieds, entièrement faite de verre massif[1], sur laquelle il y avait une minuscule clé d'or, et Alice pensa aussitôt que cette clé pouvait fort bien ouvrir une des portes de la salle. Hélas ! soit que les serrures fussent trop larges, soit que la clé fût trop petite, aucune porte ne voulut s'ouvrir. Néanmoins, la deuxième fois qu'Alice fit le tour de la pièce, elle découvrit un rideau bas qu'elle n'avait pas encore remarqué ; derrière ce rideau se trouvait une petite porte haute de quarante centimètres environ : elle essaya d'introduire la petite clé d'or dans la serrure, et elle fut ravie de constater qu'elle s'y adaptait parfaitement !

Alice ouvrit la porte, et vit qu'elle donnait sur un petit couloir guère plus grand qu'un trou à rat ; s'étant agenouillée, elle aperçut au bout du couloir le jardin le plus adorable qu'on puisse imaginer.

Comme elle désirait sortir de cette pièce sombre, pour aller se promener au milieu des parterres de fleurs aux couleurs éclatantes et des fraîches fontaines ! Mais elle ne pourrait même pas faire passer sa tête par l'entrée ; « et même si ma tête pouvait passer, se disait la pauvre Alice, ça ne me servirait pas à grand-chose à cause de mes épaules. Oh ! que je voudrais pouvoir rentrer en moi-même comme une longue-vue ! Je crois que j'y arriverais si je savais seulement comment m'y prendre pour commencer ». Car, voyez-vous, il venait de se passer tant de choses bizarres qu'elle en arrivait à penser que fort peu de choses étaient vraiment impossibles.

1. **massif :** non creux.

Alice au pays des merveilles de Lewis Carroll, coll. *Folio Junior*, Éditions Gallimard,

Vocabulaire

1. À l'aide de ton dictionnaire, donne pour chacune de ces phrases le sens du mot *pied* et les indices qui t'ont aidé :

- Alice fut sur pied en un moment.
- Le Lapin dort au pied d'un arbre.
- Ce poème est écrit en vers de huit pieds.
- Elle se trouva devant une table à trois pieds.
- Il mesurait bien six pieds de haut.
- Le pied de ce champignon est très renflé.

2. À l'aide d'un dictionnaire, cherche les mots qui ne sont pas de la famille de *pied* :

pédestre – une pédale – un peton – un podologue – une pièce – un quadrupède – un piéton – pédant – un podium – la piété – un piège – le pédicure.

3. Voici des expressions avec le mot *pied*, retrouve le sens de chacune d'elles.

mettre les pieds dans le plat •	• être en bonne santé
mettre sur pied •	• empêcher de parler ou d'agir
faire un pied de nez •	• employer tous les moyens
couper l'herbe sous les pieds de quelqu'un •	• organiser
faire des pieds et des mains •	• faire une gaffe
avoir bon pied bon œil •	• narguer

Lecture - compréhension

Prendre des indices

1. Relève les personnages de ce texte.

2. Repère pourquoi Alice s'en va tristement vers le milieu de la pièce.

3. Pourquoi ne voit-elle pas la petite porte la première fois ?

4. Sait-on pourquoi Alice veut rentrer en elle-même ?

5. À qui s'adresse l'auteur dans la dernière phrase ?

Saisir l'essentiel

6. Qui est le héros ? Justifie ta réponse.

7. Qui est le narrateur (celui qui raconte l'histoire) ? Justifie ta réponse.

Alice, le Lapin, Lewis Carroll ?

8. **a.** Raconte ce qui arrive à Alice dans ce texte.

b. En quoi cette aventure est-elle étrange ?

Découvrons la différence entre narration et description

1. Sur une copie du texte, page 130, des lignes 15 à 24, encadre :
- en rouge les actions d'Alice,
- en bleu les descriptions de la situation.

Compare avec un camarade.

2. a. Lis ces trois textes :

A

Il se leva rapidement. Autour de lui, tout était recouvert de cendres ; une odeur de brûlé flottait dans l'air qui devenait irrespirable. Même le soleil semblait gris.

Un oiseau immense apparut et l'invita à le suivre.

B

Le jour se levait. La brume recouvrait le fond de la vallée et les premiers vols de canards passaient au-dessus des maisons. Marc se chaussa, sortit, ouvrit la porte de la grange et se dirigea vers Fuego pour le seller.

L'automne était là.

C

Pierrot avala rapidement ses pilules, enfila son scaphandre et quitta la fusée. Il enfourcha son scooter, s'engagea dans la circulation déjà dense et se dirigea vers la tour S35. Quand il y parvint, ses camarades lui dirent de se précipiter chez le technochef.

b. Dans chaque texte, colorie :
- en rouge les actions des personnages (la narration),
- en bleu ce qui décrit les lieux (la description).

À quel temps sont les verbes dans la narration ? dans la description ?

c. Oralement, ajoute une description au texte qui n'en comporte pas.
Demande à un camarade de faire le même travail :

Qu'avez-vous décrit ? À quel endroit du texte avez-vous rajouté la description ?
À quel temps avez-vous conjugué les verbes ?

3. Sur une copie du texte, page 121, des lignes 2 à 12, souligne :
en rouge la narration et en bleu la partie descriptive.

À toi d'écrire

4. a. Lis le passage suivant :

Pedro échappa à ses poursuivants [...] et s'engouffra dans une maison [...]. Il traversa la pièce du bas, ressortit de l'autre côté ; un ami [...] l'attendait au volant d'une voiture. Il démarra rapidement. Ils quittèrent la ville qui [...] et se retrouvèrent au pied d'une montagne. Cette montagne [...].

b. Ce texte est-il une narration ? une description ? Justifie ton choix.

c. Réécris-le en remplaçant les crochets par des descriptions *(paysage, décor, portrait)*.
Lorsque tu as terminé, vérifie que tu as utilisé les temps qui conviennent.

d. Relis les deux textes. Lequel préfères-tu ?

Nils s'envole

Catastrophe ! Nils a été transformé en lutin. Juché sur le mur qui entoure sa ferme, le pauvre garçon se demande comment il va faire pour redevenir un homme.

C'était, comme nous l'avons dit, un jour merveilleusement beau, avec un air qui invitait au vol, si frais, si léger. À mesure que de nouvelles bandes passaient, les oies domestiques devenaient plus inquiètes. Elles battaient par moments des ailes comme décidées à suivre les oies sauvages. Mais chaque fois il se trouvait parmi elles quelque vieille commère qui disait : « Ne faites donc pas les folles. Celles-là auront à souffrir de la faim et du froid. »

Or, il y avait un jeune jars[1] à qui les appels des oies sauvages avaient donné grande envie de partir. « S'il vient encore une bande, je l'accompagnerai », dit-il.

Une nouvelle bande arriva, appelant comme les précédentes. Alors le jars répondit : « Attendez ! Attendez ! Je viens ! » Il déploya[2] ses ailes et s'éleva dans l'air, mais il avait si peu l'habitude de voler qu'il retomba à terre.

Les oies sauvages semblaient cependant avoir entendu son cri. Elles revinrent lentement en arrière pour voir s'il allait les rejoindre. « Attendez ! Attendez ! » criait-il, en faisant un nouvel effort.

Le gamin entendait tout du mur où il s'était caché. « Quel dommage si le grand jars allait s'envoler ! Père et mère en auraient du chagrin s'il était parti lorsqu'ils reviendront du temple. » Il en oublia une fois encore qu'il était petit et sans force. Il sauta au milieu des oies, et jeta ses bras autour du cou du jars. « Tu resteras ici, tu entends », cria-t-il.

Mais juste à ce moment, le jars avait compris ce qu'il fallait faire pour s'élever du sol. Il ne put s'arrêter pour secouer le gamin, et celui-ci fut emporté dans les airs. Il fut enlevé avec une rapidité qui lui donna le vertige. Avant d'avoir pensé à lâcher prise, il se trouva si haut qu'il se serait tué s'il était tombé à terre. Il n'avait plus qu'à essayer de se hisser sur le dos de l'oie. Il y parvint, mais avec beaucoup de peine. Il n'était pas facile non plus de se maintenir sur le dos lisse et glissant, entre les deux ailes battantes. Il dut plonger ses deux mains dans les plumes et le duvet pour ne pas être précipité.

Un long moment, le gamin eut des vertiges qui l'empêchèrent de se rendre compte de rien. L'air sifflait et le fouettait, les ailes frappaient, les plumes vibraient avec un bruit de tempête. Treize oies volaient autour de lui. Toutes caquetaient et battaient des ailes. Les yeux éblouis, les oreilles assourdies, il ne savait si elles volaient haut ou bas ni quel était le but du voyage.

1. **jars :** mâle de l'oie.
2. **déployer :** étendre.

Enfin il se ressaisit, et comprit qu'il devait tâcher de savoir où on le conduisait. Mais comment aurait-il eu le courage de regarder en bas ?

Les oies sauvages ne volaient pas très haut, car leur nouveau compagnon de voyage n'aurait pu respirer un air trop léger. À cause de lui elles volaient aussi moins vite qu'à l'ordinaire.

Le merveilleux voyage de Nils Holgerson à travers la Suède de Selma Lagerlöf,

à l'oral

Qu'aurais-tu fait à la place de Nils pour retenir le jars ? Imagine ce qui va lui arriver…

Lecture - compréhension

Prendre des indices

1. Sur une copie du texte, entoure d'une couleur différente les mots qui désignent chacun des personnages.
2. Quels personnages parlent ? Encadre ce que chacun dit.
3. Repère deux descriptions dans le texte.

Saisir l'essentiel

4. Pour quelle raison Nils ne veut-il pas que le jars s'envole ? Quel passage montre la détermination de Nils ?
5. Ce texte est-il un extrait : d'un documentaire sur les oies ? d'un roman ? d'un conte ? Justifie ta réponse.

Vocabulaire

► *Reconnaître une famille de mots* ◄

1. a. Relève dans le texte, page 133, tous les mots qui te font penser aux *oiseaux*. Compare ta liste avec celle d'un camarade.

   b. Dans la liste suivante, élimine les mots qui n'ont aucun rapport avec *les oiseaux* :
   un bec – un moteur – une graine – la vague – souple – affectueux – la migration – une queue – nicher – l'addition.

   Compare avec un camarade et justifiez vos choix. Vérifie dans le dictionnaire.

2. a. À quel terme te font penser ces mots ? une lame – la vague – une marée – le port – plonger.

   b. Parmi les mots suivants, quels sont ceux que tu peux ajouter aux précédents ?
   une méduse – la voile – un tournevis – courageux – le phare – une voiture – la colère – un balcon – le porc.

   c. À deux, cherchez des mots qui complètent la liste obtenue.

3. Dans la liste suivante, encadre en rouge les mots qui te font penser au *temps* et en bleu ceux qui te font penser aux *voyages*. Justifie tes choix.

> les nuages – le froid – tomber – le ciel – s'éloigner – un avion – la tempête – explorer – une règle – se dégager.

4. Cherche les mots du texte qui rappellent *l'aventure*, puis complète ta liste avec d'autres mots.

Découvrons comment utiliser les temps du passé

1. a. Lis ce texte :

> Il en a oublié une fois encore qu'il était petit et sans force. Il a sauté au milieu des oies, et a jeté ses bras autour du cou du jars. « Tu resteras ici, tu entends », a-t-il crié. Mais juste à ce moment, le jars avait compris ce qu'il fallait faire pour s'élever du sol. Il n'a pu s'arrêter pour secouer le gamin.

À quels temps sont conjugués les verbes en bleu ? *(Aide-toi du tableau de conjugaison.)*

b. Retrouve ce passage dans le texte de la page 133.
Qu'est-ce qui a changé ? À quels temps sont conjugués les verbes ?

c. Quels sont les verbes qui indiquent des actions ? des descriptions ?

2. Relis le texte de la page 130, des lignes 15 à 24, repère les verbes et classe-les suivant qu'ils expriment une action ou une description.

3. Relis le texte de la page 121 ; repère les parties narratives, les parties descriptives.
Qu'est-ce qui t'a permis de répondre ?
Transforme-le en utilisant le passé composé.

4. a. Recopie ce texte en choisissant la forme verbale qui convient :

> La nuit (a été / était) noire. La lune (éclairait / a éclairé) un petit coin de pré. Dans un battement, la chouette (a quitté / quittait) son nid, elle (s'est envolée / s'envolait) et (s'est laissée / se laissait) glisser vers le sol. Heureusement, le souriceau qui (trottait / a trotté) derrière sa mère (a trouvé / trouvait) un terrier et (pouvait / a pu) s'y faufiler.

À quel temps as-tu mis les actions ? les descriptions ?

b. Recommence l'activité en remplaçant le passé composé par le passé simple.

5. Recopie le texte suivant en utilisant le couple *passé composé / imparfait* ou *passé simple / imparfait* :

> Chaque poil de son corps *(se hérisser)*. Le dos *(se voûter)*, […] la bouche *(cracher)*, les yeux agrandis *(briller)* d'un feu rouge. Le gamin ne *(vouloir)* pas se laisser effrayer par un chat. Il *(faire)* un pas en avant. Alors le chat *(bondir)* et *(retomber)* droit sur le gamin, le *(jeter)* à terre et *(se planter)* sur lui.

Tu peux, avant de commencer, repérer les passages descriptifs et les actions.

6. Écris un court texte qui reprend l'histoire de Nils en utilisant le *passé simple* et l'*imparfait*.

◆ 3. Écrire un texte avec du suspense

Le duel

Le capitaine Achab se lance à la poursuite de Moby Dick, la baleine blanche qui lui a arraché une jambe lors d'une précédente chasse. Il est à bord d'une baleinière[1] avec quelques hommes d'équipage.

En longue file indienne, des oiseaux blancs se dirigeaient vers la baleinière d'Achab. Quand ils n'en furent plus qu'à quelques mètres, ils se mirent à tournoyer au-dessus de l'eau en poussant de joyeux cris d'espoir. Leur vue était plus perçante que celle de l'homme, car Achab n'apercevait aucun indice sur la mer. Soudain, tandis qu'il plongeait le regard dans les profondeurs, il vit une tache blanche vivante de la taille d'une belette s'élever avec une merveilleuse célérité[2] et grandir de plus en plus, jusqu'au moment où elle se retourna. Alors apparurent nettement deux rangées de longues dents crochues. C'était la bouche ouverte de Moby Dick et sa mâchoire tordue. Son vaste cou se confondait encore avec la mer.

Manœuvrant l'aviron de queue, Achab fit virer l'embarcation pour l'écarter de cette apparition. Puis criant à Fedallah de venir prendre sa place, il alla se poster à l'avant, son harpon en main. Grâce à l'habile virage effectué par le vieillard, la proue[3] aurait dû se trouver en face de la tête du cachalot. Mais, avec l'intelligence rusée qu'on lui connaissait, Moby Dick, comme s'il eût deviné le stratagème[4], changea de position en une seconde et vint poser sa tête ridée sous la baleinière, le long de la coque.

Toutes les planches de l'embarcation tremblèrent tandis que le cachalot, couché sur le dos un peu en ligne oblique, à la manière des requins qui vont mordre, prenait lentement et sciemment[5] l'étrave dans sa bouche. L'intérieur de la mâchoire d'un blanc de perle fut à six pouces[6] de la tête d'Achab et monta même plus haut. L'animal secoua le mince bois de pin à la manière d'un chat jouant avec une souris. Fedallah regardait fixement, les bras croisés, mais les rameurs jaunes dégringolaient les uns par-dessus les autres, pour gagner le plus vite possible l'extrémité de l'arrière.

Les plats-bords élastiques se tendaient et se détendaient. On aurait dit que le cachalot prenait un plaisir diabolique à retarder la destruction de la baleinière. Son corps était submergé, on ne pouvait pas lui lancer de dards[7], d'autant plus que la proue était pour ainsi dire à l'intérieur de sa mâchoire. Les autres embarcations s'étaient arrêtées presque sans le vouloir, comme en face d'un dénouement rapide contre lequel on ne peut rien.

1. **baleinière :** bateau utilisé pour chasser la baleine.
2. **célérité :** rapidité.
3. **proue :** avant du bateau.
4. **stratagème :** ruse.
5. **sciemment :** volontairement.
6. **six pouces :** environ 15 cm.
7. **dard :** arme pointue.

Mais ce monomane[8] d'Achab, rendu fou furieux par la proximité de son ennemi, saisit de ses mains nues la grosse articulation, essayant de lui faire lâcher prise. Pendant qu'il luttait ainsi, les minces plats-bords se courbèrent, s'affaissèrent et se brisèrent, tandis que les deux mâchoires, tels d'énormes ciseaux, glissaient vers l'arrière et séparaient en deux l'embarcation. Après quoi elles se refermèrent étroitement sous la surface de l'eau, à une distance égale des deux épaves, qui en flottant s'éloignaient l'une de l'autre.

Moby Dick de Hermann Melville, traduit par M. Gay, © Éd. GP, 1954, D.R.

8. **monomane :** fou et têtu.

à l'oral

Imagine la suite et la fin de l'aventure, puis raconte l'histoire à tes camarades.

Lecture guidée

1. Recherche dans le texte tous les termes désignant les parties de la baleinière et replace-les sur le dessin.

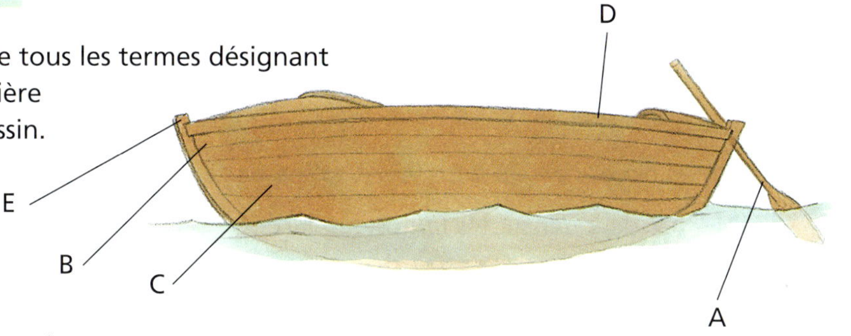

2. Sur une copie du texte, entoure :
   – en rouge les passages où Moby Dick intervient,
   – en bleu ceux où Achab intervient.

3. Sur une copie du texte, entoure les phrases qui expriment les actions (la narration). Le temps des verbes peut t'y aider.

4. a. Relis le premier paragraphe du texte.
   De quoi parle l'auteur dans les trois premières phrases ? Quelle impression ressens-tu ? Quels mots te permettent de justifier ce choix ?
   Compare tes réponses avec celles d'un camarade.

   b. Que se passe-t-il dans la quatrième phrase ?
   Quel mot provoque le changement ? Comment est-il mis en évidence ?
   Avec un camarade, trouvez d'autres mots qui pourraient le remplacer.

   c. Quel nom donne-t-on à ce procédé qui tient le lecteur en haleine ?

Lire à haute voix

◆ Prépare-toi avec un camarade à lire le texte à haute voix. Repérez les mouvements importants ; mettez en évidence les changements de rythme du texte selon que l'on parle de la baleine ou des hommes.

À toi d'écrire un texte avec du suspense

1. Repère les deux parties dans ce texte :

> La fusée faisait route vers Mars. Tout était normal à bord. L'équipage dormait tranquillement. Un bruit épouvantable éclata. Tous les instruments de bord s'affolèrent. Une météorite venait d'endommager la fusée. Il fallait faire demi-tour.

Cherche des phrases qui peuvent allonger la première partie.
Crée une brusque rupture à l'aide d'un connecteur *(soudain, tout à coup, subitement)*, puis compare ton travail avec celui d'un camarade.

2. Relis la fin du texte, page 133, à partir de la ligne 15. Imagine la suite du récit en ajoutant du suspense.

Pour t'aider

- Relis le 1er paragraphe de la page 136, et repère l'endroit où le récit s'accélère. Quel en est le déclencheur ?
- Organise, toi aussi, ton texte en deux parties.
- N'hésite pas à allonger la partie descriptive; pour cela, enrichis ta description.
- Essaie d'accélérer l'action dans la deuxième partie. Pense à utiliser un déclencheur.
- N'oublie pas de jouer sur les temps des verbes.

À toi de réécrire

3. a. Mélissa a continué ainsi les aventures de Nils :

> Nils fut maintenant installé confortablement sur le cou du jars.
> Mais le jars n'a pas eu assez de forces pour continuer de voler. Il devait laisser partir les autres. Il a survolé maintenant la Suède et Nils regarda vers le sol ; il aperçut une ferme et a dit au jars de descendre.
> Une fois sur le sol, Nils quittait son perchoir et s'est dirigé vers les habitations. Il a frappé : personne ne lui a répondu. Ensuite, il repartait vers le jars qui fut reposé.

Repère les verbes conjugués, puis compare avec ton voisin.

b. Quels sont les temps utilisés dans les passages descriptifs ? narratifs ?

c. Dans un texte au passé, quels temps peut-on utiliser ensemble ?

d. Réécris ce texte en corrigeant les erreurs que tu as repérées.

L'atelier de lecture

1. Lire des mots compliqués

Imagine que tu es un jeune chimiste. Tu dois présenter un nouveau médicament aux journalistes. Entraîne-toi à lire ton texte avant de faire face à ton public !

Je suis heureux de vous présenter le Phosphocarbonate, un nouveau produit des laboratoires Glixaternol. Son emploi est conseillé pour le traitement symptomatique des troubles dyspeptiques. Dans sa composition entrent de nombreux produits actifs tels que la calamine, l'oxyde de zinc, le chlorhydrate de benzalkonium et le carboxyméthylcellulose. Sans oublier l'acétotartrate d'aluminium associé à du monofluorophosphate de sodium. Je vous remercie de m'avoir écouté attentivement et espère vous retrouver lors d'une prochaine présentation.

2. Lire un texte sans ponctuation

Lis ce texte en imaginant que tu es marchand de poisson sur un marché.
N'oublie pas de rétablir la ponctuation et de prendre une intonation correspondant à la situation.

allons allons par ici les beaux poissons par ici le mulet le saumon le cabillaud regardez comme ils sont frais pêchés de la nuit achetez mesdames achetez messieurs c'est bon pour la santé et mes crabes vous les avez vus mes crabes c'est du crabe breton du vrai du vigoureux achetez mesdames achetez messieurs

3. Prendre des indices

Indique chaque fois combien de tickets d'entrée il faudra acheter :

- Louise va au cinéma avec Jean-François et le frère d'Anne. ... tickets
- Louise va au cinéma avec Jean, François et le frère d'Anne. ... tickets
- Louise va au cinéma avec Jean et François (le frère d'Anne). ... tickets
- Louise va au cinéma avec Jean-François (le frère d'Anne). ... tickets
- Jean, le frère d'Anne, va au cinéma avec Louise et Anne. ... tickets
- Je vais au cinéma avec Anne, Jean-François et Marie-Pierre. ... tickets

4. Analyser des informations

Ces quatre garçons s'appellent Victor, Rémi, Jessy et Aurel. Identifie chacun d'eux grâce aux renseignements suivants :

- Jessy n'est pas le plus grand.
- Rémi n'est pas plus petit que Victor.
- Aurel n'est pas moins grand que Rémi.
- Victor n'est ni le plus grand ni le plus petit des quatre.

12

niveau 3

Dans cette unité tu vas apprendre à :

- *1. Présenter des personnages.*
- *2. Décrire un personnage.*
- *3. Faire un portrait à partir d'un texte.*

Avec quel élève aimerais-tu discuter ? Pourquoi ?

à l'oral

Observer et imaginer

1. Quels sont les indices qui permettent de savoir où se déroule cette scène ?

2. Indique, sur le dessin, deux élèves que tu trouves sympathiques et explique les raisons de ton choix. Fais de même pour deux élèves qui te semblent antipathiques.

3. La dessinatrice veut ajouter un élève sur son illustration. Cet élève, c'est toi ! Comment souhaites-tu être habillé ? Que serais-tu en train de faire ?

4. Avec tes camarades, en vous aidant du dessin, faites au tableau la liste d'au moins dix qualités et dix défauts. Quelles sont les trois qualités que vous jugez les plus importantes ? Pourquoi ? Quels sont les trois défauts les plus regrettables ?

Faire un portrait

◆ Tu vas faire le portrait d'un élève de ta classe (sans donner son nom bien sûr !)...

Pour cela :

- Choisis d'abord un des personnages représentés sur l'illustration et décris-le afin que tes camarades puissent le reconnaître.
  Attention ! tu ne dois pas parler de ses vêtements (ce serait trop facile !).
  Tu dois le décrire physiquement (couleur de cheveux, taille...) et tu peux aussi lui prêter les qualités ou les défauts que son comportement laisse supposer...

- Choisis maintenant un camarade de ta classe et fais son portrait.
  Prépare ton travail au brouillon : il s'agit juste de noter les grandes lignes de ton portrait ; par exemple l'ordre dans lequel tu vas donner tes informations.
  Décris ton camarade physiquement, mais sans parler de ses vêtements.
  N'oublie pas d'évoquer ses qualités et... ses défauts... mais ne sois pas trop sévère ! ni vexant !
  Quand vient ton tour, fais à haute voix le portrait que tu as choisi.
  Aide-toi de ton brouillon pour ne rien oublier.

◆ Celui que tu as décrit se reconnaît-il dans ce portrait ? Est-il d'accord sur les qualités et les défauts que tu as mentionnés ?

Tes camarades reconnaissent-ils celui que tu as décrit ? S'ils n'y parviennent pas, c'est sans doute que ton portrait n'est pas assez précis. Améliore-le en écoutant leurs conseils.

◆ 1. Présenter des personnages

Pauvre Emmi !

Emmi était un pauvre petit gardeur de cochons, orphelin et très malheureux, non seulement parce qu'il était mal-logé, mal nourri et mal vêtu, mais encore parce qu'il détestait les bêtes que la misère le forçait à soigner. Il en avait peur, et ses animaux, qui sont plus fins qu'ils n'en ont l'air, sentaient bien qu'il n'était pas le maître avec eux. Il s'en allait dès le matin, les conduisant à la glandée, dans la forêt.

Le soir, il les ramenait à la ferme, et c'était pitié de le voir, couvert de méchants haillons, la tête nue, ses cheveux hérissés par le vent, sa pauvre petite figure pâle, maigre, terreuse, l'air triste, effrayé, souffrant, chassant devant lui ce troupeau de bêtes criardes au regard oblique, à la tête baissée, toujours menaçante. À le voir ainsi courir à leur suite sur les sombres bruyères, dans la vapeur rouge du premier crépuscule[1], on eût dit un follet des landes chassé par une rafale.

Il eût pourtant été aimable et joli, ce pauvre petit porcher[2], s'il eût été soigné, propre, heureux comme vous autres, mes chers enfants qui me lisez. Lui ne savait pas lire, il ne savait rien, et c'est tout au plus s'il savait parler assez pour demander le nécessaire, et comme il était craintif, il ne le demandait pas toujours, c'était tant pis pour lui si on l'oubliait.

Un soir, les pourceaux[3] rentrèrent tout seuls à l'étable, et le porcher ne parut pas à l'heure du souper. On n'y fit attention que quand la soupe aux raves fut mangée, et la fermière envoya un de ses gars pour appeler Emmi. Le gars revint dire qu'Emmi n'était ni à l'étable, ni dans le grenier, où il couchait sur la paille. On pensa qu'il était allé voir sa tante, qui demeurait aux environs, et on se coucha sans plus songer à lui.

Le lendemain matin, on alla chez la tante, et on s'étonna d'apprendre qu'Emmi n'avait point passé la nuit chez elle. Il n'avait pas reparu au village depuis la veille. On s'enquit de lui ; aux alentours, personne ne l'avait vu. On le chercha en vain dans la forêt. On pensa que les sangliers et les loups l'avaient mangé. Pourtant on ne retrouva ni sa sarclette – sorte de houlette[4] à manche court dont se servent les porchers –, ni aucune loque de son pauvre vêtement ; on en conclut qu'il avait quitté le pays pour vivre en vagabond, et le fermier dit que ce n'était pas un grand dommage, que l'enfant n'était bon à rien, n'aimant pas ses bêtes et n'ayant pas su s'en faire aimer.

Le chêne parlant de George Sand, © Hachette Livre pour la couverture.

Portrait

George Sand (1804-1876) est une romancière française du 19e siècle. Elle a été aimée par le poète A. de Musset et le musicien F. Chopin. Elle revendiquait pour les femmes le droit à la passion.

1. **crépuscule :** tombée de la nuit.
2. **porcher :** gardien du troupeau de porcs.
3. **pourceau :** porc.
4. **houlette :** bâton terminé par un bout en fer.

Le titre du texte : ....

Le titre du livre : ....

L'auteur : ....

Ce texte est-il extrait d'un roman ? d'un conte ? d'un article ? d'un livre documentaire ?

Vocabulaire

1. Recherche le mot *follet* dans le texte. Devines-tu ce qu'il signifie ?
Parmi ces trois définitions, laquelle lui correspond ? Vérifie dans le dictionnaire.
   a. tour en bois construite et utilisée par les chasseurs d'oiseaux.
   b. flamme légère et fugitive produite de façon naturelle par la combustion d'un gaz s'échappant du sol de certaines forêts.
   c. espèce de gros cochon sauvage vivant dans le sud de la France.

2. a. En t'aidant du texte, donne le sens des mots suivants :
fins – glandée – terreuse – oblique – rave – point – s'enquit – loque.

   b. Compare tes réponses avec celles de tes camarades, puis vérifiez dans le dictionnaire.

3. Classe les adjectifs suivants en deux colonnes selon qu'ils désignent pour toi une qualité ou un défaut, puis trouve pour chacun d'eux son contraire.
bavard – intelligent – rusé – propre – fainéant – énergique – turbulent – distrait – laid – gentil – généreux – économe – antipathique – téméraire.

4. Transforme les qualités suivantes en défauts à l'aide de différents préfixes :
patient – attentif – tolérant – courtois – honnête – fidèle – crédule – juste – prudent.

Lecture - compréhension

Prendre des indices

1. Relève un détail qui montre que cette histoire se passe il y a longtemps.
2. De quel travail Emmi est-il chargé ?
Pourquoi cela ne lui plaît-il pas ?
3. Quelle phrase montre que, dans la ferme, personne ne s'intéresse à lui ?
4. Pourquoi la remarque « *il n'était pas le maître avec eux* » est-elle terrible ?

Saisir l'essentiel

5. Quel passage montre que l'auteur éprouve de la pitié, et peut-être même de la tendresse, pour son petit personnage ?
6. Quels mots du texte expliquent la situation dramatique de ce jeune garçon ?
Son sort serait-il différent s'il vivait à notre époque ?
7. Que penses-tu de la remarque du fermier, à la fin du texte ?
8. Si tu devais présenter Emmi en une seule phrase, que dirais-tu ?

Découvrons la présentation des personnages

1. Quels sont les différents personnages qui entrent en scène dans le texte, page 142 ? Dans quel ordre ? Quel est celui sur lequel nous avons le plus d'informations ?

2. a. Sur une copie du texte, page 142, colorie :
- en vert les informations concernant l'aspect physique d'Emmi ;
- en rouge celles concernant des traits de son caractère ;
- en bleu celles concernant sa situation.

b. Relis rapidement les mots mis en couleur, et uniquement ceux-là. Quelle impression cette lecture te laisse-t-elle ?

c. Observe la répartition des couleurs dans le texte.
Les mots d'une même couleur sont-ils regroupés dans un passage ou bien éparpillés dans tout le texte ?
L'auteur a-t-il suivi un ordre évident pour réaliser son portrait (par exemple l'aspect physique en premier, le caractère en deuxième...) ?
À ton avis, quel était l'objectif de l'auteur lorsqu'il a écrit ce portrait ?
Cet objectif est-il atteint ?

d. Dans chaque groupe de couleur, repère les deux informations qui te semblent les plus importantes. Compare tes choix à ceux de tes camarades.

3. a. Relis le passage, page 142, des lignes 14 à 18.

b. Qu'apprend-on sur Emmi dans la première phrase ?

c. Quelle est l'utilité de ce passage ? En quoi complète-t-il le portrait d'Emmi ?

À toi d'écrire

4. a. Relis le passage, page 142, des lignes 7 à 13.

b. Repère tous les mots mettant en évidence le malheur d'Emmi.

c. Réécris ce passage en imaginant un autre Emmi :
celui-là est le fils d'un riche fermier et il s'occupe d'un troupeau de chevaux avec une grande efficacité.

5. a. Échange ton texte avec ceux de tes camarades.
Quels mots et quelles images ont-ils utilisés pour bien montrer la splendeur de ce nouveau personnage ?

b. À l'aide de ces textes, constituez une galerie de portraits.

◆ 2. Décrire un personnage

Portraits

1 Ménalque descend son escalier, ouvre sa porte pour sortir ; il la referme. Il s'aperçoit qu'il est en bonnet de nuit ; et venant à mieux s'examiner, il se trouve rasé à moitié ; il voit que son épée est mise du côté droit, que ses bas sont rabattus sur ses talons, et que sa chemise est par-dessus ses chausses.

Il entre à l'appartement et passe sous un lustre où sa perruque s'accroche et demeure suspendue ; tous les courtisans regardent et rient ; Ménalque regarde aussi et rit plus haut que les autres ; il cherche des yeux, dans toute l'assemblée, où est celui qui montre ses oreilles et à qui il manque une perruque.

Les caractères de La Bruyère.

2 Cette jeune fille devait avoir de seize à dix-sept ans. Sa tête, véritablement charmante, présentait le type slave[1] dans toute sa pureté [...]. Ses yeux étaient bruns avec un regard velouté d'une douceur infinie. Son nez droit se rattachait à ses joues, un peu maigres et pâles, par des ailes légèrement mobiles. Sa bouche était finement dessinée, mais il semblait qu'elle eût depuis longtemps désappris à sourire [...].

Le corps de la voyageuse était à la fois d'une simplicité et d'une propreté extrêmes. [...] Elle portait une longue pelisse de couleur sombre, qui se rajustait gracieusement à son cou par un liseré bleu. Sous cette pelisse[2], une demi-jupe, sombre aussi, recouvrait une robe qui lui tombait aux chevilles.

Michel Strogoff de Jules Verne.

1. **slave :** d'Europe centrale.
2. **pelisse :** vêtement avec de la fourrure.

3 Il était sale. Il portait son pantalon gris, toujours le même, tirebouchonné et taché. Sa canadienne était graisseuse et ses chaussures crottées. Mais plus que ses vêtements, le négligé de sa personne me frappa quand il se mit à l'aise pour s'asseoir. Il avait une barbe de plusieurs jours et des couches de crasse derrière les oreilles. Ses mains surtout, et ses ongles étaient malpropres.

Élise ou la vraie vie de C. Etcherelli, © Éd. Denoël.

4 Au physique, Granet était homme de cinq pieds, trapu, carré, ayant des mollets de douze pouces de circonférence, des rotules noueuses et de larges épaules, son visage était rond tanné, marqué de petite vérole : son menton était droit, ses lèvres n'offraient aucune sinuosité[1] et ses dents étaient blanches ; [...] son front, plein de rides transversales, ne manquait pas de protubérances[2] significatives ; ses cheveux jaunâtres et grisonnants étaient blancs et or...

Eugénie Grandet de H. de Balzac.

1. **sinuosité :** courbe.
2. **protubérance :** sorte de bosse.

5 Tout d'abord, je me présente : je m'appelle Michel Manfred ; mon père est papetier-libraire, et notre maison se trouve sur la place du Marché-aux-Chèvres qui est le centre de Timpelbach. Mes amis me surnomment parfois « Professeur » parce que je porte des lunettes et que je suis parmi les bons élèves de ma classe. [...] Plus tard, je voudrais être ingénieur.

Les enfants de Timpelbach de Henry Winterfield, trad. par O. Séchan, © Hachette Livre.

à l'oral

Parmi ces cinq personnages, lequel aimerais-tu rencontrer ? Pourquoi ?

Lecture - compréhension

Prendre des indices

1. Un des personnages décrits, page 145, appartient visiblement à une époque passée. Quels détails permettent de l'identifier ?

2. Quel détail montre que Balzac n'est pas un auteur contemporain ?

3. Repère la remarque négative du texte de Jules Verne. Que signifie-t-elle ?

4. Parmi les cinq textes, page 145, lequel te semble le plus récent ? Pourquoi ?

Saisir l'essentiel

5. a. Voici les personnages dont on parle, page 145. Les dessins les représentent à un autre moment de leur histoire (avant ou après l'extrait que tu as lu).
Associe chaque portrait à un personnage.

b. Quel personnage as-tu identifié le plus facilement ? Pourquoi ?

c. As-tu hésité pour certains personnages ? Quelles sont les raisons de cette hésitation ? Qu'est-ce qui t'a permis de trouver une réponse ?

d. À ton avis, de quoi faut-il parler lorsqu'on fait le portrait d'un personnage ?

Vocabulaire

► **Cherchez les contraires** ◄

1. a. Relis le portrait 3, page 145, puis imagine un personnage très chic, à l'opposé de l'homme qui y est décrit. Sur une copie du texte, colorie en rouge les mots qu'il va falloir changer.

b. Note ces mots rouges sur ton cahier et cherche un contraire pour chacun d'eux. (Évite d'utiliser deux fois le même mot.)
Compare ensuite ton travail avec celui de tes camarades.
Avez-vous fait les mêmes choix ? Qu'avez-vous trouvé comme contraire à *tirebouchonné* ?

2. a. Relis le portrait 3 en utilisant les contraires que tu as trouvés.
Est-ce que tu peux tous les utiliser ? Dois-tu en rechercher d'autres ? Pourquoi ?

b. Avec tes camarades, mettez au point un portrait commun de ce personnage « chic ».

c. Relève tous les contraires que tu as utilisés et classe-les en deux groupes :

A. le contraire est formé du mot auquel on a ajouté un préfixe ou un suffixe *(ex : poli, impoli)*.

B. le mot et son contraire sont deux mots différents *(ex : haut et bas)*.

Découvrons comment décrire un personnage

1. a. Sur une copie des textes de la page 145, colorie :

– en rouge tous les mots qui évoquent un défaut du personnage,

– en bleu tous ceux qui évoquent une qualité.

b. Dans quels textes y a-t-il une majorité de mots rouges ? et une majorité de mots bleus ?

c. Y a-t-il des textes dans lesquels tu n'as colorié que très peu de mots (peut-être même aucun) ?

Comment expliques-tu ces différences d'un portrait à un autre ?

2. À l'aide du travail que tu viens de faire, complète ce tableau en indiquant le numéro du texte correspondant :

… L'auteur ridiculise son personnage.

… L'auteur décrit sans juger. Il ne cherche pas à influencer le lecteur.

… L'auteur n'a pas beaucoup de sympathie pour son personnage.

… L'auteur ne s'embarrasse pas de détails et va à ce qu'il pense être essentiel.

… L'auteur souhaite que le lecteur partage l'admiration qu'il éprouve pour son personnage.

3. a. En lisant ces cinq portraits, as-tu trouvé un ordre commun dans la présentation des personnages ?

Par exemple, parlent-ils tous, d'abord de l'aspect général du personnage, puis de son visage et enfin de son caractère ?

b. À ton avis, qu'est-ce qui guide l'auteur dans la construction de son portrait ? (Aide-toi de l'activité 2 pour répondre).

4. Maintenant, à toi de faire ton propre portrait et de reconnaître celui des autres !

a. Prépare d'abord ton travail au brouillon en t'aidant des textes que tu viens d'étudier.

Tu peux parler de ton aspect physique, mais aussi de ton caractère.

N'indique pas ton nom. Relis plusieurs fois ton texte afin de l'améliorer.

b. Une fois ton texte terminé, recopie-le au propre ou tape-le sur un ordinateur. Mais ne le signe pas !

c. Mélangez tous vos textes puis redistribuez-les au hasard.

Peux-tu deviner qui est l'auteur du texte que tu as reçu ?

d. Corrigez tous ensemble les portraits dont les auteurs n'ont pas été identifiés. Pourquoi l'auteur n'a-t-il pas été reconnu ?

◆ 3. Faire un portrait à partir d'un texte

Alphonse

J'étais heureux, j'étais très heureux. Pourtant j'enviais un autre enfant. Il se nommait Alphonse. Je ne lui connaissais pas d'autre nom, et il est fort possible qu'il n'eût que celui-là. Sa mère était blanchisseuse et travaillait en ville.

Alphonse vaquait tout le long de la journée dans la cour ou sur le quai, et j'observais de ma fenêtre son visage barbouillé, sa tignasse jaune, sa culotte sans fond et ses savates, qu'il traînait dans les ruisseaux. J'aurais bien voulu moi aussi marcher en liberté dans les ruisseaux. Alphonse hantait les cuisinières et gagnait près d'elles force gifles et quelques vieilles croûtes de pâté. Parfois les palefreniers[1] l'envoyaient puiser à la pompe un seau d'eau qu'il rapportait fièrement avec une face cramoisie et la langue hors de la bouche. Et je l'enviais.

Il n'avait pas comme moi des fables de La Fontaine à apprendre ; il ne craignait pas d'être grondé pour une tache à sa blouse, lui. Il n'était pas tenu de dire « bonjour monsieur… bonjour madame… » à des personnes dont les jours et les soirs, bons ou mauvais, ne l'intéressaient pas du tout ; et s'il n'avait pas comme moi une arche de Noé et un cheval mécanique, il jouait à sa fantaisie avec les moineaux qu'il attrapait, les chiens errants comme lui, et même les chevaux de l'écurie, jusqu'à ce que le cocher l'envoyât dehors au bout d'un balai. Il était libre et hardi.

De la cour, son domaine, il me regardait à ma fenêtre comme on regarde un oiseau en cage…

Le livre de mon ami
de Anatole France,
Éd. Calmann Lévy, © D.R.

1. **palefrenier :** homme qui s'occupe des chevaux.

Enfants - Extérieur de Robert Doisneau.

à l'oral

Préférerais-tu être à la place d'Alphonse ou à celle d'Anatole ? Précise ta réponse.

Lecture guidée

1. a. Lis cet extrait du texte légèrement modifié :

> Et [je] [l']enviais. [Il] n'avait pas comme [moi] des fables de La Fontaine à apprendre ; [il] ne craignait pas d'être grondé pour une tache à sa blouse, [lui] ; et s'[il] n'avait pas comme [moi] un cheval mécanique, [il] jouait à sa fantaisie avec les moineaux qu'[il] attrapait, les chiens errants comme [lui], et même les chevaux de l'écurie. De la cour, son domaine, [il] [me] regardait à ma fenêtre comme on regarde un oiseau en cage.

Enfants - Jeux de la rue
de Robert Doisneau.

b. Certains pronoms sont encadrés. Sur une copie du texte, colorie :
- en bleu ceux qui désignent Alphonse,
- en rouge ceux qui désignent Anatole.

Pourquoi l'auteur répète-t-il souvent les mêmes pronoms ?

2. Observe la deuxième phrase. Quelle construction utilise l'auteur pour bien montrer la différence de situation entre Alphonse et lui ?

3. Alphonse aimerait-il être à la place d'Anatole ? Quelle expression donne la réponse ?

4. a. Relis le début du texte, lignes 1 à 4. Observe la construction des phrases. Que peux-tu en dire ?

b. Utilise cette construction pour parler d'un de tes camarades.

Lire à haute voix

◆ Relis le passage des lignes 13 à 26. Entraîne-toi à bien comprendre et ressentir :
- l'énervement progressif de l'auteur au fur et à mesure qu'il énumère tout ce qu'Alphonse n'a pas à faire,
- le ton moqueur que l'on peut prendre pour dire « bonjour monsieur… »,
- une certaine satisfaction pour indiquer que le cocher renvoie Alphonse de l'écurie,
- de l'envie et presque de l'admiration dans la dernière phrase.

Lorsque tu es prêt, lis ce passage à haute voix. Pour améliorer ta prononciation, tu peux aussi t'enregistrer et t'écouter. Lis ensuite le texte à toute la classe.

À toi de faire un portrait à partir d'un texte

1. Tu vas maintenant essayer de faire un portrait à partir d'un texte.
Après avoir lu cet extrait, essaie d'imaginer le personnage de Pikmane…

> Pikmane s'approcha de l'officier ligoté au mât du voilier. Il plongea son œil bleu dans le regard effrayé du captif et, en passant ses doigts maculés de sang dans sa tignasse hirsute, il se mit à chanter. L'officier n'écoutait pas. Il tentait de retrouver son calme afin d'opposer un reste de courage à l'insolence du vieux pirate.
> – Un jour tu finiras au bout d'une corde ! marmonna l'officier.
> Le visage balafré de Pikmane se fendit d'un large sourire édenté.
> – Ce jour n'est pas encore arrivé, répliqua-t-il. Ce soir, je festoierai sur un lit de pièces d'or. D'ailleurs, toi aussi tu feras bientôt partie d'un festin.
> Une lueur d'espoir s'alluma dans les yeux de l'officier.
> – D'un festin… pour les requins, bien entendu ! s'exclama Pikmane en éclatant de rire.

Pour t'aider

- Repère les informations données par le texte : apparence physique, traits de caractère… Fais-en la liste… N'hésite pas à imaginer d'autres détails pour donner plus d'épaisseur au personnage.
- Avec tous les éléments que tu as trouvés, construis le portrait. Relie les différentes informations entre elles et développe-les. Sois précis et évite les répétitions.
- Compare ton texte avec celui de ton voisin. Retrouvez-vous bien les mêmes informations dans chacun des portraits ? Complétez les oublis et corrigez les invraisemblances !

À toi de réécrire

2. a. Natacha a rédigé le portrait suivant :

> *Pikmane est un personnage répugnant, autant pour son physique que pour son caractère. Il est riche mais il s'habille mal. Et ses vêtements sont sales, pleins de taches de sang. Il a une barbe et une chevelure hirsute qu'il ne coupe jamais et qu'il ne lave pas non plus. Il est méchant et il aime faire souffrir ses ennemis. Plus tard, quand il sera vieux, il sera sûrement pendu. Et je n'aimerais pas que mon papa lui ressemble.*

Quelles sont les informations tirées du texte ? Lesquelles Natacha a-t-elle oubliées ? Lesquelles a-t-elle imaginées ? Y a-t-il des détails en contradiction avec le texte ? Lesquels ? Comment peux-tu améliorer ce portrait ?

b. Réécris le portrait fait par Natacha en t'aidant de ton propre travail. Compare ensuite ton texte avec ceux de tes camarades. Lequel te semble le plus réussi ? Pourquoi ?

Informer

		lire / écrire	projets d'écriture
Unité 13	niveau 1	Repérer des informations	Écrire une fiche documentaire
Unité 14	niveau 2	Donner des informations	Écrire une fiche documentaire
Unité 15	niveau 3	Organiser des informations	Écrire un article
Unité 16	niveau 3	Donner des explications	Écrire une fiche explicative

13

niveau 1

Dans cette unité tu vas apprendre à :

- *1. Repérer des informations.*
- *2. Utiliser les pronoms.*
- *3. Écrire une fiche documentaire.*

Peux-tu dire quel est le thème de cette unité ? Justifie ta réponse.

à l'oral

Observer et imaginer

1. Décris tout ce qui est représenté sur la page de gauche.
2. Où est situé le personnage ? Que fait-il ?
3. Imagine ce à quoi il pense…

Questionner

1. Choisis un paysage sur la page de gauche et fais-le deviner à un camarade.
   Attention ! Celui-ci ne pourra te poser que trois questions auxquelles tu devras répondre par *Oui* ou *Non*.
2. À ton tour de deviner le paysage qu'il a choisi en respectant les mêmes règles.

Utiliser des informations

- Tu dois partir en expédition pendant plusieurs semaines. Prépare ton voyage et présente-le à la classe.

  Pour cela, suis ces conseils :
  – choisis l'endroit où tu dois te rendre et pourquoi ; indique comment tu t'y rends (aide-toi de ton manuel de géographie ou d'un atlas) ;
  – fais la liste du matériel que tu dois emporter : pour t'habiller, te nourrir, dormir, te protéger des animaux, de la chaleur, du froid…

  Prépare ce que tu vas dire en notant les informations que tu dois absolument donner. Avant de donner ces informations à la classe, entraîne-toi avec ton voisin.
  Tes camarades pourront ensuite t'interroger pour avoir d'autres précisions…

Jean-Louis Étienne

L'expédition Erebus

Jean-Louis Étienne raconte son expédition…

Okapi : Pour rejoindre le volcan Erebus, situé au fond de la mer de Ross, vous avez traversé une vaste zone de glaces flottantes. Cela a-t-il été très difficile ?

Jean-Louis Étienne : Cette année, les glaces étaient si importantes que nous étions coincés sur place. La station polaire[1] française Dumont d'Urville nous indiquait par radio qu'elle voyait une banquise[2] compacte, et nos images satellites confirmaient qu'il n'y avait aucune glace dérivante. Il nous fallait parfois plus de trois heures pour avancer de 800 mètres. Nous avons mis trois semaines à chercher un passage pour parcourir 650 kilomètres. Finalement, notre voilier *Antartica* a réussi à se glisser dans le sillage[3] d'un brise-glace américain. […]

Okapi : Comment s'est passé votre débarquement au pied du volcan Erebus ?

Jean-Louis Étienne : […] Nous avons mis dix jours pour atteindre le sommet de l'Erebus, à 3794 mètres d'altitude. Avec nos motos-neige, nous avons monté deux tonnes de matériel. Nous avons établi cinq camps sur les flancs[4] du volcan, lutté contre des vents de 100 kilomètres à l'heure, affronté des froids de –30 degrés Celsius. Nous étions en retard sur notre programme ; il fallait aller vite pour récolter le maximum de données scientifiques.

Okapi : Y a-t-il des traces de vie sur le volcan ?

Jean-Louis Étienne : […] Il n'y a pas le moindre animal, pas le moindre végétal. C'est un univers de glace.

Propos recueillis par Marc Beynié, *Okapi*, Juin 1994, © Bayard Presse.

1. **polaire :** du pôle Nord ou du pôle Sud.
2. **la banquise :** une immense étendue de glace très épaisse.
3. **le sillage :** la trace.
4. **les flancs :** les côtés.

Le titre du texte : ....

Le titre du journal : ....

L'auteur : ....

Ce texte est-il extrait d'un roman ? d'un conte ? d'un article de journal ? d'un livre documentaire ?

Lire sans hésiter

◆ Certaines voyelles ont disparu ! À toi de lire ces phrases malgré tout :

C•tt• •nn••, l•s gl•c•s ét••ent si •mp•rt•ntes que nous ét••ns c••nc•s sur pl•c•. Il n••s f•ll••t parf••s pl•s de tr••s h••res p••r av•nc•r de 800 m•tres. N••s •v•ns m•s tr••s s•m••n•s à ch•rch•r un p•ss•ge p••r p•rcour•r 650 k•l•m•tr•s.

Vocabulaire

1. Quel est le nom du bateau de Jean-Louis Étienne ? À quoi cela te fait-il penser ? Cherche le mot *arctique* dans ton dictionnaire.

2. a. Le texte indique deux moyens de transport utilisés dans les pays froids. Retrouve-les.

   b. Le *chasse-neige* et la *dameuse* sont aussi des véhicules utilisés dans les régions enneigées. À quoi servent-ils ?

3. Relève dans le texte tous les mots ou groupes de mots qui évoquent le froid. Assure-toi que tu connais leur sens et utilise chacun d'eux dans une phrase.

4. Cherche le mot *expédition* dans ton dictionnaire et utilise-le dans deux phrases avec un sens différent.

Lecture - compréhension

L'essentiel

1. De quel type de texte s'agit-il ? Qui pose les questions ? Qui y répond ?
2. Reprends ce que dit Jean-Louis Étienne en cinq phrases.

En détail

3. Recopie les phrases du texte qui répondent à ces questions :
   a. Qu'est-ce que l'Erebus ?
   b. Dans quelle région du monde se trouve l'Erebus ?
   c. Les scientifiques ont-ils trouvé des traces de vie sur le volcan ?

Découvrons les informations

1. Parmi ces phrases, ne recopie que celles qui pourraient convenir au texte, page 154. Cherche à quel endroit on pourrait les ajouter. Justifie ta réponse.

a. Il était une fois un voyageur perdu dans un monde de glace.
b. Même fatigués, nous avions une grande envie de réussir.
c. Tout à coup, le monstre nous attaqua avec son pistolet laser.
d. Le froid et le vent empêchent toute vie de se développer sur le volcan.

2. Réponds par *Vrai* ou *Faux* aux propositions suivantes :

a. Ce texte raconte une histoire inventée par Jean-Louis Étienne.
b. Jean-Louis Étienne fait cette expédition pour trouver un trésor.
c. Dans le texte, il y a plusieurs personnages : les gentils (J.-L. Étienne) et les méchants (Okapi).

3. Sur une copie du texte, encadre les réponses de Jean-Louis Étienne, découpe-les, puis reconstitue le texte en remplaçant les questions par les titres suivants :

- Le voyage vers l'Erebus. • L'installation sur le volcan. • Les découvertes.

À toi d'écrire

4. Tu vas écrire un bref article de journal qui raconte l'expédition de J.-L. Étienne.

- Pour cela, tu peux rédiger un premier paragraphe pour présenter le volcan Erebus. *Le volcan* Erebus *est situé … . Son altitude est de … . Il se trouve dans une région qui … .*

Île de Ross, février 94, expédition Erebus *de Jean-Louis Étienne.*

- Puis un autre paragraphe sur les difficultés du voyage. *Pour atteindre le volcan, le voilier* Antartica *et son équipage ont traversé … . Grâce à un brise-glace et à … .*
- Tu peux décrire ensuite l'installation sur les flancs du volcan. *Les scientifiques ont installé … . Les conditions étaient très rudes … .*
- Indique enfin ce qu'ils ont découvert. *L'expédition* Erebus *a prouvé que … .*

Compare ton travail avec celui d'un camarade. Vérifie que tu as donné toutes les informations.

La planète Terre

La Terre n'est pas une planète quelconque ! On y compte cent onze rois (en n'oubliant pas bien sûr les rois nègres), sept mille géographes, neuf cent mille businessmen[1], sept millions et demi d'ivrognes, trois cent onze millions de vaniteux[2], c'est-à-dire environ deux milliards de grandes personnes.

Pour vous donner une idée des dimensions de la Terre, je vous dirai qu'avant l'invention de l'électricité on y devait entretenir, sur l'ensemble des six continents, une véritable armée de quatre cent soixante-deux mille cinq cent onze allumeurs de réverbères[3].

Vu d'un peu loin ça faisait un effet splendide. Les mouvements de cette armée étaient réglés comme ceux d'un ballet d'opéra. D'abord venait le tour des allumeurs de réverbères de Nouvelle-Zélande et d'Australie. Puis, ceux-ci ayant allumé leurs lampions s'en allaient dormir. Alors entraient à leur tour dans la danse les allumeurs de réverbères de Chine et de Sibérie. Puis eux aussi s'escamotaient[4] dans les coulisses. Alors venait le tour des allumeurs de réverbères de Russie et des Indes. Puis de ceux d'Afrique et d'Europe. Puis de ceux d'Amérique du Sud. Puis de ceux d'Amérique du Nord. Et jamais ils ne se trompaient dans leur ordre d'entrée en scène. C'était grandiose.

Seuls l'allumeur de l'unique réverbère du pôle Nord et son confrère de l'unique réverbère du pôle Sud menaient des vies d'oisiveté et de nonchalance : ils travaillaient deux fois par an.

Le Petit Prince
de Antoine de Saint-Exupéry,
coll. *Folio Junior*

1. **businessmen :** (mot anglais) hommes d'affaires.
2. **vaniteux :** fier.
3. **un réverbère :** un lampadaire.
4. **s'escamoter :** disparaître.

Portrait

Antoine de Saint-Exupéry est un écrivain français né en 1900. Il est mort pendant la Seconde Guerre mondiale, en 1944.
Il était alors pilote d'avion. Il a beaucoup écrit à partir de son expérience de pilote.

Si tu devais décrire la Terre, en parlerais-tu ainsi ? Pourquoi ?

Lire sans hésiter

- Sur une copie du texte, entoure tous les sons [ɛ] que tu entends, puis relève les différentes graphies de ce son.

Lecture - compréhension

L'essentiel

1. *Vrai* ou *Faux*? Recopie la phrase qui convient et justifie ta réponse.
   - Ce texte → raconte une histoire d'allumeurs de réverbères.
     → donne des informations sur la Terre.
     → donne une vision poétique de la Terre.
   - Ce texte est extrait → d'un livre de géographie.
     → d'un document publicitaire.
     → d'un récit poétique.

En détail

2. Indique combien il y a d'habitants de chaque sorte sur Terre.

3. Qui ne travaille que deux fois par an et pourquoi ?

Vocabulaire

► Repérer les synonymes et les homonymes ◄

1. Cherche dans ton dictionnaire le sens des mots suivants et donne un mot de même sens : vaniteux, ivrogne, oisif, nonchalant.

2. Dans les phrases suivantes, remplace *tour* par l'un de ces mots : immeuble, donjon, promenade, farce, voyage. Fais les accords nécessaires.

   Il m'a joué un bon tour. – Paul est allé faire un tour. – Mes parents ont fait un tour en Italie. – J'habite au quinzième étage d'une tour. – Autrefois on se réfugiait dans la tour du château.

Découvrons comment utiliser des pronoms

1. a. De qui parle-t-on dans cette phrase ?

D'abord venait le tour des allumeurs de réverbères de Nouvelle-Zélande et d'Australie. Puis, ceux-ci ayant allumé leurs lampions s'en allaient dormir.

b. Par quel groupe de mots de la première phrase peux-tu remplacer *ceux-ci* ?
À qui appartiennent les *lampions* ?

2. Recherche les phrases suivantes dans le texte, page 157, et remplace les pronoms en rose par les personnages correspondants :

– Puis, ceux-ci ayant allumé leurs lampions s'en allaient dormir.
– Puis eux aussi s'escamotaient dans les coulisses.
– Puis de ceux d'Afrique et d'Europe.

3. a. Cherche, page 157, à qui correspond le pronom *ils* dans la phrase suivante (ligne 25) :

ils travaillaient deux fois par an.

b. Dans la phrase suivante (ligne 19), le pronom *ils* correspond-il aux allumeurs de réverbères des pôles ? Pourquoi ?

Et jamais ils ne se trompaient dans leur ordre d'arrivée en scène.

4. a. Recopie sur ton cahier en rouge les pronoms qui remplacent la fée et en vert ceux qui remplacent le loup :

Le loup, Poil à Gratter, est très méchant. **Il** chasse les animaux de la forêt. La fée Loupiote est en colère après **lui** parce qu'**il** dit aussi des gros mots. **Elle le** menace d'une punition mais s'**il** devient gentil **elle lui** promet une récompense. **Celui-ci lui** promet de ne plus chasser les animaux et de ne plus *les* manger. Alors **elle le** touche avec sa baguette magique et **il** perd son zézaiement. Mais un jour, **il** aperçoit un petit lapin et **il** l'attrape. Furieuse, **elle lui** assène un grand coup sur le museau et **il** se transforme en loup rose à queue verte.

b. Qui le pronom *les* remplace-t-il ?

◆ 3. Écrire une fiche documentaire

À chacun son toit

En Afrique du Nord, les maisons n'ont pas d'ouverture sur l'extérieur et sont organisées autour d'un patio[1]. Cela permet de se protéger de la chaleur.

En Asie, les Mongols, peuple de nomades, habitent dans des yourtes, sortes de tentes faciles à transporter.

Les peuples sédentaires fabriquent des maisons en pierre ou en bois ; les murs qui reçoivent les vents dominants[2] n'ont pas de fenêtre. S'il neige beaucoup dans la région, les toits sont très pentus pour que la neige ne puisse pas s'y accumuler.

Certains construisent leurs maisons sur des pilotis[3] pour se préserver des rongeurs, et surtout des inondations. Ils gardent les terres pour les cultures.

1. **un patio :** petite cour intérieure à ciel ouvert d'une maison.
2. **des vents dominants :** vents qui soufflent régulièrement dans la même direction.
3. **des pilotis :** des colonnes en bois.

Mega Monde, Encyclopédie vivante, © Éditions Nathan.

Sous quel toit aimerais-tu vivre ? Quels en seraient les avantages ?

Vocabulaire

1. Explique pourquoi les Mongols vivent sous des tentes.
2. Que signifie *sédentaire* ? Trouve son contraire dans le texte. Vérifie à l'aide du dictionnaire.
3. Dans les phrases suivantes, remplace *maison* par *chalet, villa, pavillon, cabane, immeuble*. *Fais les accords nécessaires.*
   a. L'été, on peut louer une *maison* au bord de la mer.
   b. Les enfants ont construit une petite *maison* de branches dans la forêt.
   c. Ils habitent une petite *maison* en banlieue.
   d. L'avalanche a détruit de nombreuses *maisons* dans la montagne.
   e. L'ascenseur de la *maison* est tombé en panne au septième étage.
4. Dans chaque liste, trouve l'intrus :
   - une loge – se loger – un logement – un éloge – un logis.
   - une habitation – un habitacle – l'habitat – habiter – une habitude.

Lecture guidée

1. À quoi sert ce texte ? à raconter une histoire ? à donner des informations ? à donner des ordres ?
2. Relève tous les verbes qui se rapportent aux habitations.
3. En t'aidant du texte, complète les phrases suivantes :
   a. En Afrique du Nord, … n'ont pas d'… .
   b. En …, les Mongols … dans des yourtes.
   c. Les peuples … fabriquent des … en pierre ou en bois.
   d. Certains … construisent … sur pilotis.
4. Complète ces phrases à l'aide de *pour* ou *parce que* :
   a. Ces maisons n'ont pas d'ouverture sur l'extérieur … se protéger de la chaleur.
   b. Les Mongols habitent dans des yourtes … ils sont nomades.
   c. Les toits sont pentus … que la neige ne puisse pas s'y accumuler.
   d. Certains peuples construisent des maisons sur pilotis … se protéger des inondations.
   e. Certains peuples construisent des maisons sur pilotis … il y a des inondations.

À toi d'écrire une fiche documentaire

1. Voici deux habitations caractéristiques de deux régions du monde très différentes :

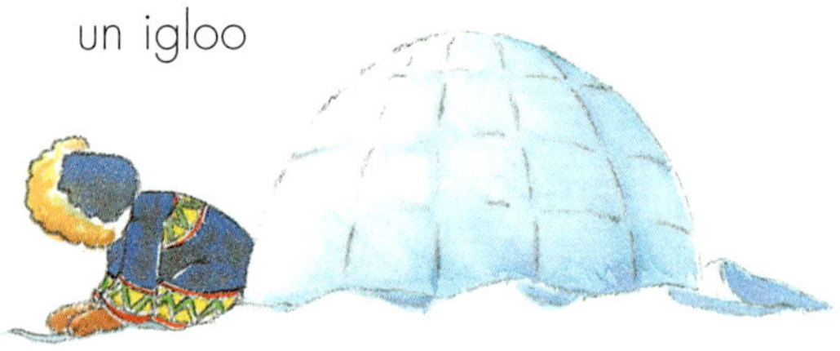
un igloo

un sampan

Tu vas rédiger une fiche documentaire contenant toutes les informations que tu connais sur chacune des deux habitations.

Pour t'aider

- Utilise ton livre de géographie ou ton dictionnaire.
- Organise tes informations selon l'ordre suivant :
  - l'endroit du monde où l'on rencontre ces constructions,
  - le nom des habitants de ces maisons,
  - la manière dont elles sont construites,
  - pourquoi elles sont bien adaptées au climat.
- Trouve un titre et, sur une feuille, dispose le texte et les illustrations pour faire une fiche documentaire.

À toi de réécrire

2. a. Compare ton travail avec celui d'un camarade et vérifie que les informations sont complètes, sinon ajoute celles qui manquent.

b. Le titre choisi convient-il ? Tu peux utiliser celui du texte, page 160.

c. Sur une feuille de brouillon, imagine plusieurs silhouettes de fiche pour trouver celle qui permet le mieux de relier ton texte et les illustrations.

L'atelier de lecture

1. Identifier les mots

Au pays des Gourmands, on parle un curieux langage....
Deux Gourmands se rencontrent.
– Bonjour ! Tu m'accompagnes à la piscine ?
– Non, j'ai clafoutis à la tête.
– Ah ? Moi, c'est le contraire. Je suis vraiment tarte au citron !
– Tu as de la chantilly !
– Ce n'est pas une question de chantilly,
c'est une question de nourriture ! Manger des gâteaux,
c'est mille feuille, mais il ne faut pas avaler carton et ficelle !

Relis ce texte en utilisant notre vocabulaire habituel.
Combien de mots dois-tu traduire ?
Tu peux t'aider de ceux-ci :
chance – en forme – n'importe quoi – mal – bien.
Compare ta traduction avec celles de tes camarades.

2. Reconstituer des textes

a. Deux histoires drôles ont été mélangées.
- Commence par l'histoire de Luc et Xavier : les phrases sont restées dans le bon ordre !
- Reconstitue ensuite l'autre histoire (les phrases sont dans le désordre !).

Luc discute avec Xavier.
– Non, je surveille mon sac, répond Louise.
– Tu ne manges pas ? demande Sarah, étonnée.
– Mais pourquoi ? demande Sarah.
– Combien as-tu de frères ? demande Luc.
– Parce qu'on vient juste de voler le tien !
– Un, répond Xavier.
Louise et Sarah dînent au restaurant :
– Menteur ! s'exclame Luc. Je viens de poser la même question à ta sœur et elle m'a dit qu'elle en avait deux !

b. Luc a-t-il raison de traiter Xavier de menteur ?
Comment pourrais-tu lui expliquer son erreur ?

14

Dans cette unité tu vas apprendre à :

- *1. Donner des informations.*
- *2. Distinguer : informer et expliquer.*
- *3. Écrire une fiche documentaire.*

niveau 2

Aimes-tu ou aimerais-tu vivre à la montagne ? Pourquoi ?

à l'oral

Observer et nommer

1. Observe la page de gauche et nomme toutes les activités représentées.
2. Quelles sont celles qui peuvent se pratiquer en haute montagne ? dans la vallée ?
3. Choisis une des activités illustrées et fais la liste de l'équipement nécessaire à sa pratique.

S'expliquer

1. Parmi les sports représentés, quel est celui que tu pratiques ou que tu voudrais pratiquer ?
Donne les raisons de ton choix en utilisant les mots :
car, parce que…
2. En été, que peut-on faire à la montagne ?
Choisis une activité et présente-la en utilisant :
Si j'étais à la montagne… Si je faisais de l'escalade…

Indique dans quel but tu voudrais pratiquer cette activité.
Utilise les mots : pour, afin de…

Utiliser des informations

1. Choisis un des sports représentés sur l'illustration et, sans le nommer, donne trois informations à tes camarades pour qu'ils le devinent.

Pour chacun de tes choix, tu peux donner des informations sur :
– les conditions de sa pratique (météo, état de la neige…),
– le matériel nécessaire (vêtements, équipement…),
– les règles de sécurité (savoir freiner…).
2. Faites la même chose avec les sports que l'on pratique l'été en montagne.

Lire sans hésiter

◆ Une partie de ces phrases a été effacée. Essaie de les lire quand-même !

Pour gravir une mon ou un vol ? Pour le sp ? Pour commu avec la na ? Partir à la d'un univ prot gé ? Peu importent les ons… mais une cho est : part en e ne s'improv pas.

Lecture - compréhension

L'essentiel

1. Ce texte sert-il à donner des ordres ? des informations ? à raconter une histoire ?

2. Réponds à ces questions en une ou deux phrases :

a. Pourquoi faut-il tenir compte de son entraînement physique ?

b. Quels risques court-on à partir seul ?

c. Fais la liste de ce qu'il faut faire et de ce qu'il ne faut pas faire.

3. Explique ce que signifie : *Partir en montagne ne s'improvise pas.*

En détail

4. Parmi les objets ci-dessous, retrouve ceux qui sont cités dans le texte et indique à quoi ils servent. Pour chacun d'eux, donne sa définition.

Vocabulaire

► ***Reconnaître les préfixes*** ◄

1. Quel est le sens des deux adjectifs en gras ? Donne leur contraire.

- un objectif **impossible** à atteindre
- un vêtement **imperméable**

2. a. À l'aide des préfixes *in-*, *im-*, *ir-*, *il-*, forme les adjectifs de sens contraire :

égal, prévisible, responsable, légal, réalisable, mangeable, pair, parfait, adapté, utile, patient, pitoyable, lisible, buvable, adapté, logique.

b. À ton tour trouve trois adjectifs formés à l'aide de ces préfixes et utilise-les dans des phrases.

c. Relève dans le texte tous les mots commençant par *in* ou *im*. Sont-ils toujours formés avec un préfixe ?

3. Lis et observe les adjectifs suivants :

maladroit, mécontent, anormal, malchanceux, malaisé, amoral.

Quels préfixes ont servi à les former ?

◆ Les préfixes *in-*, *im-*, *ir-*, *il-*, *mal-*, *mé-*, *a-* ajoutés au radical de certains adjectifs permettent de former un adjectif de sens contraire.

Découvrons comment informer et expliquer

1. Dessine la silhouette du texte, page 169.
Combien de parties différentes le composent ?
Quel est le rôle des photographies et où se trouvent les explications qui les accompagnent ?

2. Recopie le paragraphe qui correspond à la boussole et souligne précisément les informations données.

3. a. Lis ces quatre phrases :

- Il est nécessaire de porter des chaussures montantes pour maintenir votre cheville.
- Comme il faut maintenir votre cheville quand vous marchez en montagne, il est indispensable de porter des chaussures montantes.
- Il faut porter des chaussures montantes parce que la cheville doit être maintenue, particulièrement en montagne où les chemins sont très accidentés et glissants.
- Pour maintenir votre cheville, portez donc des chaussures montantes !

b. Compare-les. Donnent-elles les mêmes informations ?

c. Quelle phrase se rapproche le plus de celle du texte ?

d. Recopie les phrases en écrivant en rouge le conseil et en bleu l'explication.

4. Sur le modèle de cette phrase, explique à quoi servent la gourde et les chaussettes en laine :

Emporter une trousse de secours permet de faire face aux égratignures.

5. Relève tous les verbes conjugués du texte. À quel temps sont-ils ?

Un chalet savoyard

C'était un modeste chalet écrasé par un large toit de lauzes[1], avec un simple rez-de-chaussée en maçonnerie, muni de petites et rares ouvertures croisillonnées de barreaux de fer, surélevé par une grange construite en grosses poutres apparentes. Les murs étaient épais, doublés intérieurement de planches de mélèze[2] ; on avait également doublé les fenêtres, les plafonds et les planchers. Entre ces deux parois on entassait de la sciure de bois, magnifique isolant contre le froid ; c'était aussi le lieu de prédilection[3] des souris et des mulots qui venaient y prendre leurs quartiers d'hivernage.

Face au midi se trouvait « l'outa », sorte de renforcement dans la maison, pièce en plein air servant d'antichambre[4] et sur laquelle donnaient toutes les pièces : la grande cuisine avec sa cheminée ouverte à même le toit et commandée par un panneau mobile ; la longue et basse chambre à coucher commune, avec ses lits ramassés ; puis sur l'autre face, l'écurie, d'où, l'hiver, s'échappait une chaude odeur de bétail.

À cinquante mètres à l'écart s'élevait « le grenier », bizarre construction spéciale aux Alpes, petit chalet minuscule de forme cubique, coiffé d'un toit de bardeaux[5], tout entier construit en gros madriers[6] de mélèze soigneusement équarris[7] et jointés, devenus noirs avec les siècles… […]

On y mettait en sécurité toute la richesse de la famille : les habits du dimanche, les grosses clarines[8] des vaches avec leurs colliers de cuir ouvragé, cloutés de cuivre ; les réserves de blé, de seigle, d'avoine, les jarres contenant les saucisses et les jambons noyés dans le beurre ; on y accrochait aussi les quartiers de vache séchés et fumés.

Premier de cordée
de Roger Frison-Roche,

1. **une lauze :** une petite plaque d'ardoise.
2. **un mélèze :** un arbre à aiguilles.
3. **de prédilection :** préféré.
4. **une antichambre :** une pièce où l'on attend.
5. **des bardeaux :** des petites planches en forme de tuile.
6. **un madrier :** une planche épaisse.
7. **équarri :** taillé à angle droit.
8. **une clarine :** une cloche.

Explique pourquoi le chalet décrit est adapté aux conditions de vie en montagne…

Vocabulaire

1. Relève dans le texte tous les matériaux qui utilisent les ressources de la région.

2. a. Utilise chaque mot ci-dessous dans une phrase :
maçonnerie – croisillonné – isolant – soigneusement – collier.

   b. Pour chacun de ces mots, recherche un mot de la même famille.

3. Remplis cette grille avec les mots dont la définition est donnée ci-dessous. Ils ont tous un rapport avec la montagne.
   a. Sport pratiqué en montagne et sur des rochers.
   b. Chemin étroit.
   c. Habitation en bois.
   d. Arbre très commun en altitude.
   e. Extrémité pointue d'une montagne.
   f. Passage entre deux sommets.

a.				A				
b.	S							
c.						T		
d.					N			
e.	C							
f.			L					

4. Relis le texte à partir de la ligne 10 et rédige une définition de l'*outa* et du *grenier*.
   - l'outa est … qui sert … et sur laquelle … .
   - le grenier est … construit avec … et qui sert … .

Lecture guidée

1. Le texte de Frison-Roche décrit un chalet savoyard.
   Complète ce tableau à l'aide des informations du texte.

	Caractéristiques
Le toit	…
Les ouvertures	…
Les murs	…
L'isolation	…

2. Autrefois les Savoyards pouvaient se retrouver complètement isolés par la neige. Explique comment ils conservaient leurs aliments.

3. Relève tous les verbes du texte et classe-les selon qu'ils indiquent une action *(ex : entassait)* ou un état *(ex : était)*.

4. Relève tous les mots qui servent à indiquer les lieux.

Lire à haute voix

◆ Lis le texte à un camarade en lui montrant en même temps sur la photographie les différentes parties dont tu parles. Lis le texte plusieurs fois auparavant !

À toi d'écrire une fiche documentaire

1. Tu vas écrire une fiche documentaire sur le chalet savoyard.

Pour t'aider

- Légende la photo en traçant des flèches pour indiquer les différentes parties de la construction :
  le toit de lauzes – le rez-de-chaussée – la grange – les ouvertures.
- Pour chaque partie, rédige un court texte en utilisant les informations contenues dans le texte, page 172, ou dans différents livres documentaires.
- Trouve un titre. Tu peux utiliser celui de la page 172.
- Écris un texte pour présenter le chalet ; aide-toi de la page 169.

À toi de réécrire

2. a. Pour améliorer ta fiche, relis le texte, page 172 et relève toutes les informations qu'il contient, puis compare avec ce que tu as écrit. Vérifie que les verbes sont conjugués au présent.

   b. Reporte-toi au texte, page 169, et observe son organisation. Aide-toi de sa silhouette. Si tu utilises l'ordinateur, tu peux mettre en valeur certaines informations avec des caractères différents.

3. Compare ton travail avec celui d'un camarade. Choisissez les éléments qui vous semblent les plus clairs et recomposez une fiche à deux.

L'atelier de lecture

1. Comprendre un texte

Les informations données dans ce texte sont-elles toutes logiques ?

Pour devenir spationaute, il faut posséder des qualités exceptionnelles. Ces qualités sont à la fois physiques et intellectuelles.
Le candidat spationaute doit être en très mauvaise condition physique. Son organisme est habitué à l'effort et il peut dormir longtemps sans être essoufflé.
Ce candidat doit être un scientifique. Il a fait de longues études en maternelle et il n'a aucun diplôme.
Pour finir, le candidat doit être incapable de vivre longtemps avec quelques compagnons dans une petite cabane éloignée de la Terre. Il doit savoir danser la polka et jouer aux cartes.
Comme on le voit, devenir spationaute est très facile. Si ce métier te tente, tu peux commencer ta préparation dès aujourd'hui en travaillant aussi mal que possible.

Relis, puis réécris le texte en changeant les mots ou expressions inexacts.
Compare ton travail avec celui de tes camarades.
Ont-ils fait les mêmes modifications que toi ?

2. Utiliser des informations

Dans ce tableau, les planètes du système solaire sont numérotées de 1 à 9.

	1	2	3	4	5	6	7	8	9
Distance au Soleil (en millions de km)	57	108	149,5	229	779	1 425	2 878	4 505	5 900
Diamètre (en km)	4 880	12 100	12 756	6 790	142 880	120 660	50 800	48 600	2 500
Masse (T = masse de la Terre)	0,05T	0,82T	1 T	0,1 T	318 T	95 T	15 T	17 T	0,002 T

Utilise les informations suivantes pour indiquer à quelle planète correspond chacun des numéros du tableau.

- Jupiter est la planète la plus grosse.
- Pluton est la planète la plus éloignée du Soleil, Mercure la plus proche.
- La masse de la Terre est égale à 10 fois la masse de Mars.
- Vénus a un diamètre légèrement inférieur à celui de la Terre.
- Neptune est juste avant Pluton.
- Saturne se trouve entre Jupiter et Uranus.

15

niveau 3

Dans cette unité tu vas apprendre à :

- *1. Identifier et organiser des informations.*
- *2. Organiser des paragraphes.*
- *3. Écrire un article.*

Aimerais-tu vivre comme les personnages de cette scène ? Pourquoi ?

à l'oral

Observer et déduire

1. Observe la page de gauche. Où se déroule cette scène ?
   Qu'est-ce qui te l'indique ?

2. Quels sont les différents personnages ?
   Que fait chacun d'eux ?

3. Observe maintenant les deux images : l'illustration et la photo ci-contre. Quels matériaux sont utilisés pour construire la case ? Quels indices te permettent de répondre ?

Faire un reportage

◆ Avec ta classe, vous avez déjà visité un musée, une ferme ou un autre lieu... À deux, vous allez faire un reportage concernant cette visite, pour l'enregistrer ensuite.

Pour cela :

- **Il faut le préparer** : précisez le lieu, la date, ce que vous avez fait, avant, après...
- **Vous pouvez vous reporter au texte de la page 184.** Repérez les informations qui sont données (dans quel ordre ?...).
- **Qu'avez-vous appris au cours de cette visite ?** Reprenez toutes les informations et classez-les.
- **Lorsque vous êtes prêts, vous pouvez présenter votre reportage à deux ou trois camarades.** Qu'en pensent-ils ? N'avez-vous rien oublié ?
- **Demandez-leur de vous présenter leur reportage** et comparez les éléments dont vous avez parlé. Complétez votre travail.

Lorsque vous êtes prêts, enregistrez votre reportage au magnétophone pour le faire écouter à toute la classe. Qu'en pensent vos camarades ?

◆ 1. Identifier et organiser des informations

Mon Quotidien
télé
magnéto
Afrique : 2 pays contre l'esclavage des enfants

La Côte-d'Ivoire et le Mali veulent protéger les enfants

Deux pays d'Afrique, la Côte-d'Ivoire et le Mali, viennent de signer un accord contre le trafic d'enfants. Ils vont surveiller leurs frontières et contrôler les plantations dans lesquelles ces enfants travaillent.

Abou, un enfant malien de 10 ans, aura peut-être une chance de quitter la plantation de Toulé, en Côte-d'Ivoire, où il travaille sept jours sur sept. Et qui sait, peut-être pourra-t-il un jour aller à l'école. *Mon Quotidien* l'avait rencontré en juin, en Afrique (voir n° 1383). Il travaillait comme esclave dans un champ d'ignames, une plante cultivée sur ce continent. Mais le 1er septembre, le Mali et la Côte-d'Ivoire ont signé un accord pour mettre fin à la situation des enfants comme lui.

Méfiants

Les policiers des deux pays vont renforcer la surveillance aux frontières. Et tenter de démanteler les réseaux de trafiquants. Ces derniers voyagent souvent la nuit, avec les enfants maliens entassés dans des petits bus appelés «goélettes». La police va aussi effectuer des contrôles dans les plantations. *«Cela sera difficile, car les chefs des plantations sont devenus méfiants*, explique Kaba Diakité, un Malien qui a longtemps enquêté sur ce sujet, *car ils sont alertés par des complices. Ils ont donc parfois le temps de cacher les enfants avant que la police arrive. Et ils forcent aussi les enfants esclaves à dire qu'ils travaillent chez leur grand frère.»*

Mathilde Giard
(envoyée spéciale en Afrique)

Plus de 15 000 enfants esclaves

Selon l'Unicef, plus de 15 000 enfants maliens sont employés comme esclaves en Côte-d'Ivoire. Ils viennent de villages très pauvres. Des trafiquants leur proposent un travail bien payé en Côte-d'Ivoire : 75 francs par mois environ. Mais, en réalité, les jeunes ne sont jamais payés. Ils travaillent dur dans des champs de coton, de maïs ou de riz... Peu d'entre eux osent s'enfuir *«car ceux qui sont retrouvés sont torturés»*, explique Kaba Diakité.

Article extrait de *Mon Quotidien* n°1437, 12-09-2000, le quotidien d'actualités des 10-14 ans, tél. 01 53 01 23 60.

Vocabulaire

1. En t'aidant du texte, donne une définition du verbe *démanteler*.
Vérifie dans ton dictionnaire.

2. Que signifie cette expression ?
Il travaille sept jours sur sept.
Remplace-la par d'autres expressions que tu connais.

3. a. Cherche dans ton dictionnaire les différents sens du mot *trafic*.
b. Construis une phrase avec chaque sens de ce mot.
c. À quel sens se rapporte le nom *trafiquant* ?
d. Relève tous les mots du texte qui font penser au trafic d'enfants.

4. Comment appelle-t-on les habitants du *Mali*, de la *Côte-d'Ivoire*, de l'*Algérie*, de l'*Italie* ?
et ceux du *Congo*, du *Sénégal*, de la *France*, de l'*Angleterre* ?
Aide-toi, si besoin, de ton dictionnaire.

5. Qu'est-ce qu'un *quotidien* ?
Comment s'appelle un journal qui paraît chaque semaine ? chaque mois ?

Lecture - compréhension

Prendre des indices

1. Relève tous les indices du texte qui montrent que les enfants de ces pays sont des esclaves.
2. Sur une copie du texte, repère :
– en rouge tout ce qui concerne Abou,
– en bleu tout ce qui concerne les trafiquants.
3. Que doivent faire les enfants ?
4. Qui est Kaba Diakité ? et Mathilde Giard ?
5. D'où est extrait ce texte ?
À quoi se rapporte l'illustration ci-contre ?

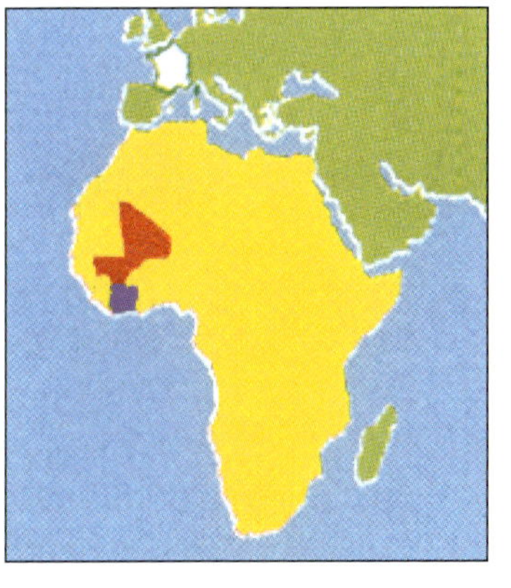

Saisir l'essentiel

6. Explique le titre.
7. Quel est le rôle des policiers ?
Que doivent-ils combattre ?
8. Que propose-t-on à ces enfants ? Que se passe-t-il en réalité ?
9. De quoi les deux États veulent-ils préserver les enfants ?

Découvrons l'organisation des informations

1. a. Relis l'article, page 178, et compare-le avec cette silhouette.
Retrouve chaque partie et relève les informations données dans chacune d'elles.

b. À quoi sert chacune de ces parties ?

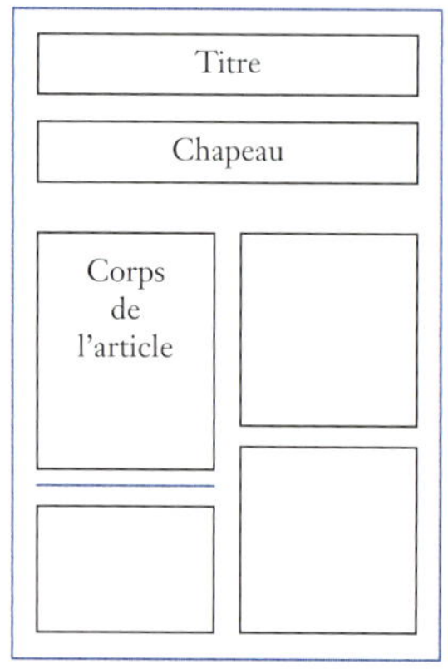

2. a. Retrouve maintenant la silhouette de l'article, page 184.

b. Donne le nom de chaque partie.

c. Quelles sont les différentes informations ?
À quels endroits sont-elles données ?

3. Voici des informations concernant le droit d'une jeune fille à l'éducation (attention, elles n'ont pas été organisées !) :

– L'université d'Oxford refuse de l'inscrire.
– Laura, une élève de 16 ans, obtient d'excellentes notes à son examen.
– Harvard lui propose une bourse.
– Refuser ce droit est anormal.
– L'université américaine d'Harvard est prête à l'accueillir.
– Le droit à l'éducation est un droit fondamental des enfants.
– Les études à Harvard sont payantes et très chères.
– Elle veut faire des études de médecine à Oxford (Angleterre).
– Elle est issue d'une école publique.

Retrouve l'ordre dans lequel elles doivent être présentées et compare ton résultat avec celui de ton voisin.
Comment avez-vous fait ?

À toi d'écrire

4. Relis le texte, page 142, à partir de la ligne 19.
Tu vas rédiger un article qui parlera de la disparition d'Emmi.

• Repère les éléments que tu peux transformer en informations et imagine celles qui te manquent (à quel endroit cela s'est-il passé ? à quelle date ?…).
• Trouve un titre.
• Rédige un chapeau pour présenter les événements les plus importants.
• Organise ton article en plusieurs parties (la disparition, les recherches, la façon de vivre de l'enfant…).
• Donne ton avis sur la situation de cet enfant.

◆ 2. Organiser des paragraphes

Envoyée spéciale en Bosnie

Je suis journaliste-reporter (autrement dit une « envoyée spéciale »), un métier que l'on pense, à tort, réservé aux hommes. En 1993, le journal auquel je collabore m'a demandé d'aller faire un reportage sur la guerre en Bosnie centrale. Malgré le danger, j'ai accepté. […]

Je suis arrivée ce matin à l'aéroport de Split. J'y ai retrouvé mon vieux coéquipier Greg, le photographe. Sans perdre de temps, il m'entraîne d'un pas décidé vers le parking. Une voiture tout terrain, sale et cabossée nous y attend.

– Ne fais pas cette tête-là, Heidi : le moteur est intact ! Le principal, c'est que cet engin fonctionne et qu'il soit blindé. Ces deux conditions étant réunies, en route ! À toi l'honneur, ajoute-t-il en me tendant la clef de contact, moi je vais en profiter pour me reposer, alors s'il te plaît, sois prudente !

Sa remarque me fait sourire : nous allons rouler sur une route très dangereuse et nous pouvons à tout moment être pris sous les bombardements… Avant de démarrer, je colle sur les portières de grands autocollants portant ce mot : PRESS[1]. Au bout de cinq minutes, Greg ronfle déjà comme un bienheureux. […] Un char de l'O.N.U. barre la route. Je stoppe net. Greg se réveille. Un « casque bleu »[2] vient à notre rencontre et nous demande en anglais :

– Where are you going ?[3]

– À Bila, répond Greg. Nous sommes journalistes.

– Faites attention en traversant Gornji Vakuf, la prochaine ville. Il y a eu de très violents combats ce matin mais c'est un peu plus calme maintenant. Roulez très vite et surtout, ne vous arrêtez pas !

Nous remercions l'officier et repartons. Greg a repris le volant. À toute vitesse, nous traversons Gornji Vakuf : une ville fantôme aux maisons en ruines. Je ne suis pas rassurée malgré mon gilet pare-balles : on entend au loin les explosions des tirs d'obus.

Une heure plus tard, nous parvenons sains et saufs à Bila. Le village est encerclé par des militaires.

Les habitants, en majorité des Croates de Bosnie, sont pris au piège et ne peuvent s'enfuir. Il n'y a ni eau, ni électricité. Le seul hôtel a fermé ses portes. Greg et moi trouvons une chambre chez madame Viktoria, une charmante femme aux cheveux noirs et au regard profond.

Je lis des histoires vraies, n°19, de Heidi Rinke et Pascal Deloche, © Fleurus presse.

1. **PRESS :** presse.
2. **casque bleu :** soldat de l'O.N.U.
3. **Where are you going ? :** Où allez-vous ? (en anglais).

à l'oral

Aimerais-tu être *envoyé spécial* comme Heidi Rinke ? Pourquoi ?

Lecture - compréhension

Prendre des indices

1. Quels sont les principaux personnages du texte, page 181 ?

2. a. Sur une copie de ce texte, colorie :
   – en bleu les informations données sur la situation en Bosnie,
   – en rouge les passages qui racontent l'aventure des deux journalistes.

   b. Quels passages montrent qu'il y a eu des combats ? Indique les lignes du texte.

3. Quels passages montrent que Greg est habitué à vivre dangereusement ? Recopie les phrases du texte.

4. Quelles précautions les deux journalistes prennent-ils pour se protéger ?

Saisir l'essentiel

5. Qui raconte ce qui s'est passé ?

6. a. À quoi sert ce texte ?

   b. Est-il extrait d'un roman ?
   d'un récit vécu ?
   d'un article de journal ?

Arrivée du 1er convoi humanitaire depuis plus de 3 ans. Gorazde (Bosnie), 17 octobre 1995.

Vocabulaire

► Chercher des homonymes ◄

1. a. Lis ces phrases à voix haute et repère les homonymes (les mots qui se prononcent de la même façon) :
   Je colle de grands autocollants sur la voiture. – Fixer avec de la colle forte. – Mon frère qui est en cinquième a eu deux heures de colle. – Les coureurs franchissent le col à toute allure. – Elle porte un pull à col roulé. – L'antiquaire vend un merveilleux vase ancien à long col.

   b. Donne la définition de chacun de ces mots (tu peux t'aider du dictionnaire).

2. a. Qu'est-ce que ces mots ont de particulier : vers, vert, verre, vair, ver ?

   b. Place chacun dans la phrase qui convient :
   Il arrivera … 5 heures. – Cendrillon a perdu sa pantoufle de … . – Pierre a cassé le … de sa montre. – Il me reste 3 … à apprendre. – Mon pantalon est … foncé. – Le … de terre creuse des galeries dans le sol.

3. a. À deux, cherchez toutes les façons d'écrire [mɛtr], vérifiez dans le dictionnaire celles qui existent et utilisez-les dans une phrase.

   b. Faites le même travail avec [mɛr] et [pɛr] ; [sɑ̃] et [fwa].

Découvrons comment organiser des paragraphes

1. a. Sur une copie du texte, page 181, entoure les différents paragraphes.

b. Donne un titre à chaque paragraphe et résume-le en une seule phrase.

c. Place les différents titres sur un axe du temps.

d. Relève les mots qui t'ont permis de repérer les différentes parties et l'enchaînement des événements, puis compare avec ton voisin.

2. a. Un reporter a rédigé un article sur l'immigration clandestine. Retrouve l'ordre des paragraphes.

A Pourtant, le trafic d'êtres humains est interdit. Les droits de l'homme l'interdisent.

B Là, ils travaillent des années pour rembourser le prix de leur passage.

C Mais le plus souvent, ils disparaissent dans des ateliers de travail clandestin. Ils sont sous-payés et ne peuvent sortir.

D Une fois arrivés dans le pays, les immigrants peuvent essayer de demander des papiers au pays d'accueil. C'est une démarche très longue.

E Depuis le début de l'année, deux cents immigrants clandestins ont franchi la frontière sous la conduite de trafiquants. Ces trafiquants leur demandent des sommes importantes.

b. Compare ton résultat avec celui de ton voisin. Qu'est-ce qui vous a guidés ? Résume chaque partie par un titre.

3. Voici le plan d'un article :

- Un enfant travaille dans une plantation.
- Deux États veulent abolir l'esclavage.
- Les policiers vont :
  - surveiller les frontières,
  - contrôler les plantations.
- Le témoignage d'un enquêteur.

Retrouve l'article dans cette unité et repère les différents paragraphes. Justifie ton choix.

4. a. Relis le texte, page 136. Cherche les différentes parties : le début, les actions d'Achab, celles de Moby Dick…

b. Compare ton travail avec celui d'un camarade, et résume chaque partie par une phrase.

◆ 3. Écrire un article

Le Danube empoisonné

Première conséquence de la pollution des rivières au cyanure : des milliers de poissons morts.

• Le cyanure déversé dans l'un des affluents du Danube continue lentement mais sûrement son travail mortel.
• Plus de 300 kilomètres de rivières sont déjà touchés par la pollution.
• Des milliers d'habitants sont privés de pêche, de légumes et d'eau potable.
• Après la Roumanie, la Hongrie, ce sont aujourd'hui la Bulgarie et l'Ukraine qui sont menacées.

30 janvier

D'importantes chutes de pluie provoquent la rupture d'une digue sur un des bassins de la mine d'or d'Aurul, en Roumanie.
Des milliers de mètres cubes d'eau s'échappent alors vers la rivière Szamos. Mais cette eau est infestée de cyanure : 800 fois le taux autorisé. Dans les mines d'or, on utilise en effet le cyanure – un poison mortel – pour transformer le minerai en pépites. La pollution ne se voit pas tout de suite, car une croûte de glace recouvre la rivière.

4 février

La pollution atteint la rivière Tisza, en Hongrie. Cette fois, elle est bien visible. Des centaines de poissons morts flottent à la surface de l'eau. Le 13 février, c'est au tour du Danube d'être empoisonné. Aujourd'hui, ce sont plus de 300 km de rivières qui sont touchés par la pollution. Au fil des eaux, la concentration en cyanure est plus faible. Mais il n'empêche que pour les riverains, c'est la catastrophe : impossible de consommer les poissons des rivières, de manger les légumes des potagers, de boire l'eau. Certains ont même peur de se laver.
Il est difficile d'évaluer les conséquences à long terme sur l'environnement, en particulier ce que deviendra le cyanure qui imprègne les terres.
Les Hongrois estiment déjà que la faune et la flore de la rivière Tisza ont été totalement détruites. Ils se retournent contre les propriétaires de la mine (une société moitié australienne, moitié roumaine). Ces derniers – qui plaident non coupables – auraient pourtant dû être plus vigilants sur la sécurité de leurs installations. Il semble que les digues du bassin où était retenue l'eau cyanurée avaient été construites avec des matériaux de récupération !

Armelle Breton

Article extrait de *L'Hebdo des juniors* n°339, 26 fév. /3 mars 2000

à l'oral

Explique comment s'est produite cette pollution et comment on aurait pu l'éviter...

Lecture guidée

1. Cherche tous les mots du texte qui se rapportent à la pollution.

2. a. Relis cette information donnée dans l'article :

Les Hongrois estiment déjà que la faune et la flore de la rivière Tisza ont été complètement détruites.

Explique ce que sont *la faune* et *la flore*. Tu peux t'aider du dictionnaire.

b. Dans quelle famille places-tu :

les poissons, les algues, les libellules, les grenouilles, les nénuphars ?

c. Avec un camarade, cherchez d'autres éléments de la faune et de la flore.

3. Voici les différents sous-titres en couleur. Retrouve dans l'article les éléments qui s'y rapportent et, sur une copie du texte, colorie-les de la même couleur :

- Le cyanure déversé dans l'un des affluents du Danube continue lentement mais sûrement son travail mortel.
- Plus de 300 kilomètres de rivières sont déjà touchés par la pollution.
- Des milliers d'habitants sont privés de pêche, de légumes et d'eau potable.
- Après la Roumanie, la Hongrie, ce sont aujourd'hui la Bulgarie et l'Ukraine qui sont menacées.

4. Cet article est paru dans le numéro de février 2000. Le premier paragraphe relate ce qui s'est passé le 30 janvier… Relève les verbes du 1er paragraphe.
À quel temps sont-ils conjugués ? Comment peut-on expliquer le choix de ce temps ?

5. a. Retrouve ces informations dans le texte :

– Le 13 février, le Danube est empoisonné.
– La pollution touche déjà plus de 300 km de rivières.

b. Quelles différences constates-tu ?
Quelle impression cherche à provoquer la journaliste en utilisant *c'est* et *ce sont* ?

6. Retrouve maintenant ces informations :

– On a détruit la faune et la flore de la rivière Tisza.
– On a construit les digues où l'on retient l'eau cyanurée avec des matériaux de récupération.

Que remarques-tu ?

Lire à haute voix

◆ **Lis plusieurs fois l'article en te regardant dans une glace comme si tu présentais le journal télévisé. Propose d'abord ton interprétation à un camarade, puis à toute la classe.**
Auparavant sur une copie du texte, repère avec un surligneur les éléments que la journaliste a voulu mettre en évidence ; prépare ta lecture en insistant avec des intonations différentes.

À toi d'écrire un article

1. À toi d'écrire un article sur :

la maladie de la vache folle.

Lorsque tu auras terminé, tu pourras le taper sur l'ordinateur de ta classe, l'imprimer et l'afficher.

Pour t'aider

- Cherche des documents en BCD. Reprends des articles dans la presse pour enfants. Recueille les informations et compare-les avec celles de tes camarades.
- Sur une copie de l'article, page 184, encadre :
  le titre de l'article – le chapeau – le corps de l'article – la photographie.
  Repère à quoi sert chaque partie et fais le plan de l'article.
- Compose ton article (titre, chapeau, photographies) en fonction des différentes parties.
- Relis l'activité 4 de la page précédente pour t'aider à rédiger l'article.

À toi de réécrire

2. a. Camille a écrit l'article suivant pour le journal de l'école :

> La vache folle est une maladie qui touche les vaches. La maladie de la vache folle est apparue, il y a quelques années dans les troupeaux de vaches.
> Les vaches l'attrapent en mangeant des farines d'animaux morts. Ce sont des morceaux de viande réduits en poudre et que les fermiers donnent à leurs vaches.
> Par sécurité on a interdit les farines animales et on suit les vaches de la naissance à la mort.
> Quand on avale certaines parties d'une vache folle (la colonne vertébrale), nous pouvons attraper la maladie de Kreutzfeld-Jacob ; Donc on conclut que cette maladie peut être transmissible à l'homme dans de très rares cas.
> Quand une vache est malade. On lui observe des signes alarmants, elle tremble, la vache ne peut pas rester debout elle a de drôles de réactions.

Avant d'écrire, elle avait fait le plan suivant :

Une maladie bovine – Des signes alarmants – Des mesures de sécurité – Une maladie transmissible à l'homme.

b. Oralement, à deux, remettez de l'ordre dans ce texte.

c. Puis réécrivez-le chacun pour qu'il soit présenté comme un article et améliorez-le.

L'atelier de lecture

1. Maîtriser la lecture

Recopie cette histoire drôle en séparant les mots et en ponctuant correctement.

un epet itefil ledon neàma ngerà sonpo issonr ougenoubl iepa sdecha ngerso neau ditlama mance n'estpaslape inerép ondlafillet teiln'apa sfinidebo irecel ledelas emai neder nière

2. Comprendre un texte

Remplace chaque étoile par un mot :

Au Moyen Âge, un ouvrier vient de monter une cloche en haut d'un clocher. Le maître d'œuvre arrive…

– As-* bien travaillé, aujourd'hui ?

– Oh oui, maître ! J'ai monté la * en haut du clocher. Les villageois m'ont aidé.

– Bien. Demain, * demanderas aux * de t'aider pour * redescendre.

– Mais * penseront que * suis fou ! * avons beaucoup sué pour * cette cloche là-haut !

– * avez sué pour rien. Cette cloche est trop * pour le clocher. Nous y installerons une cloche de 200 kilos, pas plus.

– Mais, maître…

BRAOUMMMMM !!!

– Oh, maître ! Le * s'est effondré et notre * est retombée toute seule par terre !

– Catastrophe !

– Oh non, maître ! Puisque la cloche n'a plus besoin de moi pour *, je vais emmener votre* Isabelle faire une promenade au bord de la *. Et plus tard, nous * marierons peut-être ensemble ! C'est une bonne *, n'est-ce * ?

3. Séparer deux textes

À toi de remettre les phrases dans le bon ordre pour retrouver les deux histoires drôles !

– Parce que d'ici, on peut voir la Lune mais pas l'Australie !
– Mais je ne vois pas de marguerites, s'étonne la maîtresse.
– Qu'est-ce qui est le plus éloigné de chez nous, la Lune ou l'Australie ?
– Qu'est-ce que tu as dessiné ? demande la maîtresse. Ta feuille est toute verte.
– Et pourquoi ? demande le maître.
– Il est parti cueillir des marguerites dans un autre pré ! s'exclame Claire. Dans celui-ci, il n'y a plus rien.
La maîtresse regarde le dessin de Claire.
– C'est parce que l'enfant les a toutes cueillies, répond Claire.
– Et l'enfant, où est-il ? demande la maîtresse.
– L'Australie, bien sûr ! répond Jérôme.
Le maître interroge ses élèves :
– J'ai dessiné un enfant qui ramasse des marguerites dans un pré, répond Claire.

16

niveau 3

Dans cette unité tu vas apprendre à :

- ***1. Expliquer un phénomène.***
- ***2. Relier les propositions.***
- ***3. Écrire une fiche explicative.***

La draisienne
1790

Bicycle
1870

Bicyclette
1879

Vélo aérodynamique
Début
des années
1980

Quels points communs et quelles différences vois-tu entre les quatre images ?

à l'oral

Observer et décrire

1. Observe la page de gauche. Cite les véhicules du plus ancien au plus moderne, en indiquant à quoi ils servent. Le conducteur doit-il toujours faire de la même manière pour avancer, pour tourner ?

2. Décris à tes camarades la bicyclette moderne et un de ses ancêtres, en indiquant d'abord leurs ressemblances, puis leurs différences.

3. Décris de la même manière un autre objet moderne et son ancêtre sans donner son nom. À tes camarades de retrouver de quoi il s'agit.

S'exprimer

1. À quelle époque du passé aurais-tu aimé vivre ?
De quoi serais-tu alors entouré ? Cite quelques objets qui pourraient te servir.
Quels sont ceux qui te manqueraient ?

2. Comment imagines-tu ces mêmes objets dans l'avenir ?

Décrire le fonctionnement d'un appareil

- Compare ces deux appareils. À quoi servent-ils ?
Qu'ont-ils en commun ? En quoi sont-ils différents ?
- Décris le fonctionnement de ces appareils.

Pour cela et pour chacun des appareils :
- Repère les parties importantes et décris-les.
- Donne d'abord les explications de ce qui se passe et de ce qu'il te faut faire si tu reçois un appel (les parties utiles, celles qui servent à entendre, à parler…).
- Décris ensuite ce qui se passe et ce qu'il faut faire pour appeler un correspondant (les parties qui te servent, ce qui va se produire chez celui que tu appelles, comment se termine la communication…).

◆ 1. Expliquer un phénomène

A. Une autre façon de gonfler un ballon

Photo 1 :
le ballon
se gonfle.

Réalisons l'expérience

Tu as besoin d'une petite bouteille en verre, d'un ballon en caoutchouc mince, de vinaigre et de bâtons de craie (à la place de la craie tu peux utiliser du bicarbonate de soude qui se vend en pharmacie).

1°) Verse le vinaigre jusqu'au tiers de la bouteille. Ajoute de l'eau de façon à la remplir aux deux tiers.

2°) Écrase la craie et verse, à l'aide d'un entonnoir, la poudre obtenue (ou le bicarbonate) dans le ballon gonflable.

3°) En prenant bien soin de maintenir le ballon vers le bas pour ne pas renverser la poudre, enfile son extrémité autour du goulot de la bouteille.

4°) Redresse-le alors pour faire tomber la poudre (bicarbonate ou craie) dans la bouteille. Le vinaigre se met à bouillonner et le ballon se gonfle (photo 1) !

Comprenons ce qui s'est passé

Lorsque le vinaigre (qui est acide) est en contact avec le bicarbonate ou la craie (qui contient du calcaire), il se produit une réaction chimique.

Cette réaction dégage du gaz carbonique en grande quantité (le gaz carbonique est un gaz présent dans l'air).

Le gaz ainsi dégagé a besoin de beaucoup de place, il va donc « pousser » sur les parois du ballon et le gonfler.

Plus il se formera de gaz, c'est-à-dire plus il y aura de vinaigre et de craie, plus le ballon sera gonflé.

B. Les fleurs aussi boivent !

Photo 2 :
les fleurs sont colorées.

Réalisons l'expérience

Tu as besoin de plusieurs verres, de différentes couleurs d'encres ou de colorants alimentaires (choisis des couleurs vives !) et de quelques fleurs blanches.

1°) Verse, dans chaque verre, un peu d'encre ou de colorant, puis de l'eau jusqu'au tiers.

2°) Enlève les feuilles des tiges et dispose chaque fleur dans un verre.

3°) Place les verres contenant les fleurs dans une pièce chauffée. Au bout de quelques heures, elles vont se colorer (photo 2) !

Comprenons ce qui s'est passé

Comme tous les êtres vivants, les plantes ont besoin d'eau pour vivre : comme nous elles boivent. L'eau circule à travers la plante, de l'extrémité coupée de la tige jusqu'aux feuilles et aux fleurs.

Les encres nous permettent de suivre ce cheminement : en colorant les pétales de la fleur, elles nous prouvent que la plante a bu de l'eau contenue dans le verre.

D'après *Le petit chercheur*, © Bordas.

Le titre du 1er texte : ....

Le titre du 2e texte : ....

Ces textes sont-ils extraits d'une encyclopédie ? d'un livre scientifique pour enfants ? d'une revue pour adultes ?

Vocabulaire

1. Recherche, dans le texte A, le produit que l'on peut utiliser à la place des craies. À l'aide du dictionnaire, trouve à quoi peut servir ce produit.

2. Le terme *bicarbonate* est composé avec le préfixe *bi* qui signifie *deux*. Aide-toi du dictionnaire pour trouver comment on nomme :
   un avion qui possède deux moteurs – quelqu'un qui parle deux langues – un être qui possède deux pieds – un chapeau qui possède deux cornes.

3. Recherche, dans le texte B, les mots de la famille de *couleur*.

4. Utilise un mot de la famille de *couleur* dans les phrases suivantes :
   – Le jeune garçon … son dessin. – Pour … cette confiture, on a introduit un … .
   – Cette chemise ne possède que deux couleurs, elle est … .
   – Le drapeau français est composé de blanc, de bleu et de rouge : il est … .

Lecture - compréhension

Prendre des indices

1. Explique chaque titre en observant les illustrations.
2. Quels sont les titres des différentes parties de chaque texte ?
3. Repère les verbes de chaque partie. Quelles différences remarques-tu ?
4. À quoi servent les photographies ? Comment sais-tu à quoi elles se rapportent ?

Saisir l'essentiel

5. Dans le texte A : Pourquoi le ballon se gonfle-t-il ?
   À quoi sert chaque partie du texte ?
6. Dans le texte B : Pourquoi choisit-on des fleurs blanches ? Pourquoi met-on de l'encre dans le verre ? Qu'arrive-t-il à la fleur ?

Découvrons la façon d'expliquer un phénomène

1. a. Combien chaque texte, pages 190 et 191, comporte-il de parties ?

b. Pour chacun des textes, reproduis et complète le tableau suivant :

TEXTE (titre) : ...	Partie 1	Partie 2
• Type (indiquer ce qu'il faut faire, expliquer ou raconter)	...	...
• Écriture utilisée	...	...
• Particularités des paragraphes	...	...
• Temps des verbes employés		...
• Renvoi vers la photographie	...	...
• À qui s'adresse l'auteur ?	...	...

2. À quoi servent ces deux textes ? à *informer* ou *à indiquer ce qu'il faut faire* ?
Comment reconnais-tu la partie qui explique un phénomène ?

3. Indique si ces phrases proviennent d'un texte qui explique un phénomène. Justifie ta réponse.

a. Les antilopinés regroupent des animaux au corps svelte, aux pattes fines...

b. – Quelle histoire ! dis-je en essayant de sourire.

c. Papa sursauta si fort qu'il tomba à la renverse.

d. Regarde ce dessin et explique pourquoi l'eau s'évapore.

e. Le Soleil est une étoile (schéma 4).

f. Question 1 : Quelle est l'origine de la fumée au-dessus du volcan ?

À toi d'écrire

4. Observe cette expérience et réalise-la.

Construis une horloge à eau

Activités

Construis l'horloge à eau (figure **a**) et gradue-la.

• Avec une pointe métallique chauffée, il est facile de faire un trou dans le fond d'une bouteille de plastique.

• Avec cette bouteille percée, tu peux fabriquer des « chronomètres » de différents modèles (figure **b**).

a

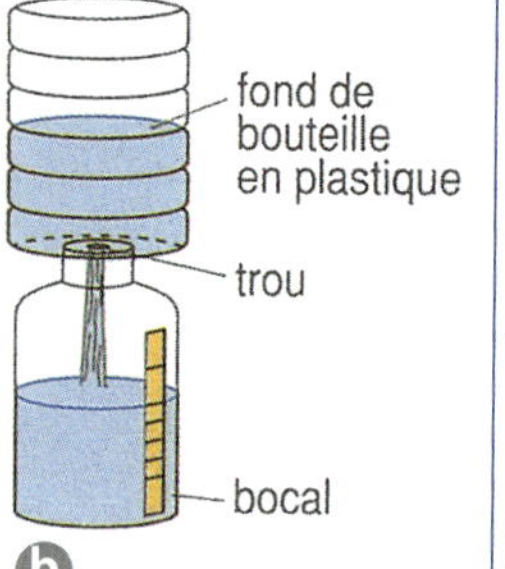

b

5. Avec un camarade, répondez aux questions suivantes :

Pourquoi l'eau descend-elle ? Que fait la première élève ? Que tient la deuxième ? À quoi sert la bande de papier collée sur la bouteille ? Peut-on dessiner les traits avant de réaliser l'expérience ?

6. En t'aidant de la rubrique *Découvrons* et des réponses aux questions précédentes, rédige un texte sur cette expérience pour ton cahier de sciences :

utilise deux parties, l'une pour décrire l'expérience, l'autre pour expliquer.

◆ 2. Relier les propositions

Alerte au ptérodactyle

Pierre-Paul Louis de Culbert, que ses camarades appellent P.P. Cul-Vert ou P.P., est un élève inventif qui veut participer au cinquantième anniversaire du Club des Inventeurs. Pour cela, il engage deux camarades, Mathilde et le narrateur, Rémi, pour protéger une mystérieuse invention…

– Rien en vue ? interrogea Mathilde en s'installant à mes côtés.

– Euh, non… La nuit est trop claire. Il ne se passera rien.

– Je t'ai apporté quelques restes. Viande froide et tranche de charlotte, j'espère que ça t'ira.

Chère bonne vieille Mathilde ! J'aurais pu manger des quenelles de dinosaure tellement j'avais faim.

Je me jetais sur la nourriture quand sa main me broya le poignet.

– Regarde ! En bas, près du hangar !

Je me penchai à mon tour et poussai un cri étranglé. Le long du hangar s'étendait un vaste champ éclairé par la lune. Et là, quelque chose bougeait… Une ombre gigantesque, surhumaine, une… Comment vous la décrire sans que vous me preniez pour un menteur ? Imaginez une sorte d'animal immense, mi-oiseau, mi-chauve-souris, qui tenterait de prendre son vol, battant pesamment des ailes et agitant un bec énorme ! Instantanément, mon sang se glaça dans mes veines. Incapables de bouger, nous vîmes l'horrible créature s'élever du sol, retomber lourdement, rebondir encore, planant sur quelques mètres avant de se reposer, les ailes battant l'air dans un flap-flap terrifiant.

– Un ptéro…, un ptéro…, un ptérodactyle géant ! bégaya Mathilde, retrouvant la première l'usage de la parole.

– Un ptéro-quoi ? bredouillai-je.

– Un monstre de la préhistoire, disparu il y a des millions d'années !

C'était à n'en pas croire nos yeux ! Un monstre de la préhistoire, ici, aux Corneilles ?

– Vite, cria Mathilde en sautant sur ses jambes. Monsieur Coruscant ! Il faut qu'il voie ça !

J'avais oublié notre brave prof d'histoire. Lui seul pouvait nous donner la clef de ce prodige.

Comme des dératés, nous dévalâmes l'escalier en colimaçon[1]. Le temps de cogner à la porte de sa chambre et M. Coruscant surgit, une chandelle à la main, enveloppé dans une grande robe de chambre qui lui tombait jusqu'aux pieds.

– Mes enfants, que se passe-t-il ?

Les cheveux hérissés sur la tête lui donnaient l'air d'un hibou qu'on vient de tirer de son sommeil. « Quand je raconterai ça aux copains de la classe »,

1. **en colimaçon :** en hélice.

pensai-je… […] Mais déjà Mathilde l'entraînait, bredouillant des explications incompréhensibles :

– Alerte au ptéro…, alerte au ptéro… !

– Et P.P. ? réalisai-je soudain. Où est-il ?

Je filai droit à sa chambre. Elle était vide. […] J'eus beau regarder sous le lit, dans les placards et la salle de bains, pas de P.P. Disparu. Envolé. Introuvable. […] Me ruant hors de la chambre, je rejoignis Mathilde et M. Coruscant. Que ceux d'entre vous qui rêvent d'être garde du corps, agent secret ou karatéka y réfléchissent à deux fois. [...] Fermez un instant les yeux et imaginez la scène : au pied d'un donjon en ruines silhouetté par la lune, votre copine Mathilde et un prof d'histoire en robe de chambre, qui contemplent quelque chose, comme pétrifiés d'effroi. Cette chose, c'est un ptérodactyle géant, un oiseau carnivore de la préhistoire qui repose dans un champ, les ailes affaissées, semblable à une grosse baudruche[2] dégonflée.

– Est-ce que vous nous croyez, maintenant ? dit enfin Mathilde.

Le club des inventeurs de J.-P. Arrou-Vignod, coll. *Folio Junior*, © Gallimard Jeunesse.

2. **baudruche :** matière légère dont on fait les ballons.

à l'oral

As-tu déjà eu l'occasion de voir un objet ou un appareil étrange ? Raconte !

Lecture - compréhension

Prendre des indices

1. Comment se nomment les quatre personnages de cette histoire ?
2. Qui est le narrateur ? Relève tout ce qui t'a aidé à le trouver.
3. À partir de quelle ligne les enfants découvrent-ils quelque chose qui bouge ?
4. À partir de cette ligne, relève tous les termes qui désignent cette chose qui bouge, et souligne les adjectifs qualificatifs employés.
   Quelle impression donnent-ils au lecteur ?

Saisir l'essentiel

5. Connaît-on l'invention de P.P. ? As-tu une idée de ce qu'il a pu fabriquer ?
6. Donne une définition du terme *ptérodactyle*.
7. Les personnages savent-ils pourquoi P.P. a disparu ?

Vocabulaire

► *Repérer le champ lexical d'un mot* ◄

1. À quelle période vivait le ptérodactyle ? Combien de fois trouves-tu le mot désignant cette période dans le texte ? Quel autre mot de la même famille s'y trouve également ?
2. Comment est formé le mot *préhistoire* ?

3. a. Le mot *histoire* vient du grec *historia*. Trouve les autres termes ayant la même origine :

Petite histoire sans beaucoup d'importance •	• historien
Auteur d'ouvrages d'histoire •	• historienne
Qui a rapport avec l'histoire •	• historique
Étudiante en histoire •	• historiquement
D'une manière historique •	• historiette

b. Compose une phrase en utilisant chacun de ces mots.

Découvrons comment relier les propositions

1. a. Ces phrases extraites du texte, page 193, sont incomplètes. Réécris-les en entier.

Pierre-Paul Louis de Culbert est un élève inventif. – Imaginez une sorte d'animal immense, mi-oiseau, mi-chauve-souris, battant pesamment des ailes et agitant un bec énorme ! – M. Coruscant surgit, une chandelle à la main, enveloppé dans une grande robe de chambre.

Quels renseignements supplémentaires obtient-on alors ?

b. Souligne le mot sur lequel la partie ajoutée donne un renseignement.
Encadre les mots qui commencent les parties que tu as ajoutées. (Ce sont des pronoms relatifs.)

2. a. Ajoute des informations sur le mot souligné :

L'invention est une inoffensive <u>machine</u> volante dont … – Mathilde et Rémi découvrent ce qu'était ce <u>monstre</u> qui … – Ce monstre est un <u>carnivore</u> de la préhistoire qui … – Les enfants étaient près du <u>hangar</u> où …

b. Ajoute un renseignement en commençant par un pronom relatif.

Le ptérodactyle est un monstre … – Rémi est un camarade de P.P. … – M. Coruscant est un professeur d'histoire-géographie …

3. a. Découpe chaque phrase complexe en trois phrases simples :

- L'animal extraordinaire qu'avait inventé P.P. ressemblait à un monstre qui fait peur.
- La bicyclette dont tu me parles appartient à mon frère qui habite à Lyon.

b. Fais une seule phrase à chaque fois :

- Le *livre* raconte une histoire magnifique. J'ai lu ce *livre* hier.
- Tu me parles d'une *histoire*. L'*histoire* raconte la vie d'un *savant*. Ce *savant* a inventé le moteur à essence.

4. Compare ces deux phrases :

Je parie. – Quand vous lirez ce qui va suivre, je parie que vous aurez envie de vous recycler immédiatement dans des activités moins dangereuses.

Les renseignements portent-ils sur un nom ou sur le groupe verbal ?

5. Souligne la partie de phrase qui donne un renseignement sur le groupe verbal :

La fusée aurait décollé si le savant n'avait pas oublié l'essence. – Lorsque l'avion a décollé, les passagers ont eu très peur. – Oscar tentait de s'agripper alors que son camarade pédalait fort. – Les enfants iront au concours d'inventeurs dès que leur machine sera prête.

◆ 3. Écrire une fiche explicative

LE CHAUD CONTRE LE FROID

L'air chaud, plus léger que l'air froid, fait monter les montgolfières, tintinnabuler les carillons des anges... La rencontre du chaud et du froid est à l'origine des vents et des courants marins.

Une spirale mobile

★★

Il te faut :
- une feuille de papier,
- du fil et une aiguille,
- un compas,
- une punaise.

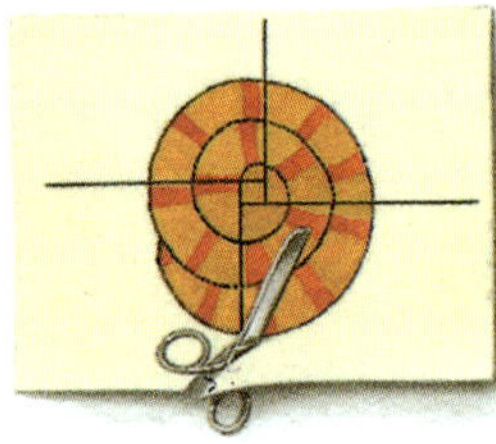

1 Trace, puis découpe une spirale dans le papier. Décore-la.

2 Avec une aiguille, passe un fil au centre de ta spirale, puis suspends-la au-dessus d'un radiateur. L'air chaud s'engouffre dedans et ta spirale s'anime !

QU'EST-CE QUE LE VENT ?

La Terre, en tournant, provoque la rencontre de masses d'air froid et de masses d'air chaud. Comme l'air chaud a tendance à monter et l'air froid à rester en bas, lorsque deux masses d'air de températures différentes se croisent, il se produit un mouvement d'air. C'est lui qui génère le vent.

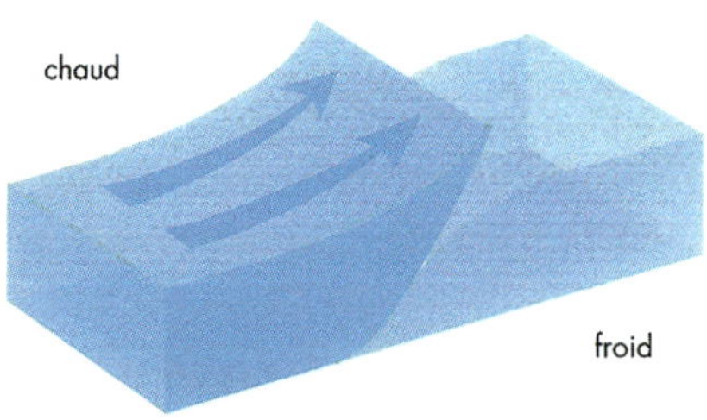

LES BALLONS À AIR CHAUD

En 1783, les frères Montgolfier, fabricants de papier à Annonay, firent voler une « montgolfière » de 11 mètres de diamètre, en toile doublée de papier. L'air du ballon était chauffé par un tas de paille brûlant sur un gril placé au centre de la nacelle. Elle réussit à s'élever à plus de 1 800 mètres d'altitude.

26

Méga expériences, coll. *L'encyclopédie vivante*, © Nathan/HER.

à l'oral

As-tu déjà vécu une aventure particulière grâce ou à cause du vent ? Raconte.

Lecture guidée

1. Combien comptes-tu de parties dans ce document ?
Retrouve-les dans la silhouette ci-contre :

2. Y a-t-il un ordre pour lire ces parties ? Comment le sais-tu ?

3. Sur une copie du texte :
   - numérote les différentes parties,
   - souligne les verbes en rouge,
   - entoure une date, l'invention et le nom de l'inventeur qui correspondent.

4. Réponds et précise à chaque fois les indices qui te permettent de répondre :
   a. Quelle partie explique un phénomène ?
   b. Laquelle informe sur une invention ?
   c. Lesquelles donnent des indications pour réaliser quelque chose ?

5. Réponds aux questions suivantes en indiquant le numéro de la partie (ou des parties) où se trouve la réponse :
   a. Est-ce l'air froid ou l'air chaud qui a tendance à monter ?
   b. À quelle altitude la première montgolfière s'éleva-t-elle ?
   c. Pourquoi montait-elle ?
   d. Quel est le nom de l'objet à fabriquer ?
   e. Pourquoi la spirale s'anime-t-elle ?

6. Relève les verbes des différentes parties et classe-les selon leur temps (tu peux t'aider du tableau de conjugaison).
Que remarques-tu ?
L'auteur aurait-il pu choisir un temps différent dans *Les ballons à air chaud* ?
Fais la transformation.

Lire à haute voix

◆ **Avec un de tes camarades, vous êtes journalistes et vous présentez une émission scientifique à la télévision (les téléspectateurs sont vos camarades de classe).**

Répartissez-vous les rôles, lisez le texte plusieurs fois, préparez les liaisons, les pauses, les changements de ton… Entraînez-vous devant une glace en vous regardant le plus souvent possible.

À toi d'écrire une fiche explicative

1. Tu vas rédiger une fiche qui expliquera pourquoi et comment une bicyclette avance.

a. Trouve un titre pour ta fiche.

b. Prévois les emplacements où tu dessineras : une bicyclette – le mécanisme de transmission. (Tu peux utiliser une image de la page 188 et le schéma ci-dessous, et ajouter un agrandissement de la chaîne ou du pignon.)

c. Prépare un emplacement où tu écriras l'histoire de la bicyclette.

d. Donne les explications sur ce qui se produit (comment avancer, freiner, se diriger…).

Pour t'aider

• **Reprends d'abord le texte, page 196.**

Quel est le titre général ? le titre de la partie qui donne des explications ? Dans quelle partie a-t-on la réponse à la question posée ? À quoi sert le dessin de la partie explicative ?

• **Reprends la page 188 et observe les illustrations du bicycle et de la bicyclette moderne.**

Dans chaque cas, que fait le conducteur pour diriger et pour faire avancer sa bicyclette ? (Sur quoi appuie-t-il ? Comment cela fonctionne-t-il ?…)

• **Observe maintenant le mécanisme de transmission sur la bicyclette moderne. Désigne les parties suivantes :**

chaîne, pédales, pignon, roue, pédalier…

• **Tu peux utiliser certaines de ces remarques :**

– Lorsque la chaîne est sur le petit pignon arrière, l'effort à fournir est important mais la distance parcourue est grande.

– Lorsque la chaîne est sur le petit pédalier, l'effort à fournir est peu important mais il faut faire beaucoup de tours de pédales pour avancer.

À toi de réécrire

2. Relis ta fiche en répondant à ces questions :

	Oui	Non
a. Ta fiche a-t-elle un titre ?		
b. Comporte-t-elle des dessins ou des photos ?		
c. As-tu donné les dates des inventions ?		
d. As-tu indiqué ce que doit faire chaque utilisateur ?		
e. As-tu toujours utilisé le même temps ?		

3. a. Si, dans certaines cases, la réponse est *Non*, corrige ton texte, puis fais-le relire à ton voisin.

b. À deux, essayez d'améliorer vos fiches.

Prescrire

		lire / écrire	projets d'écriture
Unité 17	niveau 1	Organiser ordres & interdictions	Écrire une fiche de fabrication
Unité 18	niveau 1	Exprimer indications & instructions	Écrire une recette
Unité 19	niveau 2	Prescrire	Écrire des consignes d'hygiène

17

niveau 1

Dans cette unité tu vas apprendre à :

- *1. Organiser des prescriptions.*
- *2. Exprimer des ordres et des interdictions.*
- *3. Écrire un texte prescriptif.*

Parmi tous ces jeux, lesquels connais-tu ? Quel est ton préféré ? Pourquoi ?

à l'oral

Observer et informer

- Associe chacun de ces objets à une des activités de la page de gauche. Donne des renseignements sur cet objet (son nom, sa taille, son rôle dans le jeu...) et indique comment il faut s'en servir.

S'exprimer

1. Les enfants jouent, les adultes aussi ! Avec tes camarades, dressez au tableau la liste des jeux des adultes.
2. Quelles différences vois-tu entre les jeux des enfants et ceux des grandes personnes ? Que penses-tu des jeux des adultes ?

Présenter un jeu

- Prépare-toi à expliquer comment jouer à un jeu que tu aimes bien...

a. Commencez par le jeu du morpion. Choisissez l'un d'entre vous qui connaît ce jeu pour l'expliquer à tous.
Tu peux demander des explications supplémentaires.

b. Pour savoir si les explications de ton camarade ont été claires et efficaces, joue au morpion avec ton voisin, puis réponds à ces questions :
- Ton camarade a-t-il bien indiqué le matériel nécessaire ? le nombre de joueurs ? la façon de jouer ? comment reconnaître le vainqueur ? comment compter les points ?
- A-t-il bien prononcé les mots ? Parlait-il à la bonne vitesse ? A-t-il donné des explications claires ? As-tu d'autres remarques à faire ?

À ton tour ! Choisis un jeu que tu connais. Avant de l'expliquer à tes camarades, prépare ta présentation pour qu'ils puissent y jouer...

Une fleur en papier

Lorsque l'eau circule dans des tubes très fins, elle peut monter. C'est ce qu'on appelle la capillarité.

1. Avec les ciseaux, découpe une fleur en t'inspirant du modèle.
2. Plie-la, puis referme-la.
3. Pose la fleur en papier dans le bol.
4. Les pétales s'ouvrent peu à peu. Magique ? Eh bien, non ! En fait, l'eau grimpe dans les fibres du papier. Celles qui sont situées dans les plis forcent les pétales à s'ouvrir.

Il te faut :

– du papier,

– un bol rempli d'eau,

– une paire de ciseaux.

L'eau dans tous ses états, coll. *Mégascope*, © Éditions Nathan.

Le titre du texte : ....

Le titre du livre : ....

L'éditeur : ....

Le nom de la collection : ....

Le genre du texte : ....

Lire sans hésiter

◆ Combien de fois le mot encadré est-il répété dans chaque liste ?

panier	panier papier parier pani panier panier napier napier nipier
fleur	fleurffleurflflrefleurfluefleurfleurreureufleleleurfleur

Vocabulaire

1. a. Recherche le mot *capillarité* dans le document, page 202.
En t'aidant du texte, rédige sa définition sur ton cahier.

b. Dans ton dictionnaire, cherche le mot *capillaire*.
Quel rapport avec la capillarité ?

2. À deux, remplacez dans chaque phrase le verbe *monter* par un autre verbe dont le sens est proche. N'utilisez pas deux fois le même !

L'eau monte dans les fibres du papier. – Jean monte sur son vélo. – Le chat monte sur un arbre. – L'ascenseur monte au quatrième étage. – Le ballon monte dans le ciel. – Les prix ont encore monté. – Les Marseillais montent à Paris. – Farid monte une pièce de théâtre.

Lecture - compréhension

L'essentiel

1. L'activité présentée, page 202, permet de réaliser une fleur.
Quelle est la particularité de cette fleur ?

a. Elle sent bon si on la pose sur l'eau.
b. Elle s'ouvre toute seule sur l'eau.
c. Elle parfume une boisson chaude.

2. Comment sait-on dans quel ordre il faut effectuer les actions ?

3. À quoi servent les illustrations ?

En détail

4. Quel outil pourrait-on ajouter à la liste du matériel nécessaire ?

un robinet – un tournevis – un crayon – une casserole – un couteau.

5. Pour réaliser l'activité, remets ces verbes dans l'ordre :

observer – refermer – poser – découper – tracer – plier.

Découvrons l'organisation des prescriptions

1. a. Voici une reproduction réduite de la fiche d'activité *Une fleur en papier*.

Quelles sont les lettres qui indiquent :
- le titre de l'activité ?
- les instructions permettant de réaliser cette activité ?
- les explications permettant de comprendre ce qui se passe ?

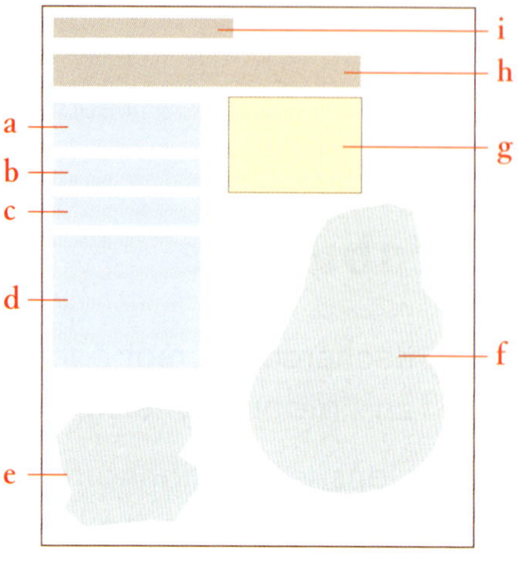

b. Pourrait-on placer le bloc « g » à un autre endroit de la page ? Pourquoi ? Et le bloc « c » ?

2. a. Voici les instructions permettant de réaliser l'activité. Sont-elles bien numérotées ?

1) Pose la fleur dans le bol.
2) Plie-la, puis referme-la.
3) Découpe une fleur.

b. Peut-on les classer de différentes façons ? Pourquoi ?

À toi d'écrire

3. Voici une autre activité permettant d'obtenir des fleurs aux couleurs étonnantes. Attention, les instructions ont été mélangées !

Recopie le texte et les dessins en t'inspirant de la fiche page 202. N'oublie pas de numéroter les instructions !

- Fends la tige de la fleur en deux avec des ciseaux.
- Attends au moins douze heures. Tu seras étonné du résultat !
- Plonge chaque partie de la tige dans un gobelet.

Il te faut : 2 gobelets, de l'eau, 2 encres de couleurs différentes, un œillet avec une longue tige.

Une fleur multicolore
- Colore l'eau avec de l'encre.
- Remplis les gobelets avec de l'eau.

◆ 2. Exprimer des ordres et des interdictions

Un professeur exigeant

Jérôme prend sa leçon de piano chez un étrange professeur…

J'étais assis sur le banc, penché sur le piano, les mains posées sur le clavier. Monsieur Kord se tenait à côté, ses yeux ne quittant pas mes doigts.

– Rejoue ce morceau, m'ordonna-t-il.

Son sourire s'effaça derrière sa moustache blanche et son visage devint plus sérieux.

– Joue-le correctement. Lentement et en t'appliquant. Concentre-toi sur tes doigts. Chaque doigt est vivant. Rappelle-toi : vivant !

– Mes doigts sont vivants ! répétai-je en les regardant avec attention.

« Quelle drôle d'idée », pensai-je.

Je commençai à jouer en me concentrant sur la partition[1]. C'était une mélodie[2] toute simple de Bach que je trouvais très jolie. […] Je finis le morceau et tournai les yeux. Son visage était crispé[3].

– C'est bien, Jérôme, dit-il doucement. Maintenant, essaie un peu plus vite.

– J'ai raté la partie du milieu, avouai-je à voix basse.

– C'est parce que tu as perdu ta concentration[4], expliqua-t-il.

Il disposa mes doigts sur les touches.

– Allez, ordonna-t-il. Recommence ! Et pense à tes doigts ! […]

Je regardai mes mains, m'attendant à ce qu'elles parlent !

– Dépêche-toi ! m'ordonna monsieur Kord d'un ton sévère.

Leçons de piano et pièges mortels de R. L. Stine, coll. *Chair de poule*,

1. **la partition :** la feuille sur laquelle sont les notes.
2. **la mélodie :** une musique.
3. **crispé :** tendu, agacé.
4. **la concentration :** l'attention.

De quel instrument de musique aimerais-tu savoir jouer ? Pourquoi ?

Lire sans hésiter

◆ Combien de fois dans ces phrases les graphies *en, em, an, am* ne donnent-elles pas le son [ã] ?

– Souvent les enfants jouent en chantant.
– Mes amis partent en vacances en décembre.
– Étienne et Paméla vendent du jambon et des bananes.

Lecture - compréhension

L'essentiel

1. Quel résumé correspond le mieux à l'extrait, page 205 ?

a. Monsieur Kord est professeur de piano. Il explique à ses élèves que leurs doigts sont vivants. Les élèves sont un peu inquiets !

b. Jérôme apprend à jouer du piano avec monsieur Kord, son professeur. Celui-ci est très exigeant.

c. Jérôme est un peu étonné parce que monsieur Kord lui apprend à jouer du piano. Il joue une mélodie.

En détail

2. Parmi ces noms, lequel est dans le texte ? Bac – Bic – Boch – Bach.

Ce nom est celui :
a. d'un morceau de musique,
b. d'une marque de piano,
c. d'un musicien compositeur.

3. Réponds par *Vrai* ou *Faux* :

– Monsieur Kord a une barbe blanche.
– Jérôme n'aime pas jouer cette mélodie de Bach.
– Jérôme est assis sur un banc.
– À la fin de l'extrait, Jérôme a déjà joué deux fois son morceau.

Vocabulaire

► *Utiliser les suffixes* ◄

1. Associe chaque verbe de la première liste à un nom de la seconde. Recopie les paires ainsi obtenues sur ton cahier.

Verbes			
chanter	nager	courir	mentir
porter	travailler	sculpter	marcher

Noms			
menteur	nageur	marcheur	coureur
chanteur	porteur	travailleur	sculpteur

2. De quel verbe provient chacun de ces noms ?

une dessinatrice – le démontage – un constructeur – le vendeur – une directrice – un conducteur – un cultivateur.

3. Quels noms peux-tu construire à partir des verbes suivants ?

lire – corriger – mourir – soustraire – surprendre – garer.

◆ Pour obtenir un nom à partir d'un verbe, on ajoute un suffixe au radical du verbe. Ex : *mentir* → ment*eur*. Il existe de nombreux suffixes et parfois le radical change (ex : *mer* → *marin*).

Découvrons comment exprimer des ordres et des interdictions

1. a. Recherche dans le texte, page 205, des phrases dans lesquelles monsieur Kord donne des ordres à son élève. Lis-les en mettant le ton !

b. Recopie le verbe de chacune d'elles. Que remarques-tu ?

2. Laquelle de ces phrases te semble la plus autoritaire ? Pourquoi ?

a. Rejoue ce morceau ! Plus vite ! **b.** Essaie un peu plus vite.

3. Lorsque Jérôme explique à son professeur qu'il veut abandonner le piano, celui-ci est furieux ! Il crie :

« Oublie cette misérable idée ! Tu n'as pas le droit d'abandonner. »

Quelle différence remarques-tu entre les deux phrases ?
La première phrase exprime-t-elle un ordre ? Et la seconde ?

4. Observe ces panneaux :

Quels sont ceux qui expriment un ordre ? Et ceux qui expriment une interdiction ? Traduis chacun par une phrase.

5. Ces deux grandes personnes ne sont pas très contentes ! Imagine leurs paroles et copie-les sur ton cahier.
N'oublie pas de préciser qui parle : la maman ou le gardien du square.

Pour faire le portrait d'un oiseau

Peindre d'abord une cage
avec une porte ouverte
peindre ensuite
quelque chose de joli
quelque chose de simple
quelque chose de beau
quelque chose d'utile
pour l'oiseau
placer ensuite la toile contre un arbre
dans un jardin
dans un bois
dans une forêt
se cacher derrière l'arbre
sans rien dire
sans bouger...

Parfois l'oiseau arrive vite
mais il peut aussi bien mettre de longues
années
avant de se décider
Ne pas se décourager [...]
attendre que l'oiseau entre dans la cage
et quand il est entré
fermer doucement la porte avec le pinceau
puis
effacer un à un tous les barreaux
en ayant soin de ne toucher
aucune des plumes de l'oiseau

Paroles de Jacques Prévert,

De toutes les poésies que tu connais, quelle est ta préférée ? Pourquoi ?...

Vocabulaire

1. Fais la liste de toutes les actions indiquées par l'auteur.

2. Voici une série de verbes que l'on trouve souvent dans les consignes :

souligner – encadrer – entourer – colorier – numéroter – relier – barrer – compléter.

Chacune des lignes suivantes est le résultat d'une consigne. Associe chacun des verbes ci-dessus à une de ces lignes.

a. cheval – chien – loup
b. dessus – dedans – dehors
c. lapin – ours – vache
d. avion mer air bateau
e. beau – grand – léger
f. toi – moi – nous
g. ① chaise ③ bureau ② table
h. Nous regardons

Lecture guidée

1. Jacques Prévert aurait pu présenter son poème de cette façon :

> Peindre d'abord une cage avec une porte ouverte. Peindre ensuite quelque chose de joli, quelque chose de simple, quelque chose de beau, quelque chose d'utile pour l'oiseau.

Quelle différence remarques-tu avec le poème de la page 208 ?
À ton avis, pourquoi le poète n'a-t-il pas écrit ses phrases bout à bout ?

2. Retrouve les lignes qui indiquent que l'oiseau peut venir plus ou moins rapidement. Repère ce qu'il faut peindre (lignes 1 à 8) et où placer la toile (lignes 9 à 12). En quoi ces phrases sont-elles particulières ?

3. Repère les mots du texte qui donnent des consignes. Que remarques-tu ?

Lire à haute voix

◆ Entraîne-toi à lire le poème jusqu'à la ligne 15. Applique ces conseils :

Le début de l'instruction est donné d'une voix forte et autoritaire. → Peindre d'abord une cage avec une porte ouverte

La suite de l'instruction est donnée d'une voix douce et gaie. On mime les gestes en même temps.

18

niveau 1

Dans cette unité tu vas apprendre à :

- *1. Identifier une recette.*
- *2. Utiliser l'infinitif et l'impératif.*
- *3. Écrire une recette.*

À ton avis, que préparent les enfants ?

à l'oral

Observer et expliquer

1. Observe le dessin de la page de gauche.
   Quels objets reconnais-tu ? Décris-les et explique à quoi ils servent.
2. Quels ustensiles utilises-tu le plus souvent ? Pour quoi faire ?
3. Aimes-tu faire la cuisine ? Quelle est ta recette favorite ?

Questionner

1. Les expressions suivantes ne sont pas correctes.
   Corrige-les oralement.

C'est où la poste ?

Ça, c'est quoi ?

Vous allez où ?

C'est qui qui t'a donné ça ?

T'as dit quoi ?

C'est quand est-ce qu'on arrive ?

2. À ton tour, pose des questions qui commencent par :

où — quand — qui — comment — qu'est-ce que

Utiliser des informations

◆ Choisis un ustensile parmi ceux qui sont visibles sur le dessin.
Donne trois renseignements pour permettre à tes camarades de trouver de quoi il s'agit.
Ex : L'objet mystère est en fer. Il a une poignée. Il sert à…

Si tes renseignements n'ont pas permis d'identifier l'objet mystère, tes camarades peuvent te poser des questions complémentaires.
Mais attention : tu ne dois répondre aux questions que par *Oui* ou *Non*.

◆ 1. Identifier une recette

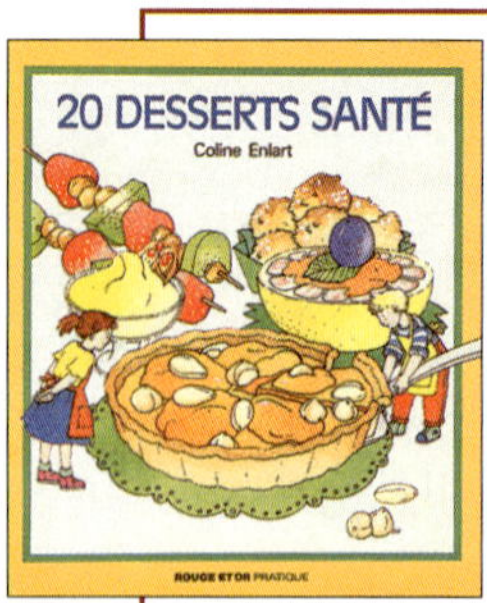

Baguettes automnales

Temps de préparation : 20 min

Ingrédients

150 g de gros raisin noir
150 g de gros raisin blanc
150 g de quetsches
150 g de prunes reines-claudes
3 branches de menthe fraîche
1 poignée de feuilles de vigne

Ustensiles

8 piques de brochettes en bois
1 petit couteau pointu
1 rouleau de papier ménager absorbant
1 plat de service ovale

1. Égrène les grappes de raisin et lave les grains délicatement. Dépose-les sur des feuilles de papier ménager absorbant afin de les faire égoutter.

2. Lave les prunes. Ouvre-les en deux et enlève le noyau. Lave les feuilles de menthe et les feuilles de vigne.

3. Sur chaque pique de brochette, enfile un grain de raisin noir, une demi-reine-claude, un grain de raisin blanc, une demi-quetsche, une feuille de menthe… et recommence jusqu'au bout de la pique.

4. Dispose les feuilles de vigne dans un plat de service et allonge les baguettes de fruits sur le lit de feuilles.

20 desserts santé de Coline Enlart, coll. *Rouge et Or pratique*,

Le titre de la recette : .... L'auteur : ....
Le titre du livre : .... L'éditeur : ....
Le titre de la collection : ....

Lire sans hésiter

◆ Retrouve un mot du texte dans chacune des lignes suivantes :

- tchèque – chèque – échiquier – quetsche – question – sketches.
- menteur – serment – menthe – menhir – théière – thème.
- vigne – ligne – signe – digne – guigne.

Vocabulaire

1. Recopie ces deux colonnes et relie chaque mot du texte à sa définition :

égoutter	détacher les grains
quetsche	tige de bois pointue
pique	en forme d'œuf
ovale	produit utilisé dans une recette
absorber	objet utile
ingrédient	prune
ustensile	aspirer l'eau
égrener	débarrasser de son eau

2. Complète les phrases en t'aidant de l'exemple :

Ex : Du papier absorbant, c'est du papier qui sert à absorber.

– Du papier d'emballage, c'est …
– Du papier cadeau, c'est …
– Du papier carbone, c'est …
– Du papier à lettres, c'est …
– Du papier-calque, c'est …
– Du papier peint, c'est …

Lecture - compréhension

L'essentiel

1. À quoi sert le texte de la page 214 ?
2. Cette recette te paraît-elle simple ou difficile à réaliser ?
3. Pourquoi ces baguettes sont-elles appelées *automnales* ?

En détail

4. Combien de temps faut-il pour préparer les baguettes ?
5. Combien de baguettes cette recette permet-elle de préparer ?
6. À quoi servent les feuilles de vigne ?
7. À quoi servent les rubriques *Ingrédients* et *Ustensiles* ?

Découvrons une recette

1. Sur une copie de la page 214, colorie les différentes parties :
   – le titre en bleu,
   – le temps de préparation en rouge,
   – la liste des ingrédients en vert,
   – la liste des ustensiles en jaune,
   – les différentes étapes en orange,
   – les illustrations avec les couleurs de ton choix.

2. a. Parmi les éléments suivants, ne recopie que ceux qui peuvent apparaître dans une recette de cuisine. *(Il y en a 6.)*
   un titre – des chapitres – le temps de préparation – la liste des ustensiles – une formule de politesse – une ou plusieurs illustrations – les différentes étapes – une signature – un post-scriptum – un dialogue – la liste des ingrédients.

   b. Cherche dans quel ordre les éléments que tu as recopiés peuvent apparaître sur une recette, puis numérote-les de 1 à 6.
   Compare avec tes camarades. Justifiez vos choix.

3. Voici des éléments qui auraient pu être rajoutés dans la recette. À quel endroit ?
   épluche les prunes – 3 cuillères de sucre en poudre – 2 pommes – épluche puis découpe les pommes en cubes – un couteau épluche-légumes – des feuilles de papier d'aluminium.

À toi d'écrire

4. Recopie la recette de la page 214 et découpe les différentes parties.
   Colle-les sur une feuille blanche pour présenter cette recette à ta façon.
   Utilise par exemple le classement que tu as choisi dans l'activité 2b. de la rubrique *Découvrons*.
   Illustre ta recette à l'aide d'un dessin que tu feras toi-même.

5. Compare ta nouvelle recette avec celle d'un camarade et vérifie que :
   – les différentes parties sont présentées dans un ordre logique ;
   – les différentes étapes ne sont pas mélangées.

◆ 2. Utiliser l'infinitif et l'impératif

Du sel... pas salé !

1. Avec une cuillère, fais 2 petits tas de sucre dans une assiette.
2. Dans un tas de sucre, mélange une pincée de sel.
3. Retourne-toi et demande à un adulte de faire tourner l'assiette pour que tu ne saches plus quel est le tas où il y a du sel.
4. En mouillant ton doigt, goûte les grains des deux tas.

Trouves-tu une différence de goût ?

Comment rendre le sel moins salé ?

Tu devines tout de suite quel est le tas avec du sel car il paraît moins sucré que l'autre. Tout seul, le sel a un goût salé. Quand on l'ajoute à du sucré, on sent moins le goût salé. (...) Avec beaucoup de sucre, on enlève le goût du sel.

Avec du sel, le sucre semble moins sucré et avec du sucre, le sel semble moins salé.

Pour en savoir plus

La saveur salée rehausse[1] le goût des aliments. C'est pourquoi on ajoute du sel dans la pâte d'une tarte, même si celle-ci est sucrée. C'est aussi pourquoi on trouve le pain sans sel si fade[2]. Mais le sel sert aussi à cacher certains goûts déplaisants comme l'amertume du chocolat, de certains légumes (par exemple l'endive) ou l'arrière-goût de certaines viandes. C'est pour cela que certains amateurs de café ajoutent une pincée de sel dans le filtre de la cafetière, celui-ci affaiblit la saveur amère de la caféine[3]. Le sel sert donc autant à faire ressortir certains goûts qu'à en contrarier d'autres.

Le goût et la cuisine, coll. *Les petits débrouillards*,
© Albin Michel Jeunesse.

1. **rehausser :** renforcer.
2. **fade :** sans goût.
3. **la caféine :** une substance très particulière contenu, dans le café.

Préfères-tu les aliments sucrés ou salés ? Lesquels ? À quel moment ?

Lire sans hésiter

◆ Lis chaque série de mots à voix haute, puis trouve l'intrus :

- magicien – glace – force – décore – cerveau – ces.
- transforme – sucré – secs – sait – costume – présente – indispensable.
- gourmand – malgré – glace – énergétique – grossir – organisme.

Lecture - compréhension

L'essentiel

1. Complète ce résumé du texte, page 217 :
   Ce texte nous explique que le … est utile dans la cuisine.
   Il fait … certains goûts et en … d'autres.
2. Comment rendre le sel moins salé ?
3. Quel est l'utilité du sel dans la cuisine ?

En détail

4. Dans quoi est-il conseillé d'ajouter du sel ?
   Quel genre de goût le sel peut-il cacher ?

Vocabulaire

► *Utiliser les mots étiquettes* ◄

1. Utilise l'exemple pour compléter :

une broche → *une brochette*	une fourche → …
… → une trompette	une tarte → …
… → une côtelette	une table → …

2. Classe les mots ci-dessous en trois groupes auxquels tu donneras une étiquette :
   Parfums de glace | Gâteaux | et… un nom de ton choix !
   chocolat – cake – tarte aux pommes – salsifi – citron – fraise – éclair – haricot – flan – vanille – café – religieuse – clafoutis – pomme de terre – carotte.
3. a. Cherche la définition des mots *boisson* et *aliment*, et donnes-en des exemples.

b. Classe ces mots en 2 groupes, puis ajoute trois mots à chaque groupe :

banane – pain – pratique – sucre – énergétique – indispensable – agréable – farine – viande – chocolat – fin – lait – délicieux.

◆ Un nom (ou un mot étiquette) peut être utilisé pour désigner un groupe de noms. *Ex : fruits ➜ orange, banane, pomme, poire, etc.*

Découvrons comment utiliser infinitif et impératif

1. a. Recopie tous les verbes en marron dans la recette de la page 214. Pour chaque verbe, écris ce qu'il indique de faire.

Ex : égrène ➜ il faut égrener   lave ➜ il faut …

b. Classe maintenant tous les verbes que tu as trouvés :

Impératif : égrène   Infinitif : égrener

c. Cherche deux verbes à l'infinitif dans l'étape 1 de la recette des baguettes automnales. Ajoute-les à ton classement.

2. a. Relis le texte de la page 217 et relève les 7 verbes à l'infinitif.

b. Écris-les ensuite comme si tu donnais un ordre à un camarade.

Ex : faire ➜ fais !   tourner ➜ tourne !

3. a. Lis cette recette au chocolat :

Quel travail ! Il faut déballer la tablette de chocolat, séparer les carrés, les mettre dans une casserole, ajouter du lait, faire chauffer et mélanger doucement, puis verser dans des petits bols et laisser refroidir.

b. Écris les instructions pour le camarade qui va t'aider.

Commence par : Déballe la tablette.

c. Recommence en t'adressant à deux camarades : Déballez…

4. Recopie les instructions suivantes en mettant les verbes en rose à l'infinitif.

Sors le chocolat du réfrigérateur. Pose-le sur la table de la cuisine. Crie très fort : « Le chocolat est sur la table ! » Ne reste pas devant la porte de la cuisine. Regarde bien ce qui se passe ensuite. Aide les blessés à se relever. Mets des pansements sur leurs blessures et fais le ménage quand tout le monde est parti.

◆ 3. Écrire une recette

Macarons

250 g de sucre en poudre
150 g d'amandes en poudre
1 cuillerée à soupe de farine
2 blancs d'œufs
du papier paraffiné
25 amandes

Mélangez le sucre et la poudre d'amandes. Battez les blancs en neige, ajoutez les ingrédients secs et battez jusqu'à ce que cela soit ferme.

Laissez reposer 5 minutes, puis disposez des cuillères à café du mélange, bien séparées, sur du papier paraffiné disposé sur une plaque à pâtisserie. Aplatissez légèrement et posez une amande au centre.

Faites cuire 20 minutes dans un four préchauffé à 180°. Laissez refroidir, puis ôtez les macarons du papier.

Pour 25 macarons.

Pour réussir la pâtisserie
de Carole Handslip,
adapté par C. Colinet,
© Éditions Gründ.

Peut-on faire un repas entier avec des biscuits ? Qu'en penses-tu ?

Vocabulaire

1. Avec les mots ci-dessous, écris cinq noms d'ingrédients et cinq noms d'ustensiles. *Ex: amandes* ***en*** *poudre, plaque* ***à*** *pâtisserie.*

amandes		tranches	cuillère		escargots
sucre		poudre	couteau		gâteau
café	en	neige	assiette	à	pâtisserie
pain		grains	plaque		pain
blancs		morceaux	fourchette		café

2. Trouve et écris trois autres ingrédients avec *en* et trois autres ustensiles avec *à*.

Lecture guidée

1. Relève tous les mots dans la recette qui te font penser à la cuisine.

2. Relis la recette des macarons en changeant la terminaison des verbes pour qu'elle s'adresse à une personne seulement. Commence par : « Mélange le sucre... »

3. Sur une copie du texte, souligne tous les mots que tu as changés. Compare-les avec les mots en marron de la page 214. Pourquoi se ressemblent-ils ?

4. a. Combien d'actions le passage suivant contient-il ?

> Mélangez le sucre et la poudre d'amandes. Battez les blancs en neige, ajoutez les ingrédients secs et battez jusqu'à ce que cela soit ferme.

b. Entoure les mots qui disent ce qu'il faut faire.

c. Comment, dans ce passage, passe-t-on d'une action à une autre ?

d. Où trouve-t-on les quantités qui doivent être utilisées ?

Lire à haute voix

◆ Relis la recette des macarons en disant les verbes à l'impératif d'une voix plus forte pour les mettre en valeur.

À toi d'écrire une recette de cuisine

1. Tu vas maintenant écrire la recette des *baguettes estivales*.
Commence par chercher le mot *estival* dans ton dictionnaire.
Tu peux choisir ensuite des fruits de l'été dans cette liste :
cerises – fraises – framboises – abricots – pêches.

Pour t'aider

- Au brouillon, fais une liste des ustensiles et des ingrédients dont tu as besoin.
- Écris tout ce que tu dois faire en utilisant d'abord des verbes à l'infinitif :
  laver – éplucher – couper.
- Donne un numéro à chaque verbe :
  ce qu'il faut faire en premier, en deuxième…
- Pense à écrire le titre de ta recette.

À toi de réécrire

2. a. Tu peux certainement améliorer ta recette.
Pour cela, relis-la et réponds par *Oui* ou *Non*.

	Oui	Non
a. On sait tout de suite quel plat on prépare.	☐	☐
b. On a bien la liste des ustensiles.	☐	☐
c. On a bien la liste des ingrédients.	☐	☐
d. On connaît l'ordre des étapes.	☐	☐
e. Les verbes qui indiquent ce qu'il faut faire sont tous à l'impératif (comme les verbes en marron de la page 214) ou à l'infinitif.	☐	☐

b. Réécris ta recette pour pouvoir répondre *Oui* à toutes les questions.
Puis illustre-la avec un dessin ou une photo découpée dans un magazine.

L'atelier de lecture

1. Repérer et utiliser des informations

Après avoir lu le document ci-contre, réponds par *Vrai* ou *Faux* :

a. Personne n'habite près du pôle Nord.
b. Pour empêcher l'air chaud de s'échapper, on construit un tunnel à l'entrée de l'igloo.
c. Dans le pays des Inuits, il fait toujours – 40 °C.
d. On peut tenir debout dans un igloo.
e. L'igloo est arrondi parce que c'est plus joli.
f. Les Inuits ne voient jamais le ciel bleu.

Lorsque tu as répondu *Faux* à une affirmation, transforme-la pour pouvoir répondre *Vrai*.

Ex : Personne n'habite près du pôle Nord. = Faux
Les Inuits habitent près du pôle Nord. = Vrai

Un petit tunnel, à l'entrée de l'igloo, empêche l'air chaud de s'échapper.

Les Inuit habitent près du pôle Nord. La température extérieure peut tomber à – 40 °C environ. Quand ils partent à la chasse sur la banquise, ils construisent un igloo. Ils découpent de gros blocs de glace qu'ils superposent sur une base ronde. Cette forme arrondie permet de dévier les vents glacés.

Les maisons du monde, coll. *Superscope*, © Nathan.

2. Identifier des textes

Voici quatre extraits de textes. Ils contiennent tous le mot *terre*. Indique de quel ouvrage pourrait provenir chacun d'eux :

1 Notre vaisseau s'approchait de la Terre. – Réduis la vitesse ! ordonna Amoxin.

2 Mettez les choux-fleurs dans un plat en terre et recouvrez-les avec la sauce.

3 20 h : Le journal télévisé
20 h 45 : Sciences pour tous
Débat : L'avenir de la Terre

4 Terre : n.f. Planète du système solaire habitée par l'homme (avec une majuscule en ce sens).

A

B

C

D

19

niveau 2

Dans cette unité tu vas apprendre à:

- *1. Reconnaître un texte prescriptif.*
- *2. Utiliser l'infinitif, le subjonctif, l'impératif.*
- *3. Varier les modes de prescription.*

As-tu déjà vu dans la rue des personnes qui se comportaient mal? Raconte…

à l'oral

Observer et imaginer

1. Décris ce que tu vois sur la page de gauche.
Quels personnages ont une attitude menaçant leur santé ? Pourquoi ?
Quels sont les plus prudents ?

2. Avec un camarade, imagine et joue la discussion entre l'homme au marteau-piqueur et la dame au chien.

S'exprimer

1. Connais-tu d'autres comportements dangereux dans la rue ?
En quoi peuvent-ils provoquer des accidents ? Justifie ta réponse.

2. Prends-tu soin de ton corps ? Comment ?

3. Selon toi, quand faut-il aller chez le médecin ? chez le dentiste ? Pourquoi ?

Savoir donner des conseils

◆ À ton avis, que faut-il faire pour ne pas avoir d'accident dans la rue ?

• Faites une liste à plusieurs.
Pour vous aider, transformez ce qu'il ne faut pas faire en *conseil* pour les autres.
Ex : Ne pas traverser sans regarder. → *Regarder avant de traverser.*

• Individuellement, reprenez tous les conseils listés et choisissez-en 5.
Désignez l'un d'entre vous pour donner ces conseils à la classe en expliquant pourquoi il faut les suivre.

À ton tour de donner des conseils !
Tu as dû assister à de petits accidents dans la cour de récréation...
Choisis-en un et commence par rappeler ce qui l'a produit et comment cela s'est passé.
Puis donne des conseils pour éviter que cela ne se reproduise.

Tu peux aussi essayer de donner des conseils aux adultes pour éviter des accidents (en voiture, à la maison...).

◆ 1. Reconnaître un texte prescriptif

À la maison, méfie-toi!

Au feu!

Que faire en attendant les pompiers ?

N° de téléphone des pompiers: 18

Ne jette jamais d'eau sur un appareil électrique enflammé. Tu t'électrocuterais. Coupe le courant au disjoncteur[1].
Si tes vêtements prennent feu, roule-toi par terre pour éteindre les flammes. Si ceux d'un camarade s'enflamment, jette sur lui une couverture de laine pour étouffer le feu, mais attention : pas de tissus synthétiques[2].

Que faire en cas de brûlure?

N'enlève jamais les vêtements en contact avec la peau. Tu pourrais arracher la peau. Fais tout de suite couler de l'eau froide pendant **10 minutes** sur la brûlure à travers les vêtements.
Appelle au secours. Couche le brûlé sur le côté. **Ne mets aucun produit sur la brûlure**, protège-la avec une serviette propre.

1. **le disjoncteur :** le boîtier qui commande l'électricité dans toute la maison.
2. **synthétique :** fabriqué artificiellement.

Attention au micro-ondes!

Remue les liquides et vérifie leur température avant de boire. Le récipient peut être froid et le liquide brûlant, car les micro-ondes ne réchauffent que les aliments!

Que faire en cas de fuite de gaz?

Si ça sent le gaz, ouvre les fenêtres pour **aérer**, puis **ferme le gaz** au compteur.
Ne touche ni bouton électrique, ni téléphone, ni lampe de poche, ni sonnette, ni allumette, ni briquet ! Va vite **prévenir** tes parents ou les voisins.

Attention dangers! sous la direction de Claude Faure,
© Éditions Belin.

On dit que pour éteindre un incendie il faut:
- un verre d'eau à la première minute,
- un seau d'eau à la deuxième minute,
- et une tonne d'eau à la troisième!

… et après, on fait ce qu'on peut!

Le titre du texte : ....
Le titre du livre : ....
L'auteur : ....

Ce texte raconte-t-il une histoire?
Donne-t-il des conseils?
Rapporte-t-il des événements?

Lire sans hésiter

◆ Retrouve tous les mots de la 1re liste dans le texte. Repère les intrus dans la 2e.

- téléphone – peau – jette – liquide – pompiers – brûlant – fuite.
- flamme – flamme – femme – flamme – flambe – flamme – blâme – flamme flamme – flamant – flemme.

Vocabulaire

1. a. Que signifie le verbe *s'électrocuter*? Cherche un mot de la même famille dans le texte. Tu peux t'aider du dictionnaire.

b. Dans la liste suivante, repère l'intrus et justifie ta réponse :
électrique – électrifier – électricien – électrice – électroménager.

2. Quel est le verbe commun à ces deux phrases ?
Peux-tu intervertir les sujets ?

- Ses vêtements prennent feu. • Mes parents prennent le train.

Cherche d'autres sujets. Que remarques-tu ?

3. Relie chaque expression à son sens :

prendre les choses en main •	• agir avec délicatesse
prendre des gants •	• attaquer
prendre d'assaut •	• s'occuper de tout

Lecture - compréhension

L'essentiel

1. Combien ce texte a-t-il de parties ? Comment les repères-tu ?
Comment est mis en évidence ce qui est important ?

2. À qui s'adresse ce texte ?
Donne-t-il des ordres, des conseils ou des indications ?

3. Que faut-il faire en cas de fuite de gaz ? Qu'est-ce qu'il ne faut pas faire ?

En détail

4. Quel est le numéro de téléphone des pompiers ?

5. Pourquoi ne faut-il pas retirer les vêtements en cas de brûlure ?

6. Quelle quantité d'eau est nécessaire pour éteindre un incendie à la deuxième minute ?

Découvrons le texte prescriptif

1. Sur une copie du texte, page 226 :
- encadre en bleu les titres,
- colorie en rouge ce qu'il ne faut pas faire,
- colorie en vert les actions à accomplir.

Compare avec un camarade. Justifiez vos choix.

2. Dans les phrases contenant des actions à accomplir, où sont placés les verbes ? Quel temps est utilisé ?

3. Réécris la partie *Que faire en cas de brûlure ?* en ne gardant que les actions. Va à la ligne à chaque nouvelle action.

4. Transforme ces indications en interdictions :
- Il ne faut pas enlever les vêtements d'un brûlé. → …
- Il ne faut pas mettre un produit sur la brûlure. → …
- Il ne faut pas jeter de l'eau sur un appareil enflammé. → …
- Il ne faut pas courir si les vêtements prennent feu. → …

Compare avec le texte.

5. Réécris l'encadré du bas de la page 226 sous la forme d'actions à accomplir :

Pour éteindre un incendie, après une minute…

6. Explique pourquoi il faut faire ces gestes et complète les phrases :
- Jette sur ton camarade une couverture de laine…
- Ne jette jamais d'eau sur un appareil électrique enflammé…
- Vérifie toujours la température des liquides chauffés au micro-ondes…
- Ouvre les fenêtres si ça sent le gaz…

À toi d'écrire

7. À ton tour ! Donne des conseils et dis ce qu'il faut faire pour éviter tout accident dans la cour de récréation.

- À l'oral, fais la liste de tous les conseils en expliquant à quoi ils servent, puis la liste de tout ce qu'il ne faut pas faire en expliquant quel est le danger.
- Classe tes conseils et tes interdictions : comment éviter les accidents dans la cour, sous le préau…, que faire en cas d'accident…

En t'aidant du texte, page 226, écris un document *Dans la cour, méfie-toi !* que l'on pourra afficher dans toutes les classes.

◆ 2. Utiliser l'infinitif, le subjonctif, l'impératif

Des pilules pour donner l'espoir…

Tistou est un petit garçon qui possède un pouvoir merveilleux dans ses mains… Ici, dans un hôpital, il discute avec une petite fille malade.

– Tu reçois des visites ?

– Beaucoup. Le matin, avant le petit déjeuner, je vois la sœur-thermomètre. Et puis le docteur Mauxdivers vient ; il est très gentil, il me parle très doucement et il me donne un berlingot. À l'heure du déjeuner, c'est le tour de la sœur-pilules ; puis, avec mon goûter, je vois entrer la sœur-aux-piqûres-qui-font-mal. Et après vient un monsieur en blanc qui prétend que mes jambes vont mieux. […] Tous, ils disent que je vais guérir. Mais moi je regarde le plafond ; lui, au moins, il ne me raconte pas de mensonges.

Tandis qu'elle parlait, Tistou s'était levé et s'affairait[1] autour du lit. « Pour que cette fillette guérisse, il faut qu'elle ait envie de voir le lendemain, c'est clair, songeait-il. Une fleur, avec sa manière de se déplier, de ménager[2] des surprises, pourrait sûrement l'aider. Une fleur qui pousse, c'est une vraie devinette, qui recommence tous les matins. […] À attendre chaque jour la surprise, cette petite fille oubliera peut-être sa maladie… »

Les pouces de Tistou ne chômaient pas.

– Moi, je crois que tu vas guérir, dit-il.

– Toi aussi, tu le crois ?

– Oui, oui, je t'assure. Au revoir.

– Au revoir, répondit poliment la petite fille malade. Tu as bien de la chance d'avoir un jardin.

Le docteur Mauxdivers attendait Tistou derrière son grand bureau nickelé[3], encombré de gros livres.

– Alors, Tistou, demanda-t-il, qu'as-tu appris aujourd'hui ? Que sais-tu de la médecine ?

– J'ai appris, répondit Tistou, que la médecine ne peut pas grand-chose contre un cœur triste. J'ai appris que pour guérir il faut avoir envie de vivre. Docteur, est-ce qu'il n'y a pas de pilules pour donner l'espoir ?

Tistou les pouces verts de Maurice Druon, coll *Livre de poche Jeunesse*,
© Maurice Druon.

1. **s'affairer :** s'agiter.
2. **ménager :** préparer.
3. **nickelé :** recouvert d'un métal blanc très brillant.

Imagine la réponse du docteur Mauxdivers à Tistou…

Lire sans hésiter

◆ Entraîne-toi à lire rapidement ces noms de maladies :

une broncho-pneumopathie virale – la poliomyélite – l'infarctus – l'eczéma – l'artériosclérose – la scarlatine – un anthrax – la thrombose – une paralysie – un catarrhe – une apoplexie – la myopathie.

Lecture - compréhension

L'essentiel

1. Cette histoire peut-elle être vraie ? Pourquoi ?

2. Quels sont les personnages mis en scène ?

3. Pourquoi la petite fille ne guérit-elle pas ?

En détail

4. Réponds par *Vrai* ou *Faux* à chacune de ces affirmations :

a. Le docteur s'appelle Mauxdété.
b. Le plafond ne raconte pas de mensonges.
c. Pour guérir, la fillette doit avoir envie de voir le lendemain.
d. Tistou n'a pas la chance d'avoir un jardin.

Vocabulaire

► *Connaître les différents sens d'un mot* ◄

1. Lis cette définition donnée dans le dictionnaire :

Bouton, n.m. 1. Petit objet plat ou en forme de boule, cousu à un vêtement, qui sert à fermer celui-ci quand il est passé dans une boutonnière. 2. Fleur dont les pétales ne sont pas encore déployés. 3. Petite grosseur ou petite rougeur sur la peau. 4. Objet que l'on tourne ou sur lequel on appuie pour manœuvrer quelque chose.

Donne le chiffre correspondant à chacun des sens utilisés dans ces phrases :

- Un jour, la fleur ouvre un bouton.
- J'ai perdu un bouton de ma veste.
- Tourne le bouton de la porte.
- Tu as un bouton sur le visage.

Indique le mot de la phrase qui t'a aidé à trouver.

2. Trouve le mot commun qui manque dans ces phrases et cherche sa définition :

– Mets le … dans le vase. – Nous avons admiré le … final du feu d'artifice.
– Ce vin a un … délicat. – Ah ! ça, c'est le … !

3. Cherche le mot commun auquel correspondent ces définitions :

… : v. 1. Aller plus bas. 2. Porter plus bas. 3. Baisser. 4. Aller sur un cours d'eau de l'amont vers l'aval.

4. Écris des phrases en utilisant le mot *pièce* dans ses différents sens.
Aide-toi du dictionnaire.

◆ Un mot peut avoir plusieurs sens. Il ne faut pas confondre un mot possédant plusieurs sens et deux mots différents qui s'écrivent de la même façon.
Ex : le manche – la manche.

Découvrons comment utiliser l'infinitif, l'impératif et le subjonctif

1. Relie les formules qui vont ensemble et explique ce qui t'a aidé :

Avale la pilule et •	• boire de l'eau.
Il faut que vous avaliez la pilule et •	• bois de l'eau.
Avaler la pilule et •	• que vous buviez de l'eau.
Avalez la pilule et •	• buvez de l'eau.

2. Dans chacun de ces textes, relève les verbes indiquant les actions à accomplir :

Ⓐ En cas de brûlure :
– appelle du secours.
– couche le brûlé.
– ne mets aucun produit.
– protège la brûlure.

Ⓑ En cas de brûlure :
– appeler du secours.
– coucher le brûlé.
– ne mettre aucun produit.
– protéger la brûlure.

Ⓒ En cas de brûlure, il faut que vous appeliez du secours, que vous couchiez le brûlé, que vous ne mettiez aucun produit et que vous protégiez la brûlure.

Que remarques-tu ? Dans lequel de ces extraits donne-t-on des ordres, des indications, une liste d'actions à accomplir ?

3. Dans le texte, page 226, relis le 1er paragraphe.
Repère les actions et remplace à l'oral, puis à l'écrit :

a. *ne jette jamais d'eau* par *ne jamais jeter d'eau…*
b. *ne jette jamais d'eau* par *il faut que tu ne jettes jamais d'eau…*

4. On a mélangé l'infinitif, l'impératif et le subjonctif. Choisis une façon d'indiquer les actions et recopie le texte de façon cohérente :

Pour faire un jus de fruits – Prendre un fruit – Lave-le soigneusement – Il faut que vous le coupiez en deux – Presse-le – Il faut que vous vidiez le jus dans un verre – Rajouter du sucre.

À toi de varier les modes de prescription

1. À toi de donner les consignes pour avoir une bonne dentition.

Le brossage consiste à éliminer chaque jour les débris alimentaires dès le plus jeune âge (2 ans). Les dents doivent être brossées après chaque repas, ou au moins 2 fois par jour : après le petit déjeuner et avant le coucher, le brossage du soir étant le plus important. Se brosser les dents demande aussi un brossage circulaire des gencives. Le rinçage à l'eau est tout aussi important.

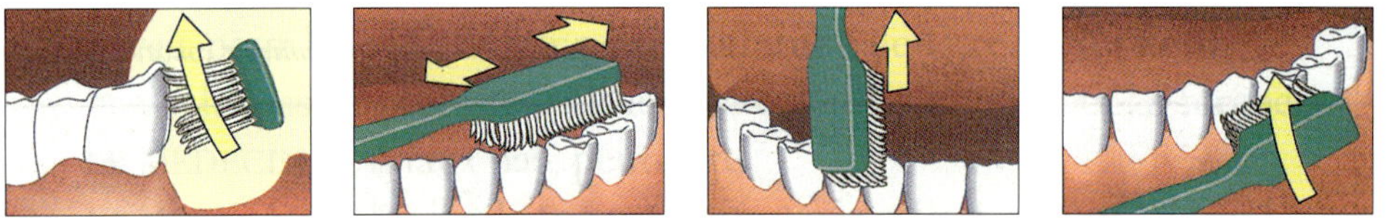

Extraits de TDC, n° 669, © DR.

Pour t'aider

- Choisis un mode de prescription et respecte-le.
  (À l'impératif : brosse, frotte … ; à l'infinitif : brosser, frotter …)
- À l'aide des dessins, décris bien les différentes actions à faire.
  Utilise des verbes comme :
  brosser, frotter, masser, rincer, éliminer.
- Lorsque tu as terminé, vérifie que tu as bien utilisé le même mode partout.
  Fais attention à la place des verbes.

À toi de réécrire

2. a. Ce texte écrit par Salomé te semble-t-il compréhensible ? Pourquoi ?

> Avoir des dents en bonne santé :
> Il faut se laver les dents au moins deux fois par jour. Et puis on met du dentifrice sur la brosse. Frottez d'abord les dents du devant de la gencive vers l'extrémité. Enlever les débris d'aliments. Tu nettoies ensuite le dessus de tes molaires. On masse les gencives pour activer la circulation sanguine. Se rincer la bouche et aussi la brosse.
> Le soir, ne mange plus rien après t'être lavé les dents.

b. Fais la liste de tous les verbes, puis compare avec un camarade. Que remarquez-vous ?

3. Recopie le texte de Salomé en l'améliorant.

Donner son avis

		lire / écrire	projets d'écriture
Unité 20	niveau 2	Exposer son avis	Donner une opinion
Unité 21	niveau 3	Justifier son avis	Justifier un choix

20

niveau 2

Dans cette unité tu vas apprendre à :

- *1. Donner une opinion.*
- *2. Organiser les arguments.*
- *3. Écrire pour donner un avis.*

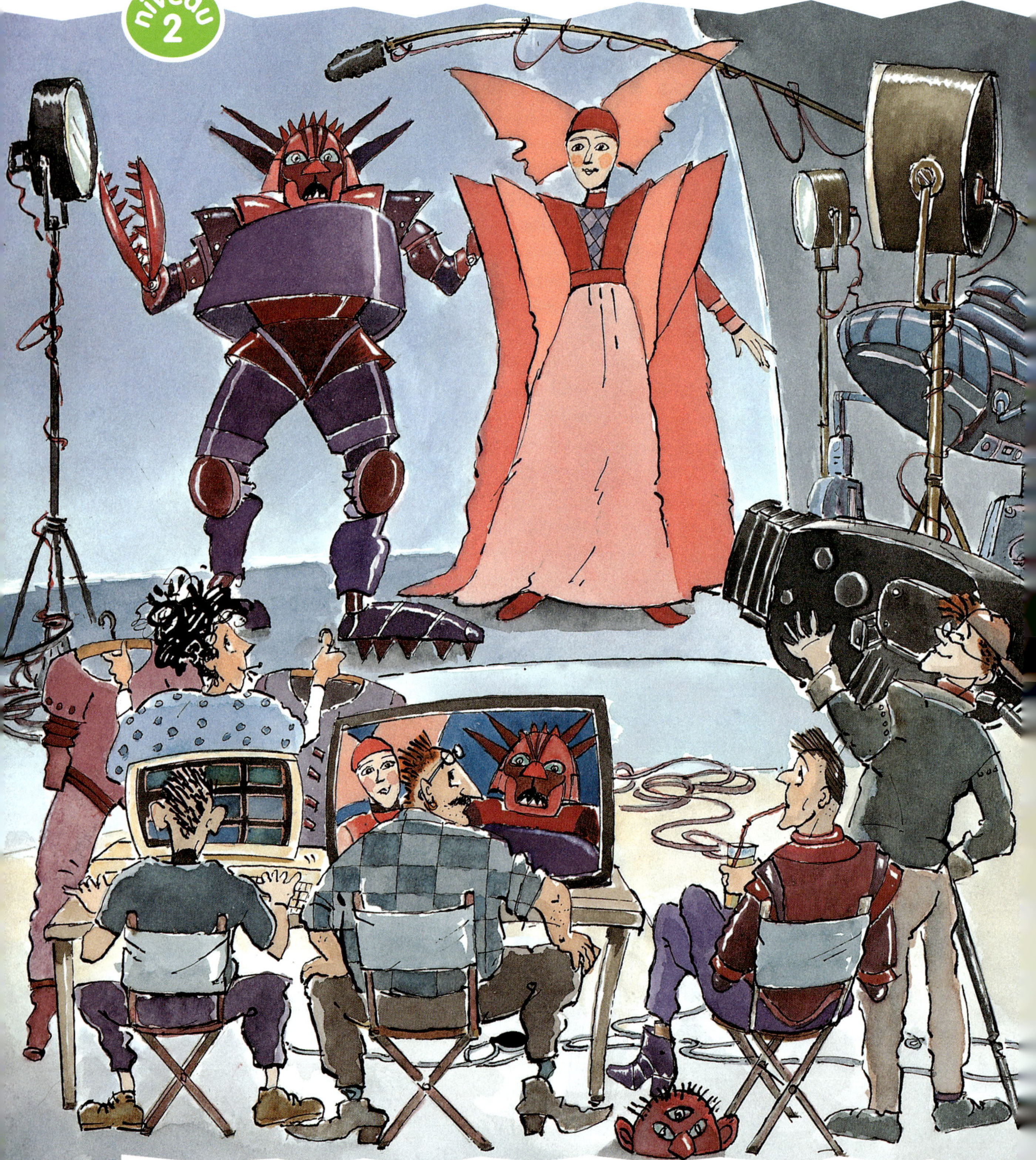

Quel est le métier des différentes personnes représentées sur ce dessin ?

à l'oral

Observer et imaginer

1. Que représente le dessin de la page de gauche ? Quel titre pourrais-tu lui donner ?

2. Observe les deux personnages en action devant la caméra. Quel est celui que tu trouves le plus sympathique ? Pourquoi ? À ton avis, le comédien qui observe ses camarades fait-il partie des bons ou des méchants ? Pourquoi ?

3. En t'aidant du titre que tu as choisi et de l'aspect des personnages, imagine l'histoire racontée par le film…

Choisir les bons liens

◆ Observe les exemples et continue :
a. *J'ai vu un film. Son titre est* Les Diables. ➜ *J'ai vu un film dont le titre est* Les Diables. **b.** *J'ai rencontré Louis. Il sortait du cinéma.* ➜ *J'ai rencontré Louis qui sortait du cinéma.*
Maman a chassé Poussy. Il dormait dans ton lit. – Jean a une nouvelle montre. Ses aiguilles clignotent. – J'ai raconté une histoire à Chloé. Elle a beaucoup ri. – Maman a acheté des fleurs. Elles n'étaient pas chères. – José a gagné une coupe. Il en est très fier – Noé a un frère. Sa femme est actrice.

Utiliser des informations

◆ Voici des titres de films. Élimine ceux que tu as déjà vus.
Les sept samouraïs – 2001 : l'odyssée de l'espace – La prisonnière du désert – Nosferatu le vampire – Les misérables – Un Indien dans la ville – Les visiteurs.

Parmi les titres restants, choisis le film que tu aimerais voir et imagine l'histoire qu'il annonce. Présente cette histoire à tes camarades. En t'écoutant, ils doivent retrouver le titre du film que tu as choisi. Bien sûr, lors de ta présentation, tu ne dois pas utiliser un seul nom du titre !

Renseigne-toi ensuite pour savoir ce que raconte vraiment le film que tu as choisi. L'histoire correspond-elle à celle que tu as inventée ?

◆ 1. Donner une opinion

La critique du spectateur

Aujourd'hui, nos amis ont vu Tarzan, *le dernier film des studios Disney. Qu'en pensent-ils ?*

«Tarzan, c'est moi!» (Maxime,11 ans) Ce film est très chouette et je me suis vraiment identifié au héros. Il est beau, musclé et pas très doué pour les études. Exactement comme moi! La musique est géniale, elle donne l'impression d'être vraiment dans la jungle.

«Un film pour les gamins» (Loïc,10 ans) J'ai trouvé que le film était mortel. Le scénario est nul et on n' y croit pas une seconde. Ce bébé adopté par des singes, c'est impossible. Dans la réalité, il aurait été dévoré en quelques heures. Et puis tous ces animaux qui parlent et qui dansent, quelle blague! De plus, la salle était pleine de gamins qui criaient plus fort que Tarzan. Pas de doute, ce film est bien fait pour eux!

«Une belle histoire d'amour» (Candice,12 ans) Moi, j'ai adoré le film. Au bout de deux minutes, on oublie que c'est un dessin animé. C'était passionnant et on a vraiment l'impression que les personnages sont vivants. Plusieurs fois j'ai eu envie de pleurer, surtout quand Tarzan retrouve la cabane de ses parents. Je ne regrette qu'une chose : le film est trop violent et il y a beaucoup de morts.

«Oui, pas mal, mais sans plus» (Natacha,10 ans) Pour moi, le cinéma est une fête. J'adore le grand écran qui donne l'impression d'être au centre de l'action, avec les acteurs. Et puis les bruits et la musique qui sortent très fort de tous ces haut-parleurs. Et le public qui rit ou crie en même temps... Comme je ne vais pas souvent au cinéma, je sélectionne soigneusement les films que je vais voir. Je lis des critiques, je regarde les affiches. Et pour *Tarzan*, j'ai été un peu déçue. Si j'avais su, j'aurais attendu la sortie de la cassette vidéo.

L'actualité des salles obscures, Décembre 99.

Le titre du texte : ....

Le titre du journal : ....

La date du numéro : ....

Ces critiques sont-elles extraites d'un journal sur les animaux ? sur le cinéma ? sur Walt Disney?

Lire sans hésiter

◆ Lis ces titres. Relis très vite ceux qui correspondent à un film de Walt Disney.

Tarzan – Herbule – La Belle et la Tête – Le roi lion – Pocohontos – Zartan
Blanche-Neige et les sept pains – Pinocchio – Bambinette – Cendrillon
Les 101 dalmachiens – Merlin le facteur – Le livre de la jungle.

Vocabulaire

1. a. Copie tous les mots du texte liés au cinéma.

b. Souligne ceux qui désignent une ou plusieurs personnes.

c. Entoure ceux qui permettent de compléter les phrases suivantes :

L' … fait la publicité du film. Le … raconte l'histoire. On projette le film sur un …
Souvent, la … du film donne l'impression d'être au centre de l'… .

2. a. Indique à quelle catégorie appartiennent ces films et justifie ta réponse :

Les animaux du marais poitevin – Le festin des morts vivants – Gros Loup et P'tit Cochon – Inspecteur Laboulette.

Catégories : *film d'horreur – film documentaire – film comique – dessin animé.*

b. Repère, dans chaque titre, le mot qui t'a permis d'identifier la catégorie du film. Imagine ensuite un autre titre de film pour chacune des catégories.

Lecture - compréhension

L'essentiel

1. Où peut-on lire ce texte ? À quoi sert-il ?
2. Qui a aimé le film ? Qui ne l'a pas aimé ?
3. Quelle différence vois-tu entre la critique de Natacha et celles des autres ?
4. As-tu vu le film *Tarzan* ? Si oui, de quelle critique te sens-tu le plus proche ?
Si non, ces critiques t'ont-elles donné envie de le voir ? Pourquoi ?

En détail

5. À quoi sert le texte imprimé en gras au début de chaque critique ?
6. Parmi les enfants interrogés, y a-t-il autant de garçons que de filles ?
Quel âge a le plus âgé ? et le plus jeune ?
7. À quelle catégorie appartient ce film ?

Découvrons des opinions

1. a. Relis les critiques du film *Tarzan*, page 238.
Repère, dans chaque témoignage, les mots ou expressions qui permettent de connaître l'opinion du spectateur.
Quelles sont les remarques positives ? les remarques négatives ?

b. Chaque enfant interrogé a donné une note au film.
Associe chacune de ces notes à un des enfants.

19/20 16/20 10/20 3/20

Quels sont les indices qui permettent de répondre ?

2. a. Certains journalistes vont voir tous les films nouveaux pour en faire une critique publiée dans les journaux. En voici quelques extraits :

a. « … de l'amour et de l'action. Un régal. »
b. « Bonne distribution. Faible film. »
c. « *Au-delà des murs* est une œuvre courageuse et belle. »
d. « Médiocre comédie où Landis semble avoir perdu tout talent. »
e. « Burt Lancaster est admirable. »
f. « Totalement nul mais plutôt sympathique. »
g. « Ravissante comédie. »
h. « Un film dont la vulgarité donne la nausée. »
i. « Un film raté et ennuyeux. »

b. Classe ces extraits en faisant trois groupes :
– les extraits qui donnent une bonne opinion du film,
– ceux qui donnent une mauvaise opinion du film,
– ceux qui donnent une opinion partagée (ni bonne, ni mauvaise).

c. Complète ces listes en relevant les termes utilisés par les critiques :
- opinion positive : un régal
- opinion négative : faible film

À toi d'écrire

3. Voici une critique de film lue dans un magazine :

J'ai vraiment adoré ce film. Il est passionnant du début à la fin. Le scénario est bien construit et l'action, toujours présente, nous entraîne dans des paysages superbes et variés. Le héros (beau, courageux et intelligent !) trouve toujours des astuces surprenantes pour se tirer des mauvaises situations. Alors un bon conseil : si ce film passe près de chez vous, allez le voir sans tarder !

Reprends les arguments du texte ci-dessus et modifie-les pour en faire une critique négative.

◆ 2. Organiser les arguments

Sauvez Willy

Sauvez Willy est une histoire toute simple : celle de l'amitié qui unit Jesse, un garçon de douze ans, et Willy, un orque[1] en captivité. Abandonné en bas âge par sa mère, Jesse est, comme on dit, sur la mauvaise pente. N'ayant connu que des familles adoptives, il se révolte en accumulant les bêtises : tags, fugues, petits vols. Willy, lui non plus, ne tourne pas très rond. Capturé pour amuser le public d'un marineland[2], il ne se laisse pas approcher, et répond par la violence à toute tentative de dressage. En fait, lui aussi souffre d'être séparé de sa famille. Heureusement, le destin veille et provoque la rencontre des deux rebelles. Entre l'animal et l'enfant naît aussitôt une grande complicité, comme si chacun lisait dans les pensées de l'autre…

Dans le film, Willy sauve Jesse en lui redonnant goût à la vie, et Jesse lui rend la pareille[3] en l'aidant à retrouver la liberté. Car le message de *Sauvez Willy* est d'abord écologique. « Je suis contre les parcs à thème, explique la productrice du film, Lauren Shuler-Donner. Je pense qu'on peut s'informer de bien d'autres façons sur la vie des animaux : en visionnant des documentaires, en les observant dans leur milieu naturel. » En montrant que, comme les humains, les animaux souffrent en captivité, le film critique la mode des shows[4] aquatiques, qui exploitent dauphins et orques au mépris de leur santé.

Aux États-Unis, le film a fait mouche[5], et même pris de vitesse ses producteurs. Les Américains se sont en effet émus du sort de Keiko, l'orque qui joue le rôle de Willy dans le film. Depuis une dizaine d'années, Keiko est l'attraction d'un parc de Mexico où il vit dans un bassin de 27 mètres de long sur 13 de large, une misère comparé à sa propre taille : plus de 6 mètres ! À cause de l'exiguïté[6] du bassin, Keiko souffre d'une maladie de peau et du manque d'exercice. Son état est alarmant. Depuis cet été, plusieurs associations de défense des animaux essayent d'obtenir sa remise en liberté. Mais, même si elles y parviennent, il n'est pas sûr qu'après dix ans de vie en captivité, Keiko soit capable de survivre en liberté. Dans la vie, rien n'est jamais aussi simple qu'au cinéma…

Claire Laurens, *Infos Junior*, n° 23, © Fleurus Presse.

1. **un orque :** un mammifère marin, proche du dauphin.
2. **un marineland :** un parc d'attractions avec des animaux marins.
3. **rendre la pareille :** faire la même chose.
4. **un show :** un spectacle.
5. **faire mouche :** atteindre son but.
6. **l'exiguïté :** l'étroitesse.

Es-tu pour ou contre les zoos qui gardent les animaux en captivité ? Pourquoi ?

Lire sans hésiter

◆ Repère, dans le texte, les mots d'origine américaine. À quoi les reconnais-tu ? Sais-tu comment les prononcer ?
Lis les mots suivants en les prononçant *à la française*, puis *à l'anglaise*.
Quelle différence remarques-tu ?

le football – un cow-boy – un parking – un steak – le week-end – un hamburger.

Lecture - compréhension

L'essentiel

1. Réponds par *Vrai* ou *Faux*. Si l'affirmation est fausse, corrige-la pour qu'elle devienne vraie.

a. Jesse est le nom du comédien qui joue le rôle de Willy.
b. Keiko est le nom de l'orque.
c. Lauren Shuler-Donner est la directrice du marineland de Mexico.
d. La productrice du film est favorable aux spectacles avec des animaux marins.
e. La fin de l'article est optimiste.
f. Dans le film, Jesse et Willy sont amis parce qu'ils ont les mêmes problèmes.
g. C'est surtout dans le premier paragraphe de l'article qu'on parle du film.
h. Le film a sensibilisé les Américains aux problèmes des animaux marins en captivité.

En détail

2. Il y a trois nombres écrits en chiffres dans le texte. Qu'indiquent-ils ?

3. Depuis combien de temps Keiko est-il en captivité ?
Qui essaie d'obtenir sa remise en liberté ?

Vocabulaire

► *Distinguer le sens propre du sens figuré* ◄

1. Retrouve ces expressions dans le texte. Que signifient-elles ?

Jesse est sur la mauvaise pente.
Willy ne tourne pas très rond.
Chacun lit dans les pensées de l'autre.
Le film a fait mouche.

2. Quand on dit « *Ce film a fait un malheur !* », qu'est-ce que cela signifie ?
Le mot *malheur* a-t-il le même sens que dans la phrase :

« Le malheur s'est abattu sur cette famille. »

3. Pourquoi dit-on parfois : « *Cette histoire n'a ni queue ni tête !* » ?
Dans quel sens faut-il prendre ces mots ?

4. Associe chacune de ces expressions à ce qu'elle signifie :

a. Jouer comme un pied	1) Être ambitieux
b. Avoir un petit pois dans la tête	2) Être stupide
c. Avoir les dents longues	3) Jouer très mal
d. Casser les pieds	4) Énerver
e. Tomber dans les pommes	5) Ennuyer
f. Taper sur les nerfs	6) S'évanouir

5. Dans l'expression *jouer comme un pied*, le mot *pied* ne désigne pas un vrai pied. On l'utilise pour faire comprendre une idée. C'est le sens figuré. À ton tour, cherche des expressions dans lesquelles les mots suivants sont utilisés au sens figuré :

œil – tarte – lumière – poubelle – cirque – singe.

◆ Certains mots ont un sens propre et un sens figuré.
Ex : Il ramasse une pierre (sens propre). *Il a un cœur de pierre* (sens figuré).

Découvrons comment organiser les arguments

1. Relis les paroles prononcées par la productrice du film *Sauvez Willy*, page 241. Est-elle pour ou contre les parcs d'attractions ? Quels sont ses arguments ?

2. Relève, dans l'ensemble du texte, tous les arguments qui montrent que l'auteur de l'article est opposé à la mise en captivité des grands animaux marins.

Parmi ses arguments, lequel te semble le plus fort ? Où est-il placé dans le texte ? Pourquoi l'auteur l'a-t-il placé à cet endroit ?

3. a. Numérote les arguments de l'auteur en commençant par le plus faible et en terminant par le plus fort.

Cet ordre suit-il celui du texte ?

b. Commentez ensemble les arguments afin de vous mettre d'accord sur un classement commun.

À quoi sert l'ordre dans lequel on présente les arguments ?

4. a. Avec tes camarades, recherche des arguments *pour* la mise en captivité des animaux marins. Classez-les en commençant par le plus faible, puis comparez avec la liste des arguments *contre*.

b. Utilise ces arguments pour écrire deux textes : le premier est favorable à la mise en captivité des animaux marins, le second y est opposé. De ces deux textes, lequel est le plus convaincant ?

◆ 3. Écrire pour donner un avis

L'histoire

L'intrigue[1] de *La menace fantôme* est pratiquement inexistante : la République (les gentils) est contrariée par la Fédération, qui a augmenté les taxes[2] sur les routes commerciales de la galaxie ! En particulier, la paisible petite planète Naboo, dont la reine Amidala, n'entend pas se laisser faire…

Voilà le point de départ (sans rire) de ce film très, très attendu. Le prétexte[3] est léger, mais ce n'est qu'un prétexte. Le bien, la paix sont bafoués[4], donc une guerre des étoiles il peut y avoir, comme dirait Yoda.

♥ **Un film de George Lucas, avec Jake Lloyd, Liam Neeson, Ewan McGregor et Natalie Portman. Durée : 2 h 13. Sortie : le 13 octobre.**

Des effets spéciaux

Ce nouvel épisode de *Star Wars* a coûté 700 millions de francs. Plusieurs centaines de techniciens (dessinateurs, graphistes, etc.) ont assisté George Lucas. La galerie de personnages est inondée d'effets spéciaux : quelque 1900 plans, le plus grand nombre jamais atteint pour un seul film. Et on sature[5] un peu… Heureusement, la magie *Star Wars* a survécu : dans l'adieu d'Anakin à sa mère, petite silhouette enturbannée dans son bizarre costume en toile de sac, dans le visage ridé de Yoda, qui doute de l'avenir de cet enfant (à juste titre, puisqu'il s'agit du futur Dark Vador). Et, bien sûr, dans les combats au sabre laser. C'est dans ces moments-là que l'on repart « *il y a très longtemps, dans une galaxie lointaine…* »

L'Hebdo des Juniors n° 320, 10-1999.

1. **l'intrigue :** le fil de l'histoire.
2. **les taxes :** les impôts.
3. **le prétexte :** la raison donnée.
4. **bafoué :** pas respecté.
5. **saturer :** en avoir assez.

Vocabulaire

1. Quelle est la différence entre un *dessinateur* et un *graphiste* ? Aide-toi du dictionnaire ! Donne trois mots de la famille de *dessinateur* et trois mots de la famille de *graphiste*.

2. À quoi servent les effets spéciaux au cinéma ? Donne quelques exemples.

3. Associe chacun de ces professionnels du cinéma au travail qu'il doit réaliser.

Le scénariste •	• fait fonctionner la caméra.
Le metteur en scène •	• avance l'argent nécessaire à la réalisation du film.
La comédienne •	• dirige la caméra et les acteurs.
Le caméraman •	• interprète un personnage.
Le producteur •	• est spécialisé dans les scènes dangereuses.
Le bruiteur •	• enregistre les dialogues.
Le cascadeur •	• écrit l'histoire.

Lecture guidée

1. a. Relis cet extrait de l'article :

> Heureusement, la magie *Star Wars* a survécu : dans l'adieu d'Anakin à sa mère, petite silhouette enturbannée dans son bizarre costume en toile de sac, dans le visage ridé de Yoda, qui doute de l'avenir de cet enfant (à juste titre, puisqu'il s'agit du futur Dark Vador). Et, bien sûr, dans les combats au sabre laser. C'est dans ces moments-là que l'on repart « *il y a très longtemps, dans une galaxie lointaine...* »

b. Les passages indiqués en rose sont-ils indispensables ? À quoi servent-ils ?

2. a. Recherche l'expression *dans ces moments-là*. De quels moments s'agit-il ? Quelle est l'expression qui montre que les combats au sabre laser font vraiment partie de la magie de *Star Wars* ? Quelle est l'expression qui montre que Yoda a raison de douter de l'avenir d'Anakin ?

b. Pourquoi la dernière phrase est-elle en italique et entre guillemets ?

Lire à haute voix

◆ Relis l'article, du début à la ligne 17, en préparant ta lecture selon que le film t'enthousiasme ou ne te plaît pas du tout (le ton de ta voix doit le prouver...).

À toi de donner ton avis

1. Tu vas maintenant donner ton avis sur la question suivante :

La planète Zyx est en partie recouverte d'un immense océan. Dans cet océan vivent de gros animaux marins nommés gonawas. Les gonawas sont depuis toujours chassés par les habitants, qui se nourrissent de leur viande et s'habillent de leur peau. Depuis quelques années, des chasseurs venus de la planète Xo s'intéressent eux aussi aux gonawas... Peut-on les laisser faire ?

Tu dois écrire un texte pour indiquer la solution que tu conseilles.
N'oublie pas de présenter tes arguments afin d'être entendu !

Pour t'aider

- Consulte ces tableaux :

	Évolution de la population de gonawas			
année	3010	3025	3040	3055
nombre d'individus	14 000	7 200	1 320	743

	Nombre de gonawas tués en 3057
par chasseurs Zyx	34
par chasseurs Xo	436

	Utilisation de l'animal	
	par chasseurs Xo	par chasseurs Zyx
viande	nourriture pour animaux domestiques	nourriture pour population
os	fabrication de produits de beauté	fabrication des habitations
organes	fabrication de médicaments	fabrication de médicaments

- Réponds aux questions suivantes :

  Faut-il limiter la chasse aux gonawas ? Pourquoi ?
  Parmi ces possibilités, laquelle vas-tu choisir d'exposer ?
  Interdire totalement la chasse ? Interdire la chasse à certains chasseurs et pas à d'autres ? Limiter la chasse pour tous ? Pourquoi ?

- Fais la liste des arguments que tu as choisi d'exposer.
  Classe-les en commençant par celui que tu estimes le plus faible.

À toi de réécrire

2. Réponds par *Oui* ou par *Non* aux questions suivantes :

a. As-tu présenté tous tes arguments ?
b. Les as-tu ordonnés afin de terminer par le plus convaincant ?
c. As-tu donné ton avis sur ce qu'il faut faire ?
d. Tes arguments correspondent-ils bien à ton avis ?

Si tu as répondu *Non* à certaines questions, corrige ton texte pour que la réponse devienne *Oui* ! Lis ensuite les textes de tes camarades.

L'atelier de lecture

1. Mobiliser des connaissances

Voici quelques définitions données par le dictionnaire. Le nom du sport est masqué par un rectangle vert. À toi de l'identifier !

: sport dans lequel 22 joueurs, divisés en deux camps, s'efforcent d'envoyer un ballon rond dans le but du camp adverse, sans utiliser les mains.

: sport qui consiste, pour deux ou quatre joueurs munis de raquettes, à envoyer une balle par-dessus un filet dans les limites du terrain.

: sport opposant deux adversaires au fleuret, au sabre, à l'épée.

: sport entre deux équipes de cinq joueurs qui doivent lancer un ballon dans le panier suspendu de l'équipe adverse.

: sport consistant à envoyer en un minimum de coups une balle à l'aide de clubs, dans les dix-huit trous d'un terrain rempli d'obstacles.

: Sport entre deux équipes de sept joueurs qui doivent mettre le ballon dans le but adverse uniquement avec les mains.

Tariq Abdul Wahad

2. Mots à trouver

On peut former beaucoup de mots à partir des lettres de MONTAGNE. Trouve les mots suivants à l'aide des définitions :

1 mot de 6 lettres → Bas du visage.

3 mots de 5 lettres → **a.** Mille kilos. – **b.** Nom d'une danse. – **c.** On en rencontre beaucoup dans la police ou l'espionnage.

6 mots de 4 lettres → **a.** Ne dit pas la vérité. – **b.** Elle peut être bonne ou mauvaise. – **c.** Brasse, crawl, papillon… – **d.** Livre numéroté faisant partie d'une série. – **e.** Insecte volant dont la piqûre est très douloureuse. – **f.** Il garde la main au chaud.

3 mots de 3 lettres → **a.** « Mot » en est un. – **b.** On en a tous un qui n'est pas commun. – **c.** Il exprime le désaccord.

1 mot de 2 lettres → Douze mois.

À ton tour, cherche au moins dix mots que l'on peut écrire avec les lettres de DÉCOUVERTE. Trouve une définition pour chacun d'eux.

21

niveau 3

Dans cette unité tu vas apprendre à :

- *1. Exprimer un avis.*
- *2. Utiliser des connecteurs.*
- *3. Justifier un avis.*

Quel genre de musique aimes-tu ? Pourquoi ?

à l'oral

Observer et décrire

◆ Choisis un musicien sur l'illustration et décris-le pour que tes camarades puissent le retrouver.

Attention ! tu n'as pas le droit de dire de quel instrument il joue. En revanche, tu peux parler de son allure générale, de ses vêtements, ou donner tout autre détail utile.

S'exprimer

◆ Choisis un chanteur ou une chanteuse que tu n'aimes pas du tout. Explique les raisons pour lesquelles tu ne l'apprécies pas, tout en restant respectueux de cette personne et de son travail.

Tu peux parler de sa voix, de sa musique, des paroles de ses chansons, de sa façon de s'habiller, de répondre aux questions au cours d'une interview, etc.

Justifier un point de vue

◆ Choisis un artiste de la chanson que tu aimes beaucoup. Présente-le ensuite à tes camarades en faisant son portrait, puis explique pourquoi cet artiste est une de tes vedettes préférées.

Tu peux préparer ton projet avec quelques camarades qui s'intéressent au même artiste…

Pour cela :

- Recherchez des articles ou des documents qui lui sont consacrés et rassemblez-les pour les lire ou les observer ensemble.
- Répartissez-vous ensuite le travail pour que chacun participe à la présentation devant la classe.
  Vous pourrez ainsi prendre la parole à tour de rôle pour dire : pourquoi certains l'aiment, pourquoi certains ne l'aiment pas, ce qu'il fait de bon et de moins bon (bon chanteur, mauvais acteur, par exemple), etc.
- Pensez toujours à justifier vos opinions à l'aide d'arguments ou d'exemples (vous pouvez même faire écouter quelques extraits choisis à vos camarades).

Christophe découvre le piano

Christophe a cinq ans lorsque son grand-père offre un piano à ses parents. Il va découvrir cet instrument magique et se passionner pour la musique.

Grand-père venait de donner à ses enfants un vieux piano, dont un de ses clients l'avait prié de le débarrasser, et que sa patiente ingéniosité[1] avait remis à peu près en état. Le cadeau n'avait pas été très bien accueilli. Louise trouvait que la chambre était déjà bien assez petite, sans l'encombrer encore ; et Melchior dit que papa Jean-Michel ne s'était pas ruiné : c'était du bois à brûler. Seul le petit Christophe fut joyeux du nouveau venu, sans bien savoir pourquoi. Il lui semblait que c'était une boîte magique, pleine d'histoires merveilleuses, comme dans ce volume[2] des *Mille et une nuits*, dont grand-père lui lisait de temps en temps quelques pages, qui les enchantaient tous les deux. [...]

Maintenant, sa plus grande joie est quand sa mère doit passer la journée en service, ou faire une course en ville. Il écoute ses pas descendre dans l'escalier : les voilà dans la rue ; ils s'éloignent. Il est seul. Il ouvre le piano, il approche une chaise, il se juche[3] dessus ; ses épaules arrivent à la hauteur du clavier : c'est assez pour ce qu'il veut. Pourquoi attend-il d'être seul ? Personne ne l'empêcherait de jouer, pourvu qu'il ne fasse pas trop de bruit. Mais il a honte devant les autres, il n'ose pas. Et puis, on cause, on se remue : cela gâte le plaisir. C'est tellement plus beau, quand on est seul !... Christophe retient son souffle, pour que ce soit plus silencieux encore, et aussi parce qu'il est un peu ému, comme s'il allait tirer un coup de canon. Le cœur lui bat, en appuyant le doigt sur la touche ; quelquefois, il le relève, après l'avoir enfoncé à moitié, pour le poser sur une autre. Sait-on ce qui va sortir de celle-ci, plutôt que de celle-là ? Tout à coup le son monte : il y en a de profonds, il y en a d'aigus, il y en a qui tintent, il y en a d'autres qui grondent. L'enfant les écoute longuement, un à un, diminuer et s'éteindre ; ils se balancent comme les cloches, lorsqu'on est dans les champs et que le vent apporte leur voix et l'éloigne tour à tour ; puis, quand on prête l'oreille, on entend dans le lointain d'autres voix différentes, qui se mêlent et tournent, tels des vols d'insectes ; elles ont l'air de vous appeler, de vous attirer au loin... loin... de plus en plus loin, dans les retraites mystérieuses, où elles plongent et s'enfoncent... Les voilà disparues !... Non ! elles murmurent encore... Un petit battement d'ailes. Que tout cela est étrange ! Ce sont comme des esprits. Qu'ils obéissent ainsi, qu'ils soient tenus captifs[4] dans cette vieille caisse, voilà qui ne s'explique point ! [...]

Un jour, Melchior le surprit. Il le fit tressauter[5] de peur avec sa grosse voix.

1. **ingéniosité :** intelligence et débrouillardise.
2. **volume :** livre.
3. **se jucher :** grimper.
4. **captif :** prisonnier.
5. **tressauter :** sursauter.

« Cela t'intéresse donc, gamin ? demanda-t-il en lui tapant amicalement la tête, veux-tu que je t'apprenne à jouer ? »

S'il le voulait !... Il murmura que oui, ravi. Ils s'assirent tous deux devant le piano, Christophe juché, cette fois, sur une pile de gros livres ; et, très attentif, il prit sa première leçon.

Jean-Christophe, L'aube, de Romain Rolland, © Éditions Albin Michel.

Vocabulaire

1. Parmi ces verbes, recopie ceux du texte qui indiquent ce que font les sons du piano.

monter – apprendre – gronder – diminuer – s'éteindre – tressauter – empêcher – tinter – disparaître – se balancer – battre – plonger – s'enfoncer – murmurer – se mêler – tourner – ouvrir – appuyer.

Puis ajoute trois autres verbes convenant à une note de musique.

2. Classe les verbes suivants selon qu'ils évoquent pour toi un son fort ou un son faible et utilise-les dans une phrase. *(Tu peux t'aider du dictionnaire.)*

soupirer – retentir – bercer – sonner – charmer – ronfler – vibrer – exploser – éclater – tinter – résonner – rugir – vrombir – siffler – détoner – murmurer.

Lecture - compréhension

Prendre des indices

1. À quoi les sons du piano sont-ils comparés dans ce texte ?

des cloches – des esprits – des coups de canon – des vols d'insectes.

2. Parmi les groupes nominaux suivants, recopie ceux qui désignent le piano dans le texte :

le nouveau venu – ce volume – une boîte magique – le cadeau – cette vieille caisse – la grosse voix – du bois à brûler – cet instrument magique – cette merveille.

3. Repère les différents personnages et explique leurs liens (père, mère...).

Saisir l'essentiel

4. Raconte cette histoire en trois ou quatre phrases.

De qui parle-t-elle ? Que fait-il ?

5. Recopie les phrases qui te paraissent correctes et justifie tes choix à l'aide de passages du texte.

a. La mère de Christophe travaille / ne travaille pas.
b. Les parents de Christophe sont / ne sont pas très sévères.
c. Le père de Christophe sait / ne sait pas jouer du piano.

6. Pourquoi Christophe est-il content quand sa mère s'absente ?

Découvrons avis et opinions

1. a. *Le piano arrive chez Melchior, Louise et Christophe…* Relis le texte, page 250, et recopie les noms des personnages en commençant par celui qui est le plus content du cadeau et en finissant par celui qui en est le moins content.

b. Pour chaque personnage, recopie le passage du texte qui indique les raisons de sa réaction.

2. Voici les commentaires de plusieurs personnes auxquelles on a offert un piano. Classe-les en deux groupes selon qu'ils montrent que le cadeau est bien ou mal accueilli.

- **A** « Ah ! Encore un truc qui va attirer la poussière ! »
- **B** « Au moins, avec ça, on passera moins de temps devant la télévision ! »
- **C** « J'ai toujours rêvé d'en avoir un ! »
- **D** « On se cogne déjà dans les meubles ; on ne va pas en plus s'encombrer avec ça ! »
- **E** « Finies les soirées tranquilles ! »
- **F** « Rien de plus beau qu'un peu de musique dans la vie ! »

3. Relis chaque commentaire de l'activité 2 et mets-toi à la place de son auteur. Écris une ou deux phrases pour expliquer ta réaction.

Utilise des mots ou expressions comme : *parce que, car, mais, alors, donc…*

À toi d'écrire

4. Ton voisin veut se débarrasser de son piano. Il propose de te le donner. Tes parents ne sont pas d'accord.

Écris quelques lignes pour les convaincre d'accepter le cadeau.

Tu peux choisir d'écrire :
– un dialogue dans lequel tu présentes tes arguments et les objections de tes parents,
– un texte dans lequel tu présentes et tu organises tes arguments.

Tu peux t'aider des idées que tu as développées dans l'activité 3 du *Découvrons*.

◆ 2. Utiliser des connecteurs

Une vraie note de musique

Cette photo, j'étais sûr de la connaître par cœur, mais je la découvre tout à coup comme si je ne l'avais jamais vue de ma vie. C'est que cette fois, moi aussi, j'ai un cornet[1] à la main ! Je disposerais d'une loupe que je n'observerais pas avec plus d'attention comment Buddy Joe pince les lèvres, comment il gonfle les joues, comment il place ses mains autour de l'instrument (les doigts de la main droite, surtout) et de quelle façon il pose le haut de l'embouchure[2] dans le petit creux, à l'endroit où la lèvre supérieure se divise en deux moitiés. Si j'arrive à faire tout pareil, peut-être que le cornet reconnaîtra en moi un ami et qu'il acceptera de chanter un tout petit peu... Ça n'en finit pas, tellement je m'efforce de faire les choses comme il faut. Mais allez donc prendre la pose, avec les yeux au ciel, tout en continuant de lorgner[3] le modèle !

Noel Beider vient à mon secours.

Il recule d'un pas, ferme un œil pour mieux juger de l'effet et me donne les directives[4] : « Plus bas ! Non, plus haut ! Lève la tête ! Baisse la tête ! À gauche le menton ! À droite ! Comme ci ! comme ça ! »

Il n'y a pas de raison d'en voir le bout. Alors, sans crier gare[5], en me prenant moi-même par surprise, j'abaisse le piston du milieu et je vide dans l'embouchure, en une seule fois, tout l'air que j'ai dans le corps, au point de m'en faire éclater les tempes.

Et savez-vous ce qui sort à l'autre bout ? Une note ! Une vraie note ! Une vraie de vraie de sacrée vraie note de musique ! Toute ronde, étincelante comme une grosse perle en or, mais plus légère qu'une bulle de savon...

Elle a flotté un instant devant mes yeux, au-dessus de nos têtes. Je la voyais. Je jure que je pouvais la voir ! Puis elle s'est élevée, elle s'est envolée, majestueusement, et elle est allée mourir au milieu des fils électriques, mais d'une mort paisible, belle et heureuse, qui ressemblait à une apothéose[6].

Ensuite, j'ai eu la sensation que c'était mes semelles qui se détachaient du sol et que je voguais sur une espèce de brouillard. Mon copain me dévorait des yeux, bouche bée, comme s'il voyait le Messie[7].

Je lui ai rendu le cornet.

– À ton tour, ai-je dit d'une voix si bizarre que je l'ai à peine reconnue moi-même.

Il hésitait.

– Tu crois ?

– Et alors ! Qu'est-ce que cela veut dire ? Il ne va pas te mordre, non ?

Dizzie Gillepsie

1. **cornet :** trompette de jazz.
2. **embouchure :** partie dans laquelle on souffle.
3. **lorgner :** regarder du coin de l'œil.
4. **directive :** instruction.
5. **sans crier gare :** sans prévenir.
6. **apothéose :** triomphe.
7. **Messie :** Envoyé de Dieu.

En avant la musique !

« Si je peux réussir à partager avec les jeunes tout ce que je sais sur la musique et aussi sur l'art, je serai un homme heureux », disait Leonard Bernstein, célèbre chef d'orchestre américain, compositeur entre autres de la musique de *West Side Story* que vous avez peut-être vu en film. Pour lui, la musique est une chose trop belle pour être réservée à un petit nombre d'amateurs. Alors à la fin des années 50 et jusqu'en 1972, il enregistre plus d'une vingtaine d'émissions pour faire partager sa passion.

Pour s'adresser aux plus jeunes, Leonard Bernstein emploie les grands moyens, il réunit autour de lui tous les musiciens de l'orchestre philharmonique[1] de New York.

Ne vous laissez pas décourager par l'image en noir et blanc ou par les sous-titres, ces leçons de musique sont passionnantes. Pour expliquer ce qu'est la mélodie, Bernstein emploie des mots simples : « La mélodie, c'est le côté chantant de la musique. » Et lorsqu'il nous fait écouter la musique de Mozart, Wagner ou Bach, nous sommes surpris de si bien entendre ce qu'il vient de nous décrire. Brusquement nos oreilles perçoivent ces deux petites notes jouées à la clarinette dans la symphonie n° 40 de Mozart. Et l'on est heureux de se dire qu'on n'écoutera plus jamais de la même façon la musique !

1. **philharmonique :** de musique classique.

Les petits Mozart

Hélène a 10 ans et habite Strasbourg. Elle joue du violon plus de deux heures par jour et répète durement pour devenir un jour une excellente musicienne. Elle est un de ces petits Mozart, ces enfants prodiges[2] qui ont commencé la musique dès l'âge de 3 ou 4 ans. Le jeune Japonais Naoto joue lui aussi du violon. Il travaille sous le regard autoritaire de son père qui ne supporte aucune défaillance[3]. Car si ces enfants jouent de la musique, c'est d'abord parce que leurs parents le veulent et bien souvent les y obligent. Il faut voir la petite Sacha devant son piano, elle rêve de jouer de la flûte mais sa mère pianiste préfère qu'elle suive ses traces.

Le reporter Gilles de Maistre, qui a filmé ces jeunes musiciens,

2. **prodige :** très doué.
3. **défaillance :** faiblesse.

s'intéresse tout particulièrement aux enfants. [...] Aujourd'hui, à travers les témoignages de ces petits Mozart et de leurs parents, il nous montre que ces musiciens en herbe[4] sont un peu privés d'enfance puisqu'ils doivent consacrer presque tous leurs loisirs à un instrument qu'ils n'ont pas choisi. C'est passionnant de comparer ce reportage (à réserver aux plus grands d'entre vous) au concert pour les jeunes de Bernstein. Dans le premier cas on ne parle que de souffrance et de discipline, alors que Bernstein, lui, ne parle que de plaisir et d'amour de la musique.

Articles de Valérie Hurler, *Télérama Junior*, n° 156, janv. 1995.

4. **en herbe :** débutant.

à l'oral

Quelles émissions musicales aimes-tu regarder à la télévision ?

Lecture guidée

1. Parmi les adjectifs suivants, relève ceux qui sont utilisés (ou qui sont de la même famille qu'un mot utilisé) dans les articles de Valérie Hurler.

pénible – facile – difficile – agréable – passionnant – merveilleux – obligatoire – attirant – long – ennuyeux – nouveau – fastidieux – enrichissant – beau – plaisant – simple – partagé – décourageant – surprenant – intéressant – dur – imposé – autoritaire – choisi.

Dis pour chacun s'il exprime une idée *positive* ou *négative* de la musique.

2. Sur une copie du premier article, colorie :

– en bleu, ce que pense Leonard Bernstein ;
– en rouge, ce qu'il a fait ;
– en vert, ce qui s'adresse au lecteur.

3. a. Retrouve ces mots ou expressions dans le second article :

pour – car si – d'abord – mais – puisqu' – alors que.

b. Reformule chaque phrase sans utiliser ces mots. Quelles indications apportent-ils ?

4. a. Utilise les indices contenus dans les deux articles pour relier chaque prénom à la nationalité qui lui correspond :

- Leonard – Naoto – Hélène
- française – américaine – japonaise

b. De la même façon, relie chaque instrument avec l'enfant qui en joue :

- piano – violon – flûte
- Sacha – Naoto – Hélène

Lire à haute voix

◆ Relis l'article *En avant la musique !* à partir de la ligne 21 en utilisant le ton de ta voix pour exprimer *le bonheur* et *la passion*.

◆ Exprime maintenant *douleur* et *tristesse* en relisant l'article *Les petits Mozart* jusqu'à la ligne 18. Tes camarades ont-ils perçu la tristesse ?

À toi de justifier ton avis

1. À toi de rédiger un texte court dans lequel tu présenteras ton instrument préféré et ton point de vue. Puis fais de même avec l'instrument que tu aimes le moins.

Pour t'aider

- Cherche le nom de chacun des instruments ci-contre et choisis celui que tu préfères.
  Tu peux utiliser le dictionnaire.
- Fais la liste des arguments qui te permettent d'expliquer pourquoi tu l'aimes
  (sa forme, sa sonorité, les sentiments que tu éprouves en l'entendant, etc.).
- Tu peux aussi comparer cet instrument aux autres et dire pourquoi tu aimes moins les autres.

À toi de réécrire

2. Relis ton texte et réponds aux questions de cette grille :

Dans le texte :	Oui	Non
a. Tu as indiqué le nom de ton instrument préféré.		
b. Tu l'as désigné au moins une fois par un groupe nominal qui ne contenait pas son nom.		
c. Tu as donné au moins trois arguments pour justifier ton avis.		
d. Tu as utilisé des connecteurs comme : *car, parce que, donc, alors...*		

3. Si tu as répondu *Non* dans certaines cases, corrige ton texte.
Utilise les conseils ci-dessous pour l'améliorer.

a. Tu as dû chercher le nom de ton instrument dans la rubrique *Pour t'aider*.
Utilise-le dans ton texte.

b. Tu peux te reporter à la question 2 de la rubrique *Lecture - compréhension* de la page 251. Le piano y est désigné par plusieurs groupes nominaux.
À toi d'en trouver pour éviter de toujours répéter le nom de ton instrument.

c. Tu peux justifier ton avis en indiquant pourquoi tu aimes ton instrument (sa forme, sa sonorité), ou en expliquant ce que tu ressens quand tu l'entends.

d. Si tu aimes cet instrument, exprime tes raisons.
(donc, alors, parce que, car...)

Le coin du lecteur

Drôles de cigognes

Par un bel après-midi, Chasid, le calife de Bagdad, était confortablement installé sur son sofa. Il avait un peu dormi car la journée était très chaude et il semblait tout revigoré[1] d'avoir fait une sieste. Il fumait sa longue pipe en bois de rose, buvait de temps en temps un peu de café que lui servait un esclave et lissait chaque fois sa barbe avec un air de contentement, tant le goût lui paraissait exquis[2]. Bref, on voyait que le calife se sentait parfaitement bien.

Pour récompenser son vizir Mansor qui le sert si bien, il envoie chercher un marchand…

C'était un petit homme replet[3], à la peau sombre et habillé de haillons. Il portait une boîte toute remplie de marchandises diverses, des perles et des anneaux, des pistolets incrustés d'or, des gobelets et des peignes. Le calife et son vizir contemplèrent tout cela avec une grande attention, puis le calife se décida pour deux pistolets, l'un pour lui, l'autre pour Mansor, et pour un peigne destiné à la femme du vizir. Le colporteur[4] était déjà en train de refermer sa boîte, lorsque le calife, apercevant un petit tiroir, demanda s'il y avait aussi des choses à l'intérieur. Le colporteur ouvrit le tiroir et en sortit une petite boîte remplie de poudre noire ainsi qu'un papier couvert d'une écriture étrange que ni le calife ni Mansor ne connaissaient. […]

Le calife, qui aimait bien avoir de vieux manuscrits dans sa bibliothèque, même s'il ne savait pas les lire, acheta le manuscrit et la petite boîte puis congédia[5] le colporteur.

1. **revigoré :** de nouveau en forme.
2. **exquis :** très bon.
3. **replet :** dodu.
4. **le colporteur :** le marchand ambulant.
5. **congédier :** faire partir.
6. **irrépressible :** qu'on ne peut retenir.

En fait la boîte est magique. Celui qui prend une prise du tabac contenu dedans et dit en même temps « Mutabor » peut se transformer en n'importe quel animal et comprend aussi le langage des animaux. S'il veut retrouver son apparence humaine, il s'incline trois fois vers l'est et dit le même mot. Mais il ne doit surtout pas rire, une fois transformé, sinon il oublie complètement le mot magique et il reste animal. Le calife, ravi, décide de tenter l'aventure dès le lendemain…

Finalement le vizir proposa d'aller jusqu'au bord d'un étang où il avait souvent vu de nombreux animaux, notamment des cigognes qui avaient toujours attiré son attention par leur allure grave et leur craquettement. […]

« Je parie ma barbe, très noble seigneur, dit le grand vizir, que ces deux échassiers vont entamer une jolie conversation. Que diriez-vous si nous nous transformions en cigognes ?

– Bien parlé ! » répondit le calife […]

Leurs jambes se mirent alors à réduire de volume pour devenir toutes minces et rouges, les belles babouches jaunes du calife et de son compagnon se transformèrent en pattes de cigognes, leurs bras devinrent des ailes, leur cou s'allongea démesurément, leur barbe disparut et tout leur corps se recouvrit de plumes délicates.

[…] Vite, nos deux nouvelles cigognes s'approchèrent et, à leur grand étonnement, entendirent la conversation suivante :

« Bonjour madame Longue-Patte. Déjà dans la prairie à cette heure ?

– Bonjour mademoiselle Craquelette ! Je suis juste venue prendre un petit en-cas. Si je peux vous offrir un morceau de lézard ou une cuisse de grenouillette… ?

– Je vous remercie beaucoup, mais je n'ai pas grand appétit aujourd'hui. C'est une affaire toute différente qui m'amène ici. Je dois danser tout à l'heure devant les hôtes de mon père et je veux un peu m'entraîner à l'abri des regards. »

Aussitôt la jeune cigogne se mit à exécuter des mouvements bizarres au milieu du champ. Le calife et Mansor la regardèrent, stupéfaits. Mais lorsqu'elle prit la pose, en équilibre sur une patte, et se mit à battre gracieusement des ailes, ils ne purent se retenir davantage et un rire irrépressible[6] sortit de leur bec.

Drôles de cigognes... (suite)

Ayant oublié le mot magique, Chasid et son vizir sont condamnés à rester des cigognes !

Ils errèrent ainsi pendant des jours, se nourrissant des rares choses qu'ils pouvaient glaner dans les champs mais qu'ils avaient bien du mal à avaler à cause de leur long bec. Pour le reste, ils n'avaient guère envie de goûter aux lézards et aux grenouilles, redoutant des maux d'estomac. Leur seul plaisir dans cette triste situation était qu'ils pouvaient voler ; c'est ainsi qu'ils allaient souvent se poser sur les toits de Bagdad pour voir ce qui s'y passait.

Les premiers jours, ils remarquèrent une grande agitation et une grande affliction dans les rues. Mais le quatrième jour suivant leur métamorphose, alors qu'ils s'étaient posés sur le toit du palais du calife, ils virent un somptueux cortège passer dans les rues de la ville. On entendait le bruit des tambours et des fifres, un homme vêtu d'un manteau écarlate brodé d'or montait un cheval richement harnaché, entouré de serviteurs aux habits resplendissants, tandis que la moitié de Bagdad courait derrière en criant : « Salut à toi, Mirza, souverain de Bagdad ! »

Nos deux cigognes perchées sur le toit du palais se regardèrent et le calife dit :

– Maintenant tu devines pourquoi je me retrouve ainsi métamorphosé, grand vizir ? Ce Mirza est le fils de mon pire ennemi, le puissant magicien Kaschnour qui jura un jour de se venger de moi. [...]

À la recherche d'une solution, ils entrent dans une vieille bâtisse...

Dans la grande pièce en ruine et faiblement éclairée par une petite fenêtre munie de barreaux, il vit une grande chouette posée sur le sol. De grosses larmes coulaient de ses grands yeux ronds, tandis que son bec recourbé laissait passer des plaintes enrouées. Mais lorsque celle-ci aperçut le calife et son vizir qui s'était aussi approché entre-temps, elle poussa un cri de joie.

De ses ailes tachetées de brun, elle essuya délicatement les larmes qui coulaient de ses yeux et, au grand étonnement des deux nouveaux arrivants, elle leur lança dans un arabe tout ce qu'il y a de plus humain :

– Bienvenue, cigognes ! Vous êtes des oiseaux de bon augure, car il est dit que des cigognes m'apporteront un grand bonheur !

[…] La chouette demanda ce qui leur était arrivé et le calife lui raconta donc ce que nous savons déjà. […]

Elle le remercia et lui dit :

– Écoute aussi mon histoire et tu verras que je ne suis pas moins malheureuse que toi. Mon père est le roi des Indes, moi je suis son unique et malheureuse fille et m'appelle Lusa. Ce maudit magicien Kaschnour, qui est la cause de tous vos maux, m'a aussi plongée dans le malheur. Un jour, il est venu à la cour de mon père et a demandé ma main pour son fils Mizra. Mais mon père, qui se laisse facilement emporter par la colère, le jeta au bas de l'escalier. Surmontant sa déconvenue, il parvint néanmoins à s'approcher encore de moi en changeant d'apparence et, un jour que j'étais dans mon jardin et désirais prendre un rafraîchissement, il se fit passer pour un esclave et m'apporta une boisson qui me transforma en cette horrible créature. Épouvantée, je perdis connaissance ; il m'amena jusqu'ici et d'une voix terrible me lança : « Tu resteras ici jusqu'à la fin de tes jours, toi qui es maintenant si laide que même les autres animaux te méprisent, à moins que quelqu'un ne désire librement te prendre pour épouse telle que tu es là maintenant, sous cette apparence horrible. Voilà comment je me venge de toi et de ton présomptueux de père. » […]

La chouette avait terminé et s'essuya de nouveau les yeux du revers de son aile. […]

– Le magicien qui est la cause de notre malheur à tous deux, dit-elle, vient chaque mois dans ces ruines. Non loin de cette pièce se trouve une grande salle. C'est là qu'il a l'habitude de festoyer avec de nombreux compagnons. Je les ai souvent observés. Ils se racontent mutuellement leurs forfaits, peut-être prononcera-t-il alors le mot magique que vous avez oublié. […] Je voudrais bien aussi recouvrer la liberté en même temps que vous, or la chose n'est possible que si l'un de vous m'accorde sa main.

Le calife Cigogne de Wilhem Hauff,
trad. par Nicole Casanova et Pierre Deshusses,

Lire et comprendre

◆ Après avoir lu le texte, pages 260, 261, 262 et 263

1. Raconte l'histoire.

2. a. Recopie le nom de tous les personnages du récit et recherche ce qui les unit.
   b. Fais la différence entre ceux qui agissent pendant le récit et ceux dont on parle.
   c. Qui est le plus important dans ce pays : le calife ou le vizir ?
   Trouve un passage qui permet de l'affirmer.

3. a. Que mangent les cigognes dans cet extrait ?
   b. Vérifie à la BCD si ces oiseaux se nourrissent bien de cette façon.

4. a. Où cette histoire se passe-t-elle ?
   b. Relève les détails qui le confirment.
   c. Repère ce lieu sur la carte d'un atlas.

◆ Prendre des indices

5. Relève les mots et les expressions qui te permettent d'affirmer que ce récit est un extrait de conte.

Discuter le texte

◆ Réfléchir

6. On dit en général que les cigognes sont des oiseaux de bon augure.
   Qu'est-ce que cela signifie ? et pourquoi dit-on cela ?

7. Une seule des affirmations suivantes est vraie. Laquelle ?
   Mademoiselle Craquelette se met à danser…
   A. pour les faire rire.
   B. pour se transformer en être humain.
   C. pour devenir calife à la place du calife.
   D. pour s'entraîner à l'abri des regards.

◆ Débattre

8. a. Que penses-tu du choix de transformation du calife et de son vizir ?
   b. Si tu avais trois vœux à faire, quels seraient-ils ?
   c. Penses-tu que le magicien Kaschnour soit un homme méchant ?
   Justifie ta réponse à l'aide du texte.

9. a. Qui utilise en général les mots magiques ? Qu'en fait-on habituellement ?
   b. D'après toi, les mots peuvent-ils avoir certains pouvoirs ?

Agir sur le texte

◆ Transformer le texte

1. a. Cherche des cris d'animaux, puis fais-en une liste.
Ajoute à ta liste de cris l'endroit où vit l'animal en question.
Ex. : Les cigognes craquettent ➜ au bord d'un étang.

b. Lis le passage, lignes 35 à 38, page 261, en repérant les mots :
au bord d'un étang, cigogne, craquettement.

c. Relis-le ensuite plusieurs fois en remplaçant chaque fois ces mots par ceux de ta liste.

◆ Lire à haute voix

2. a. Relis le passage où le marchand de Bagdad propose à la vente un ensemble d'objets étonnants, lignes 11 à 22, page 260.

b. Remplace ces objets par d'autres plus étranges (attention aux accords !).

c. Échange ton texte avec celui de ton voisin ; écoute-le lire le tien, puis lis-lui le sien. Donnez-vous chacun un conseil pour améliorer vos textes.

Écrire ou réécrire

◆ Écrire la fin de l'histoire

3. Comment cette histoire se termine-t-elle ? À toi d'en écrire la fin.
Pour t'aider, réponds d'abord à ces questions :
Quel genre de problèmes peuvent rencontrer le calife et son vizir transformés en cigognes ? Qui va épouser la chouette ? Que va-t-il se passer dans la grande salle où le magicien retrouve ses compagnons ? Va-t-il prononcer le mot magique ?

Lire en réseau

◆ Lire d'autres histoires au pays des Mille et une nuits

4. Parmi les titres suivants, quelle est l'histoire écrite sous forme de BD ?
Pour trouver, cherche ces livres à la BCD, dans les catalogues à ta disposition, dans ta propre bibliothèque ou à l'occasion d'une visite en librairie...

Peut-être en connais-tu déjà certains...
- *La corne de l'Afrique*, *contes et légendes,* Yves Pinguilly, Éd. Nathan.
- *Le renard et la cigogne* dans le recueil des *Fables* de La Fontaine, Éd. Gallimard.
- *Les complots du grand vizir Iznogoud*, Goscinny et Tabary, Éd. Dargaud.
- *Ali Baba et les 40 voleurs*, Le livre de poche jeunesse, Éd. Hachette Livre.
- *Le bol magique*, J. Aylesworth, Éd. Circonflexe.
- *10 contes des Mille et une nuits*, Michel Laporte, *Père Castor,* Éd. Flammarion.
- *Aïcha et les cigognes*, *Contes d'ailleurs et d'autrefois,* Éd. Bayard jeunesse.
- *Sindbad le marin*, B. Noël, Éd. Actes sud junior.

Le plus monstrueux des supplices

Bien sûr, les Bucket ne mouraient pas de faim, mais tous – les deux vieux grands-pères, les deux vieilles grands-mères, le père de Charlie, la mère de Charlie, et surtout le petit Charlie lui-même – allaient et venaient du matin au soir avec un sentiment de creux terrible dans la région de l'estomac.

Et c'est Charlie qui le ressentait plus fort que tous les autres. Ses parents avaient beau se priver souvent de déjeuner ou de dîner pour lui abandonner leur part, c'était toujours insuffisant pour un petit garçon en pleine croissance. Il réclamait désespérément quelque chose de plus nourrissant, de plus réjouissant que les choux ou la soupe aux choux. Mais ce qu'il désirait par-dessus tout, c'était… DU CHOCOLAT.

En allant à l'école, le matin, Charlie pouvait voir les grandes tablettes de chocolat empilées dans les vitrines. Alors il s'arrêtait, les yeux écarquillés, le nez collé à la vitre, la bouche pleine de salive. Plusieurs fois par jour, il pouvait voir les autres enfants tirer de leurs poches des bâtons de chocolat pour les croquer goulûment.

Ce qui, naturellement, était pour lui une véritable torture.

Une fois par an seulement, le jour de son anniversaire, Charlie Bucket avait droit à un peu de chocolat. Toute la famille faisait des économies en prévision de cette fête exceptionnelle et, le grand jour arrivé, Charlie se voyait offrir un petit bâton de chocolat, pour lui tout seul. Et à chaque fois, en ce merveilleux matin d'anniversaire, il plaçait le bâton avec soin dans une petite caisse de bois pour le conserver précieusement comme une barre d'or massif ; puis, pendant quelques jours, il se contentait de le regarder sans même oser y toucher. Puis, enfin, quand il n'en pouvait plus, il retirait un tout petit bout de papier, du coin, découvrant un tout petit bout de chocolat, et puis il prenait ce petit bout, juste de quoi grignoter, pour le laisser fondre doucement sur sa langue. Le lendemain, il croquait un autre petit bout, et ainsi de suite, et ainsi de suite. C'est ainsi que Charlie faisait durer plus d'un mois le précieux cadeau d'anniversaire qu'était ce petit bâton de chocolat à deux sous.

Mais je ne vous ai pas encore dit ce qui torturait plus que toute autre chose l'amateur de chocolat qu'était le petit Charlie. Et cette torture-là était bien pire que la vue des tablettes de chocolat dans les vitrines ou le spectacle des enfants qui croquaient leurs confiseries sous son nez. Vous n'imaginerez pas de plus monstrueux supplice.

Dans la ville même, bien visible depuis la maison où habitait Charlie, se trouvait une ÉNORME CHOCOLATERIE ! Imaginez un peu !

Et ce n'était même pas une chocolaterie ordinaire. C'était la plus importante et la plus célèbre du monde entier ! C'était la chocolaterie Wonka, propriété d'un monsieur nommé Mr. Willy Wonka, le plus grand inventeur et fabricant de chocolat de tous les temps. Et quel endroit merveilleux, fantastique !

Le plus monstrueux des supplices (suite)

De grandes portes de fer, un haut mur circulaire, des cheminées crachant des paquets de fumée, d'étranges sifflements venant du fond du bâtiment. Et dehors, tout autour des murs, dans un secteur de près d'un kilomètre, l'air embaumait d'un riche et capiteux parfum de chocolat fondant !

Deux fois par jour, sur le chemin de l'école, puis au retour, le petit Charlie Bucket passait devant les portes de la chocolaterie. Et, chaque fois, il se mettait à marcher très très lentement le nez en l'air, pour mieux respirer cette délicieuse odeur de chocolat qui flottait autour de lui.

Oh ! comme il aimait cette odeur !

Et comme il rêvait de faire un tour à l'intérieur de la chocolaterie, pour voir à quoi elle ressemblait ! […]

Un soir, en venant voir ses grands-parents, Charlie leur dit: « Est-il bien vrai que la chocolaterie Wonka est la plus grande du monde ?

– Si c'est vrai ? s'écrièrent-ils en chœur. Bien sûr que c'est vrai ! Bonté divine, tu ne le savais donc pas? Elle est à peu près cinquante fois plus grande que toutes les autres !

– Et Mr. Willy Wonka est-il vraiment le plus habile de tous les fabricants de chocolat ?

– Mon garçon, dit grand-papa Joe en se soulevant sur son oreiller, Mr. Willy Wonka est le chocolatier le plus *fascinant*, le plus *fantastique*, le plus *extraordinaire* que le monde ait jamais vu ! Je croyais que tout le monde savait cela !

– Je savais qu'il était célèbre, grand-papa Joe, et je savais aussi qu'il était très habile...

– Habile ! s'écria le vieil homme. Il est beaucoup plus que ça ! C'est un *magicien* du chocolat ! Il sait tout faire – tout ce qu'il veut » !

[...] Et grand-papa Joe dit : «Tu veux dire que je ne t'ai jamais parlé de Mr. Willy Wonka et de sa chocolaterie ?

– Jamais, répondit le petit Charlie.

– Bonté divine ! Où avais-je la tête ? [...] Est-ce que tu savais, par exemple, qu'il a inventé à lui seul plus de deux cents nouvelles variétés de bâtons de chocolat, chacun fourré de façon différente, plus sucrés, plus onctueux, plus délicieux les uns que les autres ? Aucun autre chocolatier ne peut en faire autant !

– C'est la vérité ! cria grand-maman Joséphine. Et il les expédie aux quatre coins de la terre ! N'est-ce pas vrai, grand-papa Joe ?

– C'est vrai, ma chère, c'est vrai. Il en envoie à tous les rois et à tous les présidents du monde entier. Mais il ne fait pas seulement des bâtons de chocolat. Oh ! mon Dieu, il fait mieux ! Il a plus d'un tour dans son sac, cet étonnant Mr. Willy Wonka ! Sais-tu qu'il a inventé un procédé permettant à la glace au chocolat de rester froide pendant des heures et des heures sans qu'on ait besoin de la mettre au frigo ? On peut même l'exposer au soleil, toute la matinée, un jour de grande chaleur, et elle ne fondra pas !

– Mais c'est impossible ! dit le petit Charlie en ouvrant des yeux tout ronds sur son grand-père.

– Bien sûr que c'est impossible ! s'écria grand-papa Joe. C'est même tout à fait absurde ! Mais Mr. Willy Wonka le peut ! […] Et puis, reprit grand-papa Joe en parlant très lentement pour que Charlie ne perdît pas un mot de ce qu'il disait, Mr. Willy Wonka sait faire des pâtes de guimauve parfumées à la violette, et des caramels mous qui changent de couleur toutes les dix secondes quand on les suce, et des bonbons feuilletés qui fondent délicieusement dès qu'on les prend entre ses lèvres. Il fabrique du chewing-gum qui ne perd jamais son goût, et des ballons en pâte de fruits qui deviennent énormes quand on souffle dedans, puis on les pique avec une épingle et on les avale. Et puis, il a une méthode secrète pour faire de beaux œufs d'oiseaux bleus, tachés de noir, et si on en prend un dans la bouche, il devient de plus en plus petit jusqu'à ce que, soudain, il ne vous en reste qu'un minuscule bébé oiseau tout rose, en sucre, perché au bout de la langue. »

Grand-papa Joe se tut un instant pour se passer lentement le bout de la langue sur les lèvres.

« Rien qu'à y penser, j'ai l'eau à la bouche, dit-il.

– Moi aussi, dit le petit Charlie. Mais continue, s'il te plaît ! »

Charlie et la chocolaterie de Roald Dahl,
trad. par E. Gaspar, coll. *Folio Jeunesse*,
Éditions Gallimard, © Roald Dahl Nominee Ltd.

Lire et comprendre

◆ Après avoir lu le texte, pages 266, 267, 268 et 269

1. a. Raconte ce que tu as compris de l'histoire.
   b. Combien de parties compte cet extrait ?
   Identifie-les, compare avec tes camarades et donne-leur un titre.

2. a. Relève toutes les gourmandises fabriquées dans l'usine de Mr. Wonka et classe-les en deux groupes : celles qui contiennent du chocolat et les autres.
   b. Quelle est celle qui te fait le plus saliver ?

◆ Détailler le texte

3. a. Recopie les mots et les expressions qui ont un rapport avec la gourmandise.
   b. Répartis-les ensuite en 4 groupes :
   ce qui se voit – ce qui se sent – ce qui se déguste – ce qui se touche
   Certaines expressions entrent-elles dans plusieurs rubriques ?

Discuter le texte

◆ Réfléchir

4. a. Est-il vrai que l'usine de Mr. Wonka a inventé un chocolat au goût de noisette qui ne fond pas au soleil ?
   b. Retrouve, dans le texte, le passage qui le précise exactement.

5. Une seule de ces affirmations est exacte, bien que Roald Dahl, l'auteur, ne le précise pas dans l'extrait :
   Le grand-père de Charlie est confortablement installé :
   A. sur une chaise, dans la cuisine.
   B. dans un fauteuil.
   C. dans son lit.
   Quel détail du texte te permet de l'affirmer ?

◆ Débattre ensemble

6. Que penses-tu de ce que raconte grand-papa Joe ?

◆ Lire à haute voix

7. Avec deux élèves de la classe, prépare la lecture à haute voix du passage, lignes 101 à 132. Répartissez-vous les rôles, repérez bien la ponctuation, suivez les indications données par le texte (à un moment, grand-papa Joe modifie sa façon de parler…)
   Vous lirez ensuite ce texte aux autres élèves de la classe.

Agir sur le texte

◆ Transformer le texte

1. a. Sur une copie du texte, lignes 24 à 39, surligne les verbes conjugués.
   b. Recopie ce passage en conjuguant les verbes au présent de l'indicatif.
   Aide-toi du dictionnaire et du tableau de conjugaison.
   c. Ce nouveau texte a-t-il la même signification ?

2. a. Imagine d'autres spécialités extraordinaires et fantastiques que Mr. Wonka pourrait fabriquer dans son usine. Fais-en la liste.
   b. Réécris le passage, lignes 114 à 127, en remplaçant les spécialités gourmandes par les tiennes. Compare-le ensuite avec ceux de tes camarades.

Écrire ou réécrire

◆ Écrire un texte surprenant

3. a. Sur une copie du texte, des lignes 82 à 92, entoure en rouge les verbes, en bleu les noms communs (féminin ou masculin) et en noir les adjectifs. Puis remplace chaque verbe entouré par le cinquième verbe qui suit dans le dictionnaire. Conjugue-le de la même façon et relis ton nouveau texte.
   b. Effectue le même travail avec les adjectifs. Remplace-les par un autre adjectif choisi dans le dictionnaire (le cinquième à suivre).
   c. Continue de même avec les noms communs ; remplace un nom masculin par un autre nom masculin, un nom féminin par un autre nom féminin.
   d. Vérifie à nouveau les accords dans les groupes nominaux et avec les verbes. Lis ton texte, puis échange-le avec celui de ton voisin.

Lire en réseau

◆ Lire d'autres romans de Roald Dahl

4. Les romans de Roald Dahl sont drôles, fantastiques et pleins d'humour !
   En voici quelques-uns :
   A. *James et la grosse pêche* B. *Les deux gredins*
   C. *Les Minuscules* D. *La girafe, le pélican et le singe*

À toi d'associer chaque titre avec le descriptif de l'histoire :

a. où grand-mère Gredin fabrique des tartes aux oiseaux…
b. où trois amis réalisent leur souhait de posséder une boutique pleine de confiseries merveilleuses…
c. où James entre visiter une énorme pêche…
d. où le héros pénètre dans la forêt où vivent de tout petits hommes…

Pour t'aider, cherche ces livres à la BCD...

Le palais des mirages

La petite se hâtait le long de la rue Keller. Ses doigts gourds[1] avaient du mal à tenir le cartable. Elle sortit son mouchoir, l'entortilla autour de la poignée et trotta jusqu'au passage clouté.

Le ciel gris et froid s'assombrissait lentement, la circulation se faisait plus dense, soulevant des gerbes d'eau sale. La petite se recula pour ne pas être éclaboussée.

Dès que le feu passa au rouge, elle s'élança dans la rue de Charonne, courut d'un trait jusqu'au numéro soixante-dix, et là s'arrêta, essoufflée, extasiée[2].

Devant elle se dressait le palais des mirages, le seul endroit où pour un prix modique, l'on pouvait se croire en plein été, alors qu'ici c'était l'hiver, ou bien se perdre au cœur de contrées[3] inconnues, alors qu'ici l'horizon bas buttait contre le crépi lézardé des immeubles. C'était le cinéma *Le Majic*.

Une grande affiche avait été fraîchement collée à son fronton. Elle était froissée, des cloques soulevaient le papier. Le titre du film, en grosses lettres jaunes, soulignait une image colorée comme un chromo : une princesse aux cheveux de jais[4], aux beaux yeux noirs, souriait à sept petits personnages grotesques.

BLANCHE-NEIGE ET LES SEPT NAINS

Le premier dessin animé long métrage de Walt Disney !
Tout en couleurs et en musique ! UN ENCHANTEMENT !

annonçait la banderole publicitaire.

La petite ne pouvait s'arracher à la contemplation des photos.

Des dessins animés, elle en avait déjà vu : *Betty Boop*, *Félix le chat*. Ils étaient en noir et blanc et ne duraient que quelques minutes. Mais un long métrage en couleurs !

– Alors, Rachel, tu prends racine ?

Sam la dépassa en riant.

– Quelle heure est-il ? demanda-t-elle.

– Moins dix.

Elle poussa un soupir. Il était trop tard pour aller rue de la Roquette voir le programme de son autre cinéma préféré, *Le Cyrano*. Elle se promit d'y faire un saut le lendemain. […]

Lorsque la petite poussa la porte du logement, Rose lui tournait le dos. À la lueur d'une lampe à pétrole, elle ourlait une jupe pour Mme Silbermann. Une pile de chemises à surfiler attendait sur une chaise.

– Tu en as mis du temps ! dit-elle de sa voix douce.

1. **gourd :** engourdi.
2. **extasié :** émerveillé.
3. **une contrée :** un pays.
4. **un jais :** une pierre d'un noir luisant.
5. **à la dérobée :** sans le montrer.

– Maman, je… j'ai regardé les vitrines. Il y a de jolies décorations pour Noël.

– Déjà Noël, c'est vrai. Bientôt nous serons en 1939, je n'ai pas vu passer l'année.

Rose approcha le fil de sa bouche et le coupa avec ses dents. […]

Tandis que sa fille goûtait, Rose l'observait à la dérobée[5]. Comme elle avait grandi ! Ses galoches seraient trop justes avant le printemps. Et comment rallonger une fois de plus sa robe qui craquait aux entournures ? Et le manteau, tiendrait-il jusqu'à la fin de l'hiver ?

Rachel avait d'autres choses en tête. Une seule pensée occupait son esprit : Blanche-Neige.

Elle n'aurait jamais osé formuler ouvertement son désir : aller au cinéma. Les enfants de pauvres ne se permettent pas de telles exigences. Pourtant, ce vendredi, elle murmura :

– Maman, tu sais, ils vont sortir un nouveau film au *Majic*. Ce n'est pas un film comme les autres. C'est un dessin animé. Tu te rends compte ? Un film entier en dessin animé. Ça s'appelle *Blanche-Neige*, et…

Elle s'arrêta net. Elle n'avait rien demandé mais son silence en disait long. Rose imaginait la fin de sa phrase :

« On ira, maman, dis, on ira ? »

Rose, elle aussi, adorait le cinéma. Comme elle répartissait toujours son maigre salaire en début de mois, elle s'arrangeait pour conserver quelques sous après avoir réglé l'épicière.

Le palais des mirages (suite)

Ce mois-ci, les dettes s'étaient accumulées, il ne restait rien dans le porte-monnaie.

– Nous irons sûrement… l'année prochaine, promit-elle d'un ton enjoué.

– Seulement ?

– Dans quinze jours c'est le nouvel an, linotte[6] ! Dès que Mme Silbermann et les autres m'auront payé mon travail, je n'attendrai même pas d'avoir touché ce qu'on me doit à l'atelier, le cinéma sera notre première dépense.

– Et si ça ne se joue plus ?

– Tu penses ! Un film pareil, ils vont le passer des semaines ! Tout le monde voudra le voir !

Rose reprit son ouvrage pendant que sa fille faisait ses devoirs. Les sept nains de la montagne se poursuivaient au milieu de son problème et Blanche-Neige valsait dans les bras du Prince Charmant par-dessus la leçon d'instruction civique.

Rose posa une poêle à frire sur son minuscule réchaud à alcool. En savourant leurs latkess[7], deux chacune, la petite et sa mère parlèrent du premier grand dessin animé de Walt Disney.

Le lendemain, comme il gelait, la petite galopa jusqu'au *Cyrano* pour se réchauffer. On y jouait *Camille* de George Cukor, avec Greta Garbo et Robert Taylor.

« Ça, c'est un film d'amour, ça plairait à maman ! »

En deuxième partie de programme, *Le Cyrano* affichait *Elephant Boy*, d'après Kipling, avec le petit Sabu.

« Celui-là, je voudrais bien le voir aussi ! »

En soufflant sur ses mains gercées, elle courut rejoindre ses copains, Sam et Jo, rue Basfroi, dans le quartier des menuisiers et des tabletiers. Quand il n'y avait pas école, les rues et les cours devenaient le royaume des gosses. La petite et ses deux amis, qui ne possédaient aucun jouet, avaient déniché des piquets de bois dans la remise d'un ébéniste. Ils posaient une planche dessus, la faisaient rouler en se tenant au chambranle[8] d'une porte et jouaient à l'autobus. Sam et Jo se partageaient les rôles du conducteur et du receveur, Rachel interprétait toujours la passagère sommée de présenter son ticket. Gare à la resquille[9] !

Il était hors de question de parler de Blanche-Neige aux garçons. Blanche-Neige, c'était bon pour les filles ! Sam et Jo affichaient un engouement[10] particulier pour Jim Hawkins, le jeune héros de l'Île au trésor dont ils avaient vu l'adaptation cinématographique l'année

6. **une linotte :** une étourdie.
7. **des latkess :** des crêpes de pommes de terre.
8. **le chambranle :** l'entourage de la porte.
9. **resquille :** triche.
10. **engouement :** grand intérêt.

11. blet : pourri.
12. lesté : rempli.

précédente. Ce matin-là, la petite fut successivement la mère de Jim, le pirate Chien Noir, et le malheureux Ben Gunn, naufragé malgré lui. Sam et Jo s'attribuèrent les personnages de John Silver et de Jim.

Rose était partie à pied faire son marché à Bréguet-Sabin, trois stations de métro plus loin. Les commerçants remballaient, elle ramassait furtivement des légumes fatigués, des fruits piqués ou blets[11] qu'elle accommodait en compote. Elle eut la chance de trouver trois oranges presque intactes et quelques anémones qui égaieraient leur logement.

Au retour, elle passa devant l'épicerie. Elle hésita, puis descendit les deux marches qui conduisaient à la boutique. Bravement elle débita d'un trait :

– Il me faudrait un demi-setier de vinaigre, un quart d'huile, une demi-livre de sucre. Mettez ça sur mon compte.

L'épicière écarta la mèche de cheveux gris qui lui barrait le front et considéra Rose d'un œil torve. [...] L'air mauvais, elle tira une ardoise d'un casier [...] et rageusement inscrivit une nouvelle somme. Le crissement de la craie sur l'ardoise emplit la boutique. [...]

Rachel avait lesté[12] son esprit de visions enchantées. Une fois de plus elle avait longuement rêvé devant *Le Majic*.

«Je n'ai pas besoin de le voir, ce film, je peux très bien l'inventer dans ma tête.» [...]

Soudain, un rayon de soleil tapa sur le pavé, y alluma une brève étincelle. La petite se baissa, et, le cœur affolé, referma la main sur une pièce de cinq francs. Elle regarda vivement autour d'elle, enfouit ce trésor dans sa poche et se hâta vers la maison.

La tentation était grande de garder sa trouvaille pour elle seule, de s'offrir *Blanche-Neige*, *Elephant Boy*. Mais la petite vit le visage fatigué de sa mère, ses yeux usés de tant tirer l'aiguille. Elle n'avait pas le droit. Elle ouvrit la porte. Rose mettait le couvert.

– Tiens, maman, c'est pour toi.

Rose ouvrit la bouche d'étonnement.

– Je l'ai trouvée par terre, juste devant le passage du Cheval-Blanc.

Rose avait une confiance absolue en sa fille. Elle n'insista pas et l'embrassa.

– Quelle chance ! Je vais pouvoir régler les dettes. Et aussi t'acheter des bas, et peut-être des gants.

– Oui, dit la petite, la gorge serrée.

Deux avancées d'orchestre. Paris, hiver 1938.
Nouvelle extraite de *Ciné Magic* de Liliane Korb
et Laurence Lefevre, coll. *Castor Poche*, © Flammarion.

Lire et comprendre

◆ Après avoir lu le texte, pages 272, 273, 274 et 275

1. Raconte cette histoire.

2. Relève les indications confirmant que l'histoire se passe à Paris en 1938, puis vérifie avec des outils documentaires adaptés (un plan de Paris par exemple).

3. Quels sont les titres des films évoqués ? En as-tu déjà vu certains ? Lesquels ?

4. a. Qui sont les personnages agissant dans cette histoire ?
   b. Identifie et recopie ensuite le nom des héros des films évoqués.

◆ Explorer le texte

5. Rose et Rachel semblent avoir des problèmes d'argent. Sur une copie du texte, repère les éléments qui le montrent.

6. Voici des phrases du texte. Retrouve-les le plus rapidement possible et explique comment tu as fait :
   – Je l'ai trouvée par terre, juste devant le passage du Cheval-Blanc.
   – Une seule pensée occupait son esprit : Blanche-Neige.
   – Nous irons sûrement… l'année prochaine, promit-elle d'un ton enjoué.

Discuter le texte

◆ Réfléchir

7. a. Ces affirmations sont-elles exactes ? Justifie tes réponses.
   A. *Blanche-Neige* est le premier dessin animé de Walt Disney.
   B. Le film *L'île au trésor* est paru un an avant *Blanche-Neige*.
   C. La pièce de monnaie que Rachel découvre sur le sol vient de l'Ile au trésor.
   b. Est-ce que quelqu'un serre la gorge de Rachel à la fin de cet extrait ?
   Quel est le sens de cette expression ?

◆ Débattre ensemble

8. a. Rachel offre la pièce qu'elle vient de trouver à sa mère.
   Que penses-tu de son attitude ? Qu'aurait-elle pu faire d'autre ?
   b. Pourquoi cet extrait porte-t-il le titre *Le palais des mirages* ?
   c. Pourrait-on y remplacer le mot *mirages* par *illusions* ?
   La signification serait-elle la même ? Explique pourquoi.

◆ Lire à haute voix

9. Prépare le passage, lignes 45 à 63, page 273, pour théâtraliser ta lecture.
   Travaille le rythme, l'intonation, la force de ta voix, repère les moments de silence.
   Essaie de faire partager à tes camarades les émotions ressenties par Rachel.

Agir sur le texte

◆ Analyser une nouvelle

1. Ce récit bref avec peu de personnages s'appelle *une nouvelle*.
   a. Repère l'état initial (c'est le début de l'histoire, on y présente les personnages et ce qu'ils font).
   b. Repère l'événement perturbateur (c'est un événement inattendu qui modifie la situation de départ) et l'action qui suit (elle change la vie des personnages).
   c. Repère l'élément qui gêne la réussite et la façon de l'accepter ou non.
   d. Repère le rebondissement final (le nouvel événement qui fait basculer l'histoire).
   e. Sur une copie du texte, colorie d'une couleur différente ces quatre moments de l'histoire.

Écrire ou réécrire

◆ Faire un lipogramme

2. Réécris le paragraphe, lignes 76 à 79, page 274, avec l'obligation suivante : « les i sont interdits ! » Mais attention, le nouveau texte devra toujours avoir le même sens. Cherche des synonymes ou des expressions voisines. N'oublie pas de changer le temps si besoin. Utilise ton dictionnaire !

Lire en réseau

◆ Lire d'autres livres liés au cinéma

3. Les livres suivants ont tous un lien avec les films dont parlent les héros de cette nouvelle. Tous sont passionnants !
   A. *L'enfant d'éléphant* de R. Kipling, Calligramme.
   B. *Le livre de la jungle* de R. Kipling, Nathan.
   C. *L'île au trésor* de R.L. Stevenson, Hachette jeunesse.
   D. *Walt Disney*, Je lis des histoires vraies n° 79, Fleurus éditions.

   Recherche dans quel livre on peut trouver les deux tables des matières suivantes.

Les frères de Mowgli	9
La chasse de Kaa	40
« Au tigre, au tigre ! »	80
Le phoque blanc	108
Rikki-tikki-tavi	138
Toomai des Eléphants	163
Service de la Reine	193

Quatrième partie - LE FORTIN	
Chap XVI - Comment le navire fut abandonné	111
Chap XVII - Le dernier voyage du petit canot	116
Chap XVIII - Fin de la première journée de combat	120
Chap XIX - La garnison du fortin	125
Chap XX - L'ambassade du pirate Silver	131
Chap XXI - L'attaque	137

Pour t'aider, cherche ces livres à la BCD, dans ta propre bibliothèque ou à l'occasion d'une visite en librairie...

L'Amie avec un grand A

Pour échapper à la Gestapo, deux familles juives ont aménagé une cachette à l'arrière d'une maison située au-dessus d'un entrepôt à Amsterdam ; la vie quotidienne y est dure mais ils s'en accommodent… Nous connaissons cette histoire vraie grâce à Anne, la plus jeune, qui a tout raconté à son journal intime. Elle vient aujourd'hui, vendredi 14 août 1942, de le commencer…

C'est une sensation très étrange, pour quelqu'un dans mon genre, d'écrire un journal. Non seulement je n'ai jamais écrit, mais il me semble que plus tard, ni moi ni personne ne s'intéressera aux confidences d'une écolière de treize ans. Mais à vrai dire, cela n'a pas d'importance, j'ai envie d'écrire et bien plus encore de dire vraiment ce que j'ai sur le cœur une bonne fois pour toutes à propos d'un tas de choses. Le papier a plus de patience que les gens : ce dicton m'est venu à l'esprit par un de ces jours de légère mélancolie où je m'ennuyais, la tête dans les mains, en me demandant dans mon apathie[1] s'il fallait sortir ou rester à la maison et où, au bout du compte, je restais plantée là à me morfondre[2]. Oui, c'est vrai, le papier a de la patience, et comme je n'ai pas l'intention de jamais faire lire à qui que ce soit ce cahier cartonné paré du titre pompeux de « Journal », à moins de rencontrer une fois dans ma vie un ami ou une amie qui devienne l'ami ou l'amie avec un grand A, personne n'y verra probablement d'inconvénient.

Me voici arrivée à la constatation d'où est partie cette idée de journal ; je n'ai pas d'amie.

Pour être encore plus claire, il faut donner une explication, car personne ne comprendrait qu'une fille de treize ans soit complètement seule au monde, ce qui n'est pas vrai non plus : j'ai des parents adorables et une sœur de seize ans, j'ai, tout bien compté, au moins trente camarades et amies, comme on dit, j'ai une nuée[3] d'admirateurs, qui ne me quittent pas des yeux et qui en classe, faute de mieux, tentent de capter mon image dans un petit éclat de miroir de poche. J'ai ma famille et un chez-moi. Non, à première vue, rien ne me manque, sauf l'Amie avec un grand A. Avec mes camarades, je m'amuse et c'est tout, je n'arrive jamais à parler d'autres choses que des petites histoires de tous les jours, ou à me rapprocher d'elles, voilà le hic. Peut-être ce manque d'intimité vient-il de moi, en tout cas le fait est là et, malheureusement, on ne peut rien y changer. […] De là ce journal. Et pour renforcer encore dans mon imagination l'idée de l'amie tant attendue, je ne veux pas me contenter d'aligner les faits dans ce journal comme ferait n'importe qui d'autre, mais je veux faire de ce journal l'amie elle-même et cette amie s'appellera Kitty.

1. **l'apathie :** l'ennui, la mollesse.
2. **se morfondre :** se faire du souci.
3. **une nuée :** une grande quantité.

Le vendredi 21 août 1942, ils améliorent leur sécurité…

Chère Kitty

Notre cachette est devenue une cachette digne de ce nom. En effet, M. Kugler a jugé plus prudent de mettre une bibliothèque devant notre porte d'entrée (parce qu'on fait de nombreuses perquisitions à la recherche de vélos cachés) mais naturellement une bibliothèque pivotante qui peut s'ouvrir comme une porte. C'est M. Voskuyl qui s'est chargé de fabriquer l'objet. (Nous avons mis M. Voskuyl au courant de la présence des sept clandestins, il est le dévouement personnifié.) Maintenant, pour descendre, nous sommes d'abord obligés de baisser la tête, puis de sauter. Au bout de trois jours, nous avions tous le front couvert de bosses parce que tout le monde se cognait à l'encadrement de la porte basse. Peter a essayé d'adoucir le choc en y clouant un morceau de tissu rembourré de laine de bois. Espérons que ça marchera ! Je n'apprends pas grand-chose, j'ai décidé de me mettre en vacances jusqu'en septembre. Ensuite, Papa veut me donner des leçons, mais il nous faudra d'abord acheter tous les livres de classe nécessaires.

Le temps passe, Anne tient son journal chaque jour. La peur d'être découvert et déporté est de plus en plus présente. La nuit du mardi 11 avril 1944 est particulièrement éprouvante…

Chère Kitty

La tête me tourne, je ne sais vraiment pas par où commencer. [...] À neuf heures et demie, Peter a frappé doucement à la porte et a demandé à Papa s'il ne voulait pas venir l'aider un instant pour une phrase compliquée en anglais. « C'est louche, ai-je dit à Margot, il a inventé un prétexte, c'est gros comme une maison au ton des messieurs, on dirait qu'il y a eu un cambriolage. »

Ma supposition s'est avérée juste, on cambriolait l'entrepôt. En un rien de temps, Papa, Van Daan et Peter étaient en bas, Margot, Maman, Madame et moi attendions. Quatre femmes angoissées ont besoin de parler, c'était notre cas, quand soudain nous avons entendu un coup en bas, puis le silence total, la pendule a sonné dix heures moins le quart. La couleur avait disparu de nos visages, mais nous étions encore calmes, même si nous avions peur.

Portrait

Pour échapper aux nazis, Anne Frank (1929-1944) vécut dans la clandestinité pendant plus de deux ans. Son journal, tantôt drôle, tantôt déchirant, a été traduit dans plus de cinquante-cinq langues. C'est un témoignage exceptionnel sur le quotidien d'une jeune fille juive, obligée de se cacher avec sa famille pour échapper à la déportation. Elle est devenue un symbole des victimes de la barbarie nazie.

L'Amie avec un grand A (suite)

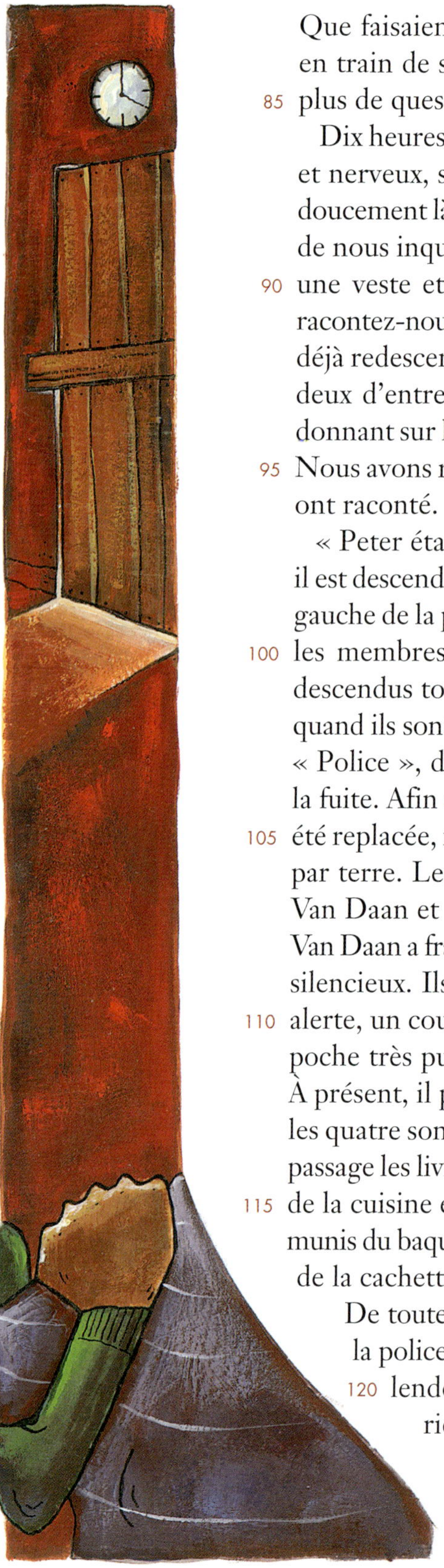

Que faisaient donc les messieurs ? Quel était ce coup ? Étaient-ils en train de se battre avec les cambrioleurs ? Personne ne se posait plus de questions, nous attendions.

Dix heures, des pas dans l'escalier, Papa est entré dans la pièce, pâle et nerveux, suivi de M. Van Daan. « Éteignez les lumières, montez doucement là-haut, nous pensons que la police va venir. » Pas le temps de nous inquiéter, nous avons éteint les lumières, j'ai pris en vitesse une veste et nous étions déjà en haut. « Alors que s'est-il passé, racontez-nous vite ! » Plus personne pour le faire, les messieurs étaient déjà redescendus. Ils ne revinrent tous les quatre qu'à dix heures dix, deux d'entre eux se postèrent devant la fenêtre de Peter, la porte donnant sur le palier était fermée, et la porte-bibliothèque refermée. Nous avons recouvert la lampe de chevet d'un chandail, puis ils nous ont raconté.

« Peter était sur le palier quand il a entendu deux coups violents, il est descendu et a vu qu'il manquait une grosse planche dans la partie gauche de la porte de l'entrepôt. Il est remonté en courant, a prévenu les membres de la famille capables de se défendre, puis ils sont descendus tous les quatre. Les cambrioleurs étaient en plein travail quand ils sont entrés dans l'entrepôt, sans réfléchir, Van Daan a crié : « Police », des pas précipités dehors, les cambrioleurs avaient pris la fuite. Afin d'éviter que la police ne remarque le trou, la planche a été replacée, mais un grand coup de pied du dehors l'a envoyée voler par terre. Les messieurs restaient perplexes[4] devant tant d'audace, Van Daan et Peter sentaient monter en eux des envies de meurtre, Van Daan a frappé fort dans le plancher avec la hache, tout est redevenu silencieux. Ils ont replacé la planche devant le trou, mais nouvelle alerte, un couple dehors a éclairé tout l'entrepôt avec une lampe de poche très puissante. « Sapristi » a grommelé l'un des messieurs… À présent, il passait du rôle de policier à celui de cambrioleur. Tous les quatre sont remontés en courant, Van Daan et Dussel ont pris au passage les livres de ce dernier, Peter a ouvert les portes et les fenêtres de la cuisine et du bureau privé, a flanqué le téléphone par terre et, munis du baquet, ils se sont retrouvés tous les quatre derrière les portes de la cachette. »

De toute évidence, le couple à la lampe de poche avait prévenu la police ; c'était le dimanche soir, le soir du jour de Pâques, le lendemain personne au bureau, donc personne ne pouvait rien faire avant mardi matin. Imagine-toi deux nuits et un jour à vivre dans l'angoisse ! Nous ne pensions à rien, restions assis là dans l'obscurité totale car Madame, de peur, avait complètement dévissé

4. **perplexe :** rempli de doute et d'étonnement.

l'ampoule, les voix chuchotaient, à chaque craquement on entendait des « chut, chut »... Dix heures et demie, onze heures passèrent, pas un son, chacun leur tour, Papa et Van Daan vinrent nous voir. Puis, à onze heures et quart, des bruits en bas. Chez nous, on entendait distinctement respirer toute la famille, pour le reste nous étions immobiles. Des pas dans la maison, dans le bureau privé, dans la cuisine, puis... dans notre escalier, tout le monde retenait son souffle, huit cœurs battaient à tout rompre, des pas dans notre escalier, puis des secousses à notre porte-bibliothèque. Moment indescriptible : « Nous sommes perdus », dis-je et je nous voyais tous les huit, emmenés la nuit même par la Gestapo.

Secousses à la porte-bibliothèque, à deux reprises, puis une boîte tomba, les pas s'éloignèrent, pour l'instant nous étions sauvés. Un frisson nous parcourut tous, sans en distinguer la provenance j'entendis des claquements de dents, personne ne disait plus rien, nous sommes restés assis ainsi jusqu'à onze heures et demie. On n'entendait plus rien dans la maison, mais la lumière était allumée sur notre palier juste devant la bibliothèque. Notre bibliothèque avait-elle paru mystérieuse ? Ou la police avait-elle oublié d'éteindre ? Les langues se délièrent, tout le monde était parti, à part un gardien devant la porte, peut-être. Alors nous avons fait trois choses, nous avons eu peur et tremblé et, troisièmement, nous sommes allés aux toilettes. [...] À partir de trois heures et demie, je me mis à réfléchir, je tremblais encore si bien que Van Daan ne pouvait pas dormir, je me préparais au retour de la police. [...]

« Fais au moins disparaître la radio ! soupirait Madame.

– Oui, dans la cuisinière, répondait Monsieur, s'ils nous trouvent, ils peuvent bien trouver la radio aussi !

– À ce moment-là, ils trouveront aussi le Journal d'Anne, s'en est mêlé Papa !

– Il n'y a qu'à le brûler, a suggéré la plus terrorisée de nous tous. »

Cet instant et le moment où la police a secoué la bibliothèque m'ont causé le plus d'angoisse. Pas mon Journal, mon Journal mais alors moi avec ! Papa n'a pas répondu [...] heureusement !

Quatre heures, cinq heures, cinq heures et demie. Je me levai pour guetter les bruits avec Peter, nous étions assis l'un contre l'autre, si près que nous pouvions sentir les tremblements de nos corps, nous échangions de temps en temps un mot et écoutions de toutes nos oreilles...

Journal d'Anne Frank,
trad. par P. Noble,
© Éd. Calmann Lévy, 1992.

Lire et comprendre

◆ Après avoir lu le texte, pages 278, 279, 280 et 281

1. Cet extrait comporte trois parties. Raconte chacune d'elles et donne-leur un titre.

2. a. Relève le nom des personnages de l'histoire : ceux que l'on voit agir, ceux dont on parle.
   b. Classe-les : ceux qui se cachent dans l'annexe et les autres.

3. Dans quelle ville de quel pays cette histoire s'est-elle déroulée ? Localise ces lieux sur la carte d'un atlas.

◆ Explorer le texte

4. Relève les mots et les expressions utilisés par l'auteur pour exprimer la peur ou la terreur éprouvées par les occupants de l'annexe.

5. Recherche dans plusieurs dictionnaires le sens du mot Shoah. Compare avec tes camarades pour expliquer sa signification.

6. Aide-toi du texte pour faire ces mots croisés :
   A. « Le papier a plus de patience que les gens » en est un.
   B. C'est une recherche effectuée par la police dans un lieu.
   C. S'ennuyer à attendre.
   D. Petite horloge d'appartement.
   E. Disposition à servir quelqu'un.

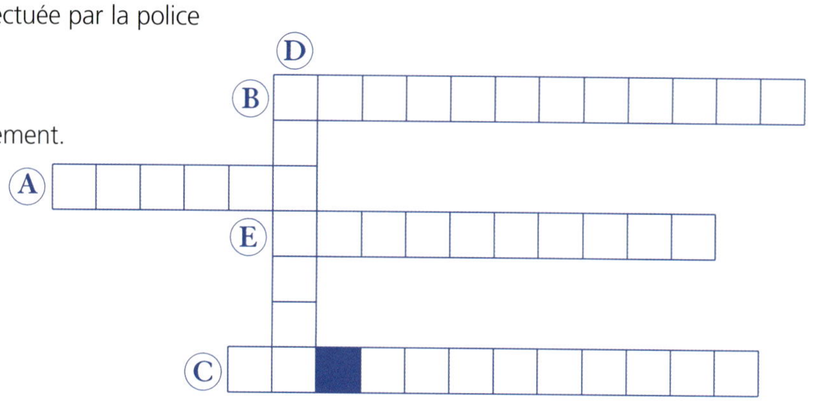

Discuter le texte

◆ Réfléchir

7. Anne trouve un grand réconfort dans l'écriture de ce journal. Pour quelles raisons ? Qu'en penses-tu ?

8. Connais-tu d'autres dictons que celui cité par Anne Frank ? Un dicton dit-il forcément la vérité ? Justifie ta réponse.

◆ Échanger son avis

9. Pourquoi les occupants de cette maison se cachent-ils ? Que risquent-ils ? Est-ce une histoire vraie ? Justifie tes réponses et compare-les avec celles des autres élèves de la classe.

Agir sur le texte

◆ Décortiquer le texte

1. Associe chaque événement à son horaire et recopie-les en ordre :

- Les horaires : 9h30, 9h45, 10h, 10h10, 10h30, 11h15, 11h30, 5h30.
- Les événements :

a. Anne entend des claquements de dents – b. La porte-bibliothèque est refermée. – c. Attente dans le noir, peur à chaque craquement. – d. Ils entendent des bruits de pas de l'autre côté dans le bureau. – e. La peur se lit sur le visage des quatre femmes. – f. Peter demande de l'aide à Papa. – g. Anne se lève pour guetter les bruits avec Peter. – h. Papa annonce que la police va venir, il faut se cacher.

2. À toi de rétablir les segments et la ponctuation de ce fragment de texte :

Secoussesàlaportebibliothèqueàdeuxreprisespuisuneboîtetombalespasséloignèr
entpourlinstantnousétionssauvésunfrissonnousparcouruttoussansendistinguerla
provenancejentendisdesclaquementsdedentspersonnenedisaitplusrien

Écrire ou réécrire

◆ Écrire un journal intime

3. a. Écris le déroulement d'une de tes journées. Commence par noter au brouillon régulièrement ce que tu fais en indiquant l'heure.

b. Reprends tes notes, quelques heures après ou le lendemain, et rédige, heure par heure, ce que tu as fait ou vu.

Lire en réseau

◆ Lire d'autres livres sur la guerre

4. Lis les résumés suivants et retrouve les titres qui correspondent :

1 1940, quand l'armée allemande envahit la France, Jacob est en vacances à Mimizan. En septembre, au lieu de retrouver ses parents à Paris, il reste dans les Landes. Jacob est juif. Il ne sait pas trop ce que cela veut dire. Il sait seulement qu'il vaut mieux s'appeler Jacquot que Jacob.... L'action se passe à Mimizan de 1939 à 1945.

2 Été 1942, le 15 juillet, deux sœurs vont sans l'étoile jaune dans des lieux interdits aux Juifs. Enfermées par hasard, toute la nuit, dans la salle obscure de ce cinéma, les deux fillettes échappent, seules de leur famille, à la tragédie, la rafle du Vél'd'Hiv. 12884 Juifs arrêtés... les enfants aussi.

3 Ce matin d'hiver 1944, Frédéric se lève tôt. Il rejoint son grand-père, membre de la Résistance, qui habite le département voisin. Le trajet en chemin de fer va lui apprendre le fonctionnement des trains et les difficultés de circulation en cette période que trouble la guerre.

A. *De trop longues vacances*, J.-J. Grief, *Je bouquine*, collection *Envol*.
B. *Vapeurs de résistance*, Fabian Grégoire, Coll. *Archimède*, École des loisirs.
C. *Les enfants aussi*, Laurence Lefêvre et Liliane Korb, Hachette jeunesse.

Un confident sans pareil

Luther Sparren, un jeune garçon d'origine paysanne, vient d'être admis dans une école de musique réputée. Il fait bientôt la connaissance de Perry… et des autres.

– Est-ce que tu veux voir mon violon ?

J'acquiesçai. Perry avait raison d'être fier de son instrument. Il brillait de tous ses feux dans son écrin de velours rouge.

– Le mien n'est pas si beau, dis-je.

– Ça ne fait rien. C'est la façon d'en jouer qui compte. Et je suis sûr que tu es doué.

J'appréciai sa gentillesse.

– Pour entrer ici, ajouta-t-il, il n'y a que deux façons, venir d'une famille riche, ou être un prodige. Apparemment, tu n'appartiens pas à la première catégorie.

– Ça se voit tant que ça ?

– Ben… Ne le prends pas mal…

– Et toi, comment as-tu été admis ?

– Je suis d'une famille riche, répliqua-t-il avec malice.

Perry ne se faisait guère d'illusions sur sa carrière de violoniste. […] La musique n'était pour lui qu'un agréable moyen de tuer le temps jusqu'à sa majorité. Ensuite, sa voie était toute tracée : fils unique d'un gentilhomme campagnard, il était destiné à gérer la propriété familiale, tout en jouissant[1] d'une rente[2] plus que confortable.

– Et encore j'ai eu de la chance, mon père aurait pu souhaiter me voir suivre des études d'ingénieur. Heureusement, il est convaincu qu'il n'existe pas meilleure discipline que l'apprentissage du violon.

Nous en rîmes de bon cœur. Réconforté, mon premier soin fut d'ouvrir mon étui pour vérifier que mon violon n'avait subi aucun dommage pendant le voyage. Ce n'était qu'un violon de villageois, l'un de ceux dont on se sert pour faire danser les filles pendant les foires aux bestiaux. Il portait de nombreuses éraflures, et par endroits le vernis s'était écaillé. Mais c'était là tout mon honneur, toute ma vie, résumés en ces quelques pièces de bois ajustées avec art et ces quatre cordes sonores.

Mon père l'avait rapporté un soir, alors que je n'avais que cinq ou six ans. Il l'avait échangé contre un mouton à un brocanteur de passage. Je me souviens encore de son expression de tendresse et d'encouragement quand il me le tendit. L'instrument était presque plus grand que moi, si bien qu'au début, j'avais dû le poser à terre pour en jouer.

Puis, l'âge venant, il était devenu mon compagnon le plus intime[3], et davantage encore lorsque la maladie me frappa […]. Tant de fois dans la souffrance et le chagrin, je m'étais raccroché à lui comme à

1. **jouir :** profiter.
2. **rente :** argent que l'on gagne sans travailler.
3. **intime :** proche.

4. **compassé :** peu naturel.

une planche de salut… Il détenait en lui toutes mes confidences, tous mes secrets.

J'en tirai quelques notes graves, puis aiguës. À peine si le voyage l'avait désaccordé. Il en avait vu bien d'autres. Cet exercice attira l'attention générale, ce dont je me serais bien passé. Un grand jeune homme blond, large d'épaules, aux manières compassées[4], vêtu d'une élégante redingote grise à boutons de nacre, s'approcha de moi, aussitôt imité par un petit groupe qui lui semblait tout dévoué : « Le roi et sa cour… », pensai-je. Il considéra mon instrument avec une grimace :

– Quel affreux crincrin ! Où donc as-tu déniché pareille horreur ?

Je rangeai mon violon, craignant un geste déloyal. Je préférais prendre des coups plutôt qu'il lui advînt quelque chose de fâcheux.

– Un cadeau de mon père, répondis-je. […]

À l'avenir j'étais décidé à éviter ce sinistre personnage. […]

– On va dîner ? proposa Perry.

Je n'avais pas faim. J'avais seulement envie d'être seul. Il n'insista pas et rejoignit les autres. Assis en tailleur, j'épaulai mon instrument et en tirai une de ces valses mélancoliques de Palkushi, qui reflétait si bien mon état d'esprit actuel. Quand j'eus terminé, je m'accoudai à la fenêtre, cherchant à distinguer les lumières de la ville à travers le brouillard. Mais peine perdue, celui-ci était trop dense.

Tard dans la nuit, tandis que tout le monde dormait, je me pris à rêver, les yeux grands ouverts, de scènes illuminées, de public invisible m'acclamant dans le noir, de fleurs jetées à mes pieds. Je rêvais. Je rêvais que le son d'un violon emplissait le silence du manoir, un son d'une beauté inouïe, céleste, insurpassable. Je reconnus la mélodie : c'était celle-là même que j'avais jouée tout à l'heure, la *Valse* de Palkushi. Mon émotion fut si forte que je m'éveillai. Curieusement, j'eus l'impression que l'écho du merveilleux instrument achevait de se dissiper dans le silence…

Un confident sans pareil (suite)

Luther a reçu l'aide d'un vieux professeur devenu son plus fidèle allié…

L'hiver venu, j'atteignis un nouveau palier dans l'approfondissement de mes interprétations. L'enseignement de Chapell commençait à porter ses fruits. Ma sonorité avait gagné en puissance, mon jeu en subtilité et en chaleur. De plus en plus souvent, mon maître me laissait jouer à mon gré et faisait mine de vaquer[5] à tout autre chose. S'il hasardait une remarque sur tel détail de mon interprétation – qu'il me faisait vivre comme un acteur de tragédie antique –, c'était plus tard, pendant notre promenade, ou au cours du dîner que nous prenions invariablement ensemble.

Je me rappelle fort bien ce soir de tempête où nous avions discuté plus tard encore que de coutume[6]. Nous nous tenions devant le poêle. Dehors, un vent de tous les diables gémissait dans les arbres. Alors que Chapell attisait les braises d'une main négligente, je dressai soudain l'oreille.

– Vous l'entendez ? C'est lui, écoutez ! Cette fois, vous ne me ferez pas croire qu'il s'agit du vent dans les tuiles !

Mon maître leva la tête. Il avait entendu lui aussi. Il resta un instant immobile, les yeux dans le vague, puis se renversa lentement dans son fauteuil.

– C'est étrange, dit-il. Il n'avait pas chanté ainsi depuis bien longtemps. Il faut croire qu'un événement va se produire. Il se tourna vers moi. Était-ce le reflet des flammes mourantes ? Une curieuse lueur dansait dans ses yeux.

– Il ne fait jamais bon entendre chanter ce violon, garçon. C'est signe qu'un malheur n'est pas loin.

– Vous admettez donc qu'il ne s'agit pas d'une illusion ? Mais je suis stupide. Vous avez toujours su que je disais la vérité. Vous l'entendez, maître ? Jamais je n'ai entendu un si beau violon. Même dans mes rêves, je... Qui peut donc en jouer ?

– Personne. Il joue seul. Quelque part dans la nuit. Il appelle.

– Maître, ce n'est pas sérieux. Un violon ne peut jouer seul.

– Celui-là oui, répondit-il avec une gravité que je ne lui connaissais pas. Et il jouera ainsi jusqu'à la fin des temps, à moins qu'il ne trouve un nouveau maître digne de lui.

Je restai bouche bée.

– Perry, l'un de mes camarades, m'a déjà parlé du Prince Darkshore. Mais je crois qu'il est un peu superstitieux. Racontez-moi son histoire, je vous en prie. Je veux la connaître. Je DOIS la connaître.

Il me fixa d'un regard aigu, comme s'il cherchait à lire en moi.

– Bien, puisque tu le désires. D'ailleurs, personne ne saurait le faire mieux que moi. Ce manoir n'a pas toujours été une académie de

5. **vaquer :** s'occuper.

6. **de coutume :** d'habitude.

7. **le rejeton :** le fils.

8. **l'opprobre :** la honte.

9. **mirifique :** incroyable.

musique. Autrefois, un jeune seigneur vivait ici, dernier rejeton[7] d'une famille sans honneur. Il se nommait William Darkshore. Ses frasques ensanglantaient la ville, et malgré sa jeunesse, son nom seul inspirait terreur et opprobre[8]. Certains affirment qu'il fréquentait les puissances des ténèbres, et qu'il avait signé un pacte avec le Diable en personne.

– C'est l'homme qui est peint dans le bureau de M. Simpleton, le cavalier ? Le fondateur de l'Académie ?

– En effet.

Il était très riche, et cultivait un goût étrange et inattendu pour la musique en général et le violon en particulier. Un jour, il fit mander le meilleur luthier de la ville et lui passa commande d'un violon. Il désirait un instrument unique, un joyau sans prix qui porterait son nom.

Ce luthier terrifié qui accepta le marché en une nuit pareille à celle-ci, sombre et venteuse, n'était autre que mon père, Hyerontus Chapell. Darkshore lui promit un salaire mirifique[9] à la condition expresse que nul, jamais, ne posséderait plus bel instrument. Mon père dut prêter serment sur sa vie. Mais il était sûr de son art, et par ailleurs étant très pauvre, il n'avait guère les moyens de laisser passer une telle occasion. Il promit de mettre toute sa science au service du seigneur.

De retour chez lui, il nous annonça, à ma mère et à moi, qui n'étais alors âgé que de douze ans, qu'il partait à la recherche de l'arbre qui servirait à la fabrication du violon, et qu'il ne savait quand il reviendrait. [...] Un soir qu'il s'était perdu au cœur d'une forêt sauvage, il s'assoupit au pied d'un sapin solitaire plus sombre que l'ébène. Il advint qu'un orage éclata. Mon père n'eut que le temps de se mettre à couvert. La foudre tomba sur l'arbre et son tronc fut fendu en deux, tout net. Le bon luthier vit là le signe d'une intervention surnaturelle, et sans doute n'eut-il pas tort. Il découpa le bois nécessaire à la fabrication du violon, un bois noir, magnifique, sans défaut, tel qu'il n'en avait jamais façonné, et brûla le reste.

Il rentra aussitôt et se mit au travail. Cela lui demanda plus de deux ans de labeur. Car il sécha, cisela, ajusta et vernit lui-même, une à une, les quatre-vingt-onze pièces du chef-d'œuvre. À celles en sapin, il ajusta celles en ébène pour l'âme, et celles en érable pour le fond. Il mit là tout son savoir-faire et tout son cœur. Quand il eut terminé, il avait les traits d'un vieillard. Mais il avait fabriqué le plus beau violon que l'on puisse rêver : d'une perfection sans égale, jusque dans sa plus intime finition, noir comme la nuit et surtout, d'une sonorité somptueuse.

Le prince d'Ébène de Michel Honaker,
coll. *Cascade*, Éd. Rageot.

Lire et comprendre

◆ Après avoir lu le texte, pages 284, 285, 286 et 287

1. Ce résumé contient des inexactitudes. Retrouve-les, puis corrige-les.

Luther Spallen est le fils d'une famille noble et pauvre. Il possède un violon de villageois au vernis craquelé échangé contre un cochon par son père avec un colporteur de passage. Il est la risée de certains de ses camarades de collège qui se moquent de la trop grande taille de son instrument. Pour se consoler, il a pris l'habitude de jouer la mélancolique marche de Palkushi. Devenu l'ami de son professeur, celui-ci lui raconte comment on fabriquait les violons dans les usines Darkshore.

2. Recherche la définition exacte.

– *Être virtuose*, c'est : **a.** montrer une grande habileté – **b.** être endommagé par un virus – **c.** être enduit de glu.

– L'*adversité* est un mot de la famille de : **a.** adversaire – **b.** averse – **c.** verser.

– Le sens du mot *humilité* est proche de celui de : **a.** humide – **b.** modeste – **c.** utile.

3. Quel arbre n'est pas cité dans le texte : le sapin ? l'ébène ? le tilleul ? l'érable ?
Quel est l'utilité de chacun dans ce récit ?

4. a. Recopie le nom des personnages et leur fonction.

b. Classe-les ensuite en deux catégories et justifie ta réponse :
les personnages positifs / les personnages négatifs

◆ Explorer le texte

5. Sur une copie du texte, surligne :
– en bleu tous les mots ou expressions qui suggèrent la musique,
– en vert les mots et expressions qui installent un climat étrange.
Compare avec tes camarades.

Discuter le texte

◆ Réfléchir

6. À la ligne 97, page 286, Chapell annonce :
« C'est signe qu'un malheur n'est pas loin. »
Quel est donc ce signe ? Penses-tu que cela puisse exister ? Justifie ta réponse.

7. Qui prononce les mots suivants ?
« Il n'existe pas meilleure discipline que l'apprentissage du violon. »
Es-tu d'accord avec cette phrase ? Justifie ta réponse.

◆ Échanger son avis

8. Pourquoi l'auteur a-t-il choisi de nommer son héros Luther ?
Compare avec tes camarades et justifie avec eux ton choix.

Agir sur le texte

◆ Décortiquer le texte

1. Remets les phrases de ce passage en ordre. Aide-toi du texte, page 287 :

Il découpa le bois nécessaire à la fabrication du violon, un bois noir, magnifique, sans défaut, tel qu'il n'en avait jamais façonné, et brûla le reste. La foudre tomba sur l'arbre et son tronc fut fendu en deux, tout net.
Un soir qu'il s'était perdu au cœur d'une forêt sauvage, il s'assoupit au pied d'un sapin solitaire plus sombre que l'ébène. Il advint qu'un orage éclata. Le bon luthier vit là le signe d'une intervention surnaturelle, et sans doute n'eut-il pas tort. Il rentra aussitôt et se mit au travail. Cela lui demanda plus de deux ans de labeur. Mon père n'eut que le temps de se mettre à couvert.

Écrire ou réécrire

◆ Écrire une fiche de bricolage

2. Rédige les étapes de la fabrication du violon commandé par Darkshore sous la forme d'une fiche de bricolage. N'oublie pas de donner un numéro à chaque étape. Tu peux utiliser des verbes à l'infinitif.

Ex : 1. Découper le tronc de l'arbre.
2. Brûler le reste...

Lire en réseau

◆ Lire d'autres livres fantastiques

3. Redonne à chaque auteur son livre.

Pour cela, cherche ces livres à la BCD, dans les catalogues à ta disposition, dans ta propre bibliothèque ou dans une librairie.

A. Michel Honacker **B.** Migou **C.** Éric Sanvoisin **D.** A. Pargam.

a. *Le chant de la reine froide*, Rageot
Un iceberg accoste à New York avec une main dépassant de la glace, brrr...

b. *T'aurais pas dû aller au supermarché...*, Hachette jeunesse
Un petit livre dont tu es le héros bien étrange et hilarant !

c. *Le buveur d'encre*, Nathan jeunesse
À la suite d'un cauchemar étrange, le héros de cette histoire devient un lecteur assidu et...

d. *Les mâchoires du muséum*, Hachette jeunesse
Edern a dérobé une plume de la coiffure d'un guerrier au Muséum d'histoire naturelle. Une redoutable malédiction se déchaîne rapidement contre lui...
Frissons garantis...

La poussée d'Archimède

Archimède, l'un des plus grands savants de l'Antiquité, vivait il y a plus de 2000 ans à Syracuse. Grâce à l'une de ses inventions, il vient de déplacer un énorme navire, l'« Artémis », sous les yeux du roi Hiéron, qui le félicite…

– C'est un grand jour ! Grâce à ton exploit, Syracuse va devenir la célébrité de tout le bassin méditerranéen ! Je vais de ce pas commander à mon orfèvre une nouvelle tiare[1] qui sera plus digne de la grandeur de ma cité !

Deux semaines ont passé depuis la mise à flot de l'*Artémis*. Archimède, indifférent à son succès, a repris ses recherches mathématiques. Comme tous les jours, dès qu'il peut échapper aux maîtres du palais, Gélon lui rend visite :

– Bonjour Archimède !

– Attention malheureux ! Regarde où tu mets les pieds !

– Mais que fais-tu ? Pourquoi traces-tu sur le sol ces signes cabalistiques[2] ?

– Une idée m'est venue pour calculer le périmètre d'un cercle connaissant son rayon. Je n'avais pas de papyrus sous la main et cela ne pouvait attendre.

– Il faudra que tu m'expliques tous les détails mais pour le moment je suis porteur d'un message de mon père. Il souhaite te rencontrer pour un sujet de la plus haute importance.

– Alors, allons-y !

Lorsque le savant et le prince parviennent au palais, ils aperçoivent Hiéron qui arpente[3] la grande salle d'un pas nerveux. Une couronne en or magnifiquement ciselée[4] est posée sur une table basse à côté d'un buste en bronze représentant le dieu Apollon. Le roi se précipite vers Archimède :

– Par Zeus, enfin te voici ! Je vais t'expliquer mon problème : j'ai commandé à mon orfèvre une tiare d'or mais je pense que ce fourbe s'est moqué de moi ! Un de mes plus fidèles serviteurs m'a dit qu'il l'avait vu introduire dans le bijou un matériau moins noble que l'or, mais je ne sais comment apporter la preuve de sa traîtrise sans détruire l'objet. Aurais-tu une idée ?

– Euh… il faut que je réfléchisse, roi Hiéron. Peux-tu m'accorder quelques jours ?

– Certes, mais ne tarde pas trop. Je suis pressé de donner à ce voleur la correction qu'il mérite !

Depuis plusieurs jours, Archimède est plongé dans de savants calculs qui ne lui fournissent pas la réponse attendue. Il en oublie de manger, dort à peine et ne songe même pas à se laver ! Ses serviteurs sont inquiets de le voir se négliger ainsi mais ils n'osent pas

1. **une tiare :** une coiffure royale.
2. **cabalistique :** étrange, mystérieux.
3. **arpenter :** marcher de long en large.
4. **ciselée :** sculptée.
5. **eurêka :** « j'ai trouvé » en grec.
6. **une amphore :** un grand pot allongé.

interrompre les réflexions de leur maître. Gélon tente de raisonner le savant :

– Il fait très chaud aujourd'hui ; un bon bain serait agréable.

– Certes, mais il me faut terminer ces calculs.

– Tu peux continuer à réfléchir ; je prends un rouleau de papyrus, un stylet et je te suis. Tu n'auras qu'à me dicter les nombres.

Archimède, épuisé par ses nuits de veille, se laisse convaincre. Il se dirige vers les bains où l'attend un baquet rempli à ras bord d'eau tiède. Toujours préoccupé, il se déshabille puis s'assied dans le liquide qui déborde aussitôt.

– Attention, plaisante Gélon, mes sandales ne sont pas des barques !

Le savant, songeur, lève un bras, le plonge dans l'eau, le soulève à nouveau et murmure :

– Tiens, c'est curieux, je n'avais jamais remarqué que mon bras était plus léger dans l'eau que dans l'air.

– Cesse de t'agiter dans ce bain, tu m'asperges à chaque fois !

– EURÊKA[5] !

Archimède bondit hors du baquet, renversant au passage une amphore[6] d'eau tiède.

Gélon se précipite à sa poursuite. Il a la présence d'esprit d'attraper une tunique ; heureusement, car le savant court dans les rues de Syracuse nu comme un ver ! Des passants regardent la scène d'un air ébahi. Par bonheur, le jeune garçon parvient à tendre le vêtement à son ami avant que celui-ci n'atteigne le palais et ne s'écrie :

La poussée d'Archimède (suite)

– Roi Hiéron ! J'ai la solution. Peux-tu me procurer une balance et un baquet rempli d'eau à ras bord ? Des serviteurs du roi amènent les objets demandés tandis qu'un garde traîne le bijoutier très inquiet. Archimède pose la couronne sur un plateau de la balance et déclare :

– Nous allons placer des pièces d'or sur l'autre plateau jusqu'à ce que l'on obtienne l'équilibre. Voilà, nous y sommes. Gélon, peux-tu les compter ?

– Il y a soixante pièces.

– Bien! Si la couronne est en or, elle a donc été fabriquée à partir de soixante pièces d'or fondues. Il faut maintenant comparer les volumes, c'est-à-dire vérifier que la couronne occupe la même place dans l'eau que les pièces d'or.

– Pour quelle raison ? interroge le roi subitement curieux.

– Je t'explique : compare un même poids de plumes et d'or…

– Les plumes prendront beaucoup plus de place ! interrompt Gélon, enchanté d'avoir devancé le raisonnement du savant.

– Soit, intervient Hiéron, mais ma couronne n'est tout de même pas en plumes !

– Bien sûr que non, rétorque Archimède, mais le principe est le même pour les métaux. Ainsi, à quantité égale, l'argent occupera presque deux fois plus de place que l'or.

Tout en parlant, le savant plonge délicatement la couronne dans le baquet d'eau qui déborde aussitôt. Il enlève ensuite le bijou avec beaucoup de précautions ; le niveau de l'eau est maintenant en dessous du bord du baquet. Il s'adresse ensuite à Gélon :

– Plonge doucement les pièces d'or dans ce récipient. Qu'observes-tu ?

– Le niveau de l'eau remonte.

– Oui, mais il n'atteint pas le bord du baquet : cela veut dire que les pièces d'or occupent moins de place que la couronne. Nous pouvons donc en conclure que l'objet n'est pas en or pur. L'orfèvre a dû utiliser de l'argent recouvert de feuilles d'or pour sa fabrication.

Le roi Hiéron, rouge de fureur, s'exclame :

– Qu'on enferme ce voleur dans les latomies[7] ! Je réfléchirai à son châtiment plus tard.

Archimède, apitoyé par l'air affolé du bijoutier, intercède[8] en sa faveur :

– Épargne cet individu ; je ne veux pas que ma science soit la cause d'une mort d'homme.

– Soit, je t'accorde sa grâce, déclare le monarque boudeur.

7. **les latomies :** des carrières servant de prison à Syracuse.

8. **intercéder :** parler en utilisant son influence.

Gardes, jetez-moi ce faussaire hors de Syracuse et qu'il n'y remette jamais les pieds !

Le savant se dirige à grands pas vers sa maison suivi par Gélon :

– Où cours-tu si vite ? Pourquoi as-tu refusé le banquet que mon père voulait organiser en ton honneur ?

– Je suis très flatté mais je n'ai pas le temps. Le bain de tout à l'heure m'a donné une autre idée.

– Laquelle ?

– Souviens-toi. Mon bras paraissait plus léger dans l'eau que dans l'air. Je suis sûr que l'eau exerce une poussée de bas en haut sur tout corps que l'on y plonge. Vois comme elle porte les bateaux.

– Donc, d'après toi, un navire flotte car l'eau pousse sa coque vers le ciel, mais alors pourquoi une pièce d'or coule-t-elle ? Elle est très légère et une poussée beaucoup moins forte suffirait.

– Gélon, tu as raison : certains matériaux ne flottent pas si on ne leur donne pas une forme particulière. Une pièce d'or coule car elle a un tout petit volume, mais construis un bateau en or et il flottera car il occupera beaucoup plus de place dans l'eau. Je suis sûr que la poussée est d'autant plus forte que le volume d'eau déplacé est grand. Il faut que je réfléchisse, ensuite je rédigerai un traité sur les propriétés des corps flottants.

– J'ai trouvé un titre pour ton manuscrit, plaisanta Gélon, tu l'appelleras :

« La poussée d'Archimède » !

Archimède a résolu de nombreux problèmes au cours de sa vie mais il est surtout célèbre pour la découverte de cette loi fondamentale de la physique : Tout corps plongé dans un liquide reçoit une poussée du bas vers le haut égale au poids du volume de liquide déplacé.

Lorsque, dans quelques années, tu calculeras la poussée d'Archimède, peut-être te souviendras-tu du savant grec qui a eu cette idée fabuleuse dans son bain il y a plus de deux mille ans.

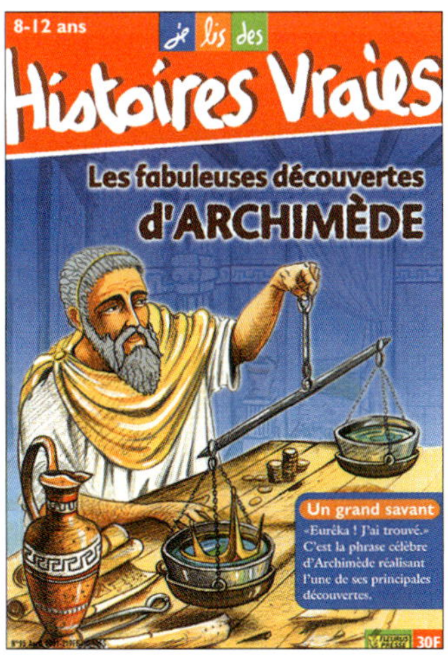

Les fabuleuses découvertes d'Archimède,
Je lis des histoires vraies,
n° 95, avril 2001, © Fleurus Presse.

Lire et comprendre

◆ Après avoir lu le texte, pages 290, 291, 292 et 293

1. Raconte l'histoire.

2. Sur une copie du texte, surligne en rouge les parties qui racontent, en vert l'expérience que fait Archimède et en bleu les parties qui permettent de comprendre l'explication scientifique.

3. a. Relève le nom et la fonction des personnages principaux de l'extrait.
   b. Quels liens les unissent ? Comment as-tu fait pour trouver ?

4. a. Qu'est-ce qu'un métal *noble* ?
   b. Recherche le nom d'autres métaux. Sont-ils plus ou moins *nobles* que l'or ?

◆ Explorer le texte

5. Aide-toi du texte pour indiquer à quel mot dans les cases correspond chacune des définitions (ex. : A = 4) :

A : Il fabrique de faux tableaux ou de faux bijoux pour les revendre.
B : Cet artisan travaille l'or et les métaux précieux.
C : Dans l'Antiquité, on fabriquait le papier avec cette plante.
D : On nommait ainsi les villes au temps des Grecs.
E : Une petite cuvette qui est généralement en bois.
F : Ville de Sicile où se déroule notre histoire.
G : Vase antique en terre cuite avec deux anses.
H : Le roi Hélion y vivait.
I : Couronne royale du roi Hélion.
J : Carcasse d'un navire.
K : Livre ancien écrit à la main.
L : Instrument servant à peser.
M : Il trompe perfidement.

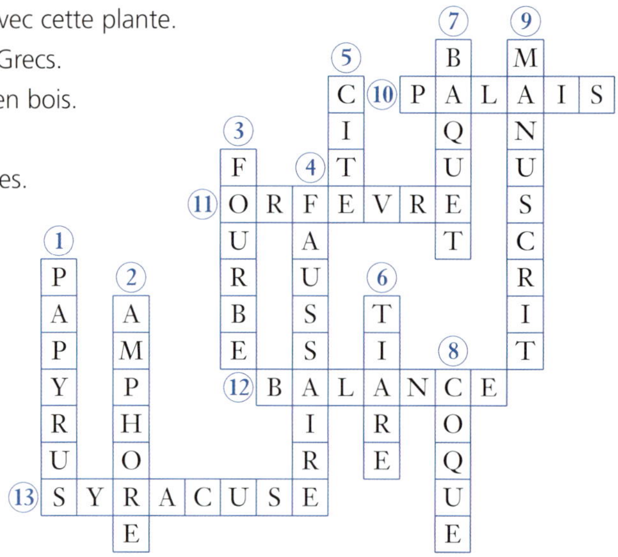

Discuter le texte

◆ Réfléchir et se documenter

6. Penses-tu que cette histoire soit vraie ? Justifie ta réponse et compare avec tes camarades.

7. a. Dans la mythologie grecque, est-il vrai que :
   Zeus était le dieu suprême ? et *Apollon* le dieu de la beauté ?
   b. Recherche le nom d'autres dieux de la mythologie et indique leur originalité.

Agir sur le texte

◆ Lire à haute voix

1. a. À deux, relisez le passage, lignes 142 à 148, page 293.
   b. Réécrivez-le en créant un dialogue entre Gélon et Archimède. Imaginez les réactions de Gélon aux affirmations d'Archimède.
   c. Entraînez-vous à lire ou à jouer votre création devant la classe.

◆ Analyser le texte

2. a. Lis ce résumé : Archimède effectue diverses pesées et compare des volumes d'or et d'eau. Il conclut que le roi s'est fait escroquer.
   b. Retrouve le passage qui lui correspond dans le texte.

Écrire ou réécrire

◆ Illustrer une expérience

3. a. Relis le texte, lignes 90 à 116, page 292, et repère sept étapes importantes de l'expérience.
   b. Réalise 7 dessins simples qui aideront à comprendre pas à pas l'expérience effectuée. Puis écris sous chaque schéma un petit texte expliquant l'avancement de l'expérience.

Lire en réseau

◆ Lire d'autres livres sur l'Antiquité

4. Complète ce texte à trous avec les mots proposés.
   Pour t'aider, cherche ces livres à la BCD ou dans une librairie...

   En visitant les … de Fréjus, Marc pénètre dans un …. Sans écouter les … d'un bizarre vieil homme à la … blanche. Tout à coup il est plongé en pleine … romaine. Il croit tout d'abord à une reconstitution pour les besoins du tournage d'un … digne de Ben-Hur, il a même pu se glisser dans la masse des …. Mais pourquoi l'équipe ne fait-elle jamais de pause ? Et comment les … ont-ils réussi à métamorphoser ainsi le paysage ? On se croirait vraiment dans la Fréjus antique. Il est bel et bien … d'un autre temps, dans l'Empire romain…

   Ciné-cauchemar, Olivier Ozan, Hachette jeunesse.

   • *souterrain, époque, avertissements, arènes, barbe, film, figurants, décorateurs, prisonnier.*

5. Archimède est l'auteur de nombreuses découvertes.
   Recherche à la BCD à quoi elles nous servent actuellement.
   Ex. : La vis sans fin équipe tous les tire-bouchons.

Un crime bien mystérieux

Le chat de Gertrude vient d'être assassiné, l'inspecteur Charly tente de découvrir le coupable…

Scène V

Personnages : *Gwendoline – inspecteur Charly – Gertrude*

(Entrée de Gwendoline, énervée.)

GWENDOLINE : Bonjour monsieur. C'est vous, l'inspecteur de police ?

INSPECTEUR CHARLY, *il s'avance en tendant une main que Gwendoline ignore* : Oui... Bonjour... inspecteur Charly...

GWENDOLINE : Écoutez, inspecteur, vous vous êtes dérangé pour rien. Le chat de ma sœur Gertrude est mort, bon, on ne va pas faire une enquête pour si peu de chose !

INSPECTEUR CHARLY : Oui, mais il a été assassiné.

GWENDOLINE : Oh, ça suffit maintenant, ma sœur est complètement folle, givrée, tordue, malade de la tête. *(Entrée silencieuse de Gertrude qui réagit en silence.)* Vous avez autre chose à faire, non... Une enquête sur la mort d'un chat ! Et puis quoi encore !

GERTRUDE : Alors, comme ça, je suis tordue ? Et toi, tu t'es regardée un peu, non, avec tes airs de grande dame ! On dirait que tu as avalé un parapluie. Laisse-moi avec monsieur l'inspecteur, tout ça, c'est pas tes oignons ! *(Elle se tourne vers l'inspecteur avec un grand sourire.)* Inspecteur, je vais tout vous raconter.

INSPECTEUR CHARLY : Faites, faites...

GERTRUDE : Eh bien voilà... Ce matin, quand je me suis levée, j'ai cherché mon chat dans la maison... Alors, je l'ai cherché en l'appelant : Minou, Minou, Minou, vous voyez ?

INSPECTEUR CHARLY : Oui, oui, je vois.

GERTRUDE : Et quand je l'ai trouvé... il était mort... étranglé... *(Elle s'écroule sur le canapé, en larmes.)* Mon pauvre petit Minou adoré ! *(Elle se relève brusquement.)* Mais c'est un assassinat, un meurtre, un crime…

GWENDOLINE, *pendant toute cette scène, elle est restée dans un coin en manifestant le plus grand énervement et elle explose soudain.*

Tu vas arrêter ce cinéma, à la fin... Tu es malade... Pourquoi veux-tu que l'on ait assassiné ce chat ?

GERTRUDE : Parce qu'il y a des gens dans cette maison qui me détestent et qui détestent les chats !

GWENDOLINE : Ce n'est pas parce que ton chat est mort... *(Gertrude pousse un cri.)*

GERTRUDE : Ne dis pas ça, je ne supporte pas d'entendre ce mot.

GWENDOLINE, *haussant les épaules et s'adressant à l'inspecteur :* Vous voyez bien qu'elle est malade !

GERTRUDE, *se jetant aux pieds de l'inspecteur* : Je vous en supplie, trouvez l'assassin de mon Minou, arrêtez ma sœur !

INSPECTEUR CHARLY : Oui, on verra, on verra !

GERTRUDE, à sa sœur : Tu ne l'emporteras pas au paradis. *(Elle sort.)*

GWENDOLINE : Bon, cher inspecteur, je pense que vous avez compris que ma sœur est folle et que vous allez rentrer chez vous. *(Elle lui tend la main.)* Enchantée d'avoir fait votre connaissance. Au revoir. *(Elle sort. L'inspecteur reste seul, hagard. Il reste un moment immobile, tête baissée, puis il sort, l'air complètement épuisé.)*

Scène VI

Personnages : *Marie-Thérèse – Gwendoline – inspecteur Charly – Gertrude (Entrée de Marie-Thérèse.)*

MARIE-THÉRÈSE : Ouh, ouh... Gertrude... Gwendoline... Où êtes-vous ?... C'est moi... C'est la cousine Marie-Thérèse qui est arrivée... Bon, ben, y a personne dans cette maison... C'est pas possible, ça, j'ai bien dit que j'arrivais aujourd'hui...

(Elle se met à appeler en cherchant.)

Ouh... ouh, c'est Marie-Thérèse... Gertrude... Gwendoline... Oh, là ! là ! je suis fatiguée, moi...

(Elle s'affale dans le canapé.) (Entrée de Gwendoline.)

MARIE-THÉRÈSE : Ah, mais je vous cherchais partout, où étiez-vous toutes les deux ?

GWENDOLINE : Tu pourrais dire bonjour !

MARIE-THÉRÈSE : Oui, bien sûr! Ma chère cousine, bonjour, comment vas-tu et tout ça...

Un crime bien mystérieux (suite)

Gwendoline : Marie-Thérèse, nous avons un problème...

Marie-Thérèse : Ah bon !

Gwendoline : Rien de grave, le chat de Gertrude a été assassiné et il y a un inspecteur de police qui enquête dans la maison.

Marie-Thérèse : Un policier... Ouh... Pour le chat... *(Marie-Thérèse éclate de rire.)* Ça va la tête, Gwendoline, ma cousine ?

Gwendoline : Je te préviens que tu risques de rencontrer cet inspecteur. J'espère que tu seras polie avec lui.

Marie-Thérèse : Mais bien sûr ! À tout à l'heure ! *(Gwendoline sort.)* Un policier… Je vais m'amuser un peu parce que je n'aime pas les policiers... *(Elle rit toute seule. Entrée de l'inspecteur.)* Bonjour, vous êtes le policier ? *(L'inspecteur fait oui de la tête.)* Moi, je suis la cousine Marie-Thérèse.

Inspecteur Charly : Euh... Bonjour...

Marie-Thérèse : Oui, c'est ça, quand on est poli, on dit bonjour et après on discute.

Inspecteur Charly, *interloqué* : On dit... bonjour...

Marie-Thérèse : Et après on discute ! Je vous dirai tout ce que je sais.

Inspecteur Charly : Mais vous n'étiez pas là, ce matin !

Marie-Thérèse : Ah non, je viens juste d'arriver.

Inspecteur Charly : Alors vous ne savez rien.

Marie-Thérèse : Mais si, je sais beaucoup de choses au contraire ! Je peux vous dire ce que l'assassin voulait faire avec le chat...

Inspecteur Charly : Et... Qu'est-ce qu'il voulait faire ?

Marie-Thérèse : Un civet, je suis sûre qu'il voulait faire un civet, c'est pour ça qu'il l'a étranglé... Pour garder le sang à l'intérieur !

Inspecteur Charly : Mais vous êtes folle !

Marie-Thérèse : Pas du tout ! Vous n'avez jamais mangé du civet de chat ? Vous n'aimez pas ça ? *(L'inspecteur grimace.)*

Inspecteur Charly : Vous... Vous... Vous mangez des chats !

Marie-Thérèse : Évidemment, comme tout le monde, non ?

Inspecteur Charly : C'est vous qui avez assassiné le chat pour le manger ! Je vous arrête !

Marie-Thérèse : Mais non, je n'étais pas là, j'étais dans l'avion…

Inspecteur Charly : C'est vous, c'est vous…

(Il la prend par l'épaule en répétant « c'est vous ». Entrée de Gertrude.)

Gertrude : C'est toi ! *(Elle saute au cou de Marie-Thérèse.)*

Inspecteur Charly : C'est elle qui a assassiné le chat… Pour le manger ! Votre cousine… m'a dit… qu'elle mangeait les chats.

Gertrude : Ah bon, elle vous a dit ça ?

Inspecteur Charly : Oui, je vous assure !

(Gertrude éclate de rire et se retourne vers Marie-Thérèse qui éclate de rire aussi.)

Marie-Thérèse : Et il a marché !

Gertrude : Quel idiot ! Allez, laissez-nous, allez chercher l'assassin au lieu de nous embêter !

Inspecteur Charly : Vous voulez dire que c'était une blague ? *(Les deux cousines hochent la tête avec un grand sourire.)* Vous aurez de mes nouvelles toutes les deux, on ne se moque pas de moi comme ça !

(Il sort furieux. Gertrude et Marie-Thérèse le regardent partir en riant.)

Scène VII

Personnages : *Gertrude – Marie-Thérèse*

Gertrude : Alors, ton voyage s'est bien passé ?

Marie-Thérèse : Oh non ! Je suis bien contente d'être là !

Gertrude : Moi aussi je suis contente que tu sois là, parce qu'il est arrivé quelque chose d'affreux, d'horrible… On a assassiné mon chat.

Marie-Thérèse : Je sais. Et c'est pour ça que tu as fait venir la police. La police, elle ne trouvera rien.

Gertrude : Alors, qu'est-ce que je fais pour retrouver l'assassin ?

Marie-Thérèse : Tu as pensé à un sorcier ?

Gertrude : Un sorcier ?

Le chat assassiné de Vannina Laugier,
pièces policières, © Retz.

Lire et comprendre

◆ Après avoir lu le texte, pages 296, 297, 298 et 299

1. a. Raconte l'histoire.
   b. Comment expliques-tu son titre ?

2. a. Que penses-tu de la ponctuation de cet extrait ?
   b. Comment est-elle organisée ?
   c. Quels sont les temps des verbes de l'extrait. Comment pourrais-tu les classer ?

3. a. Quelle réplique montre que Marie-Thérèse n'aime pas les policiers ?
   b. Quel animal mange-t-on habituellement en civet ?

◆ Explorer le texte

4. a. Combien y a-t-il de personnages dans l'extrait ?
   b. Sur une feuille recopie leur nom, leurs liens et ce qu'ils font.
   c. Quelle technique de présentation nous permet de comprendre qui parle ?

Discuter le texte

◆ Réfléchir

5. Sur une copie du texte, surligne en couleur les passages qui montrent l'émotion de Gertrude après la mort de son chat.
   Comprends-tu cet émoi ?

6. a. Gwendoline affirme que sa sœur est *tordue*.
   Emploie ce mot dans une phrase en lui donnant un autre sens.
   b. Que penses-tu des déductions du policier ?
   c. Et de sa réaction furieuse ?

◆ Débattre ensemble

7. Mime devant tes camarades l'attitude de l'inspecteur *hagard*.
   Que penses-tu de cette attitude ? N'est-ce pas exagéré ?
   Quelle autre attitude aurait-il pu avoir ?

8. Établis la liste des éléments qui te permettent de différencier un texte de théâtre d'un autre. Compare avec tes camarades.

◆ Jouer une scène

9. Avec trois autres camarades, préparez le texte de la scène VI afin de le lire et de le jouer devant vos camarades.

Agir sur le texte

◆ Observer le texte

1. a. Sur une copie du texte, colorie toutes les informations que les spectateurs n'entendent pas mais qui donnent des informations pour jouer la pièce.

b. Avec un autre camarade, change ces lieux et ces informations sans changer les personnages.

Écrire ou réécrire

◆ Écrire des répliques de théâtre

2. a. Écris la fin de la scène VII en t'aidant des informations suivantes :
Un personnage nouveau entre en scène. C'est le (ou la) coupable.

Tu dois choisir qui il (ou elle) est, des éléments de son caractère et les raisons de son geste. Tu imagineras également les éléments scéniques (lieux, accessoires simples, bruitages, etc.).

b. Une autre équipe dans la classe lira et jouera votre proposition.

Lire en réseau

◆ Lire d'autres livres sur le théâtre

3. a. Tout est mélangé : le titre, le nom de l'auteur et le résumé du livre.
À toi de les remettre en ordre.
Pour t'aider, cherche ces livres à la BCD, dans les catalogues à ta disposition, dans ta propre bibliothèque ou dans une librairie...

• titres : *Théâtre de nuage.* – *Puzzles* – *Les trois jours de la queue du dragon* – *Elles sont toutes folles* – *Le diable et son valet* – *Molière pour rire* – *Robert Houdin et fils.*

• éditeurs : Le Fil d'Ariane – Magnard – Actes sud – L'école des loisirs – Hachette jeunesse – Flammarion – Archimède.

• auteurs : Y. Garic, J. Rebotier, S. Jaoui, A. Horowitz, A. Ensergueix, S. Hochain, R. Van Cleeff.

• résumés :

a. Les nuages, véritables personnages du ciel, ont aussi leurs histoires à raconter. Sept pièces à lire, à jouer et à rêver… – b. Des récits à lire au CM2 – c. Pour jouer avec les mots, la musique et la danse et rencontrer des dragons... Loufoque ! – d. Un petit garçon dans le tourbillon des amours de sa sœur, de sa mère et de sa grand-mère ! – e. Seul dans Londres, Tom rejoint une troupe de théâtre bien étrange... – f. On retrouve l'humour de Molière à travers des extraits choisis de ses célèbres pièces. – g. Eugène est le fils d'un magicien célèbre...

b. Deux de ces textes ne sont pas des textes à jouer mais des histoires se passant dans le monde du théâtre ; lesquels ?

Le coin des documents

Lire une photographie

Le Palais idéal se trouve dans la Drôme. Il fut édifié entre 1879 et 1912 par un facteur (Ferdinand Cheval, 1836-1924) avec les cailloux qu'il rapportait de ses tournées.

L'essentiel

1. Quels indices te permettent d'affirmer que ce document est une photographie ?
2. Quel genre de bâtiment représente-t-il ?
3. Aimerais-tu faire la même chose que Ferdinand Cheval ? Pourquoi ?

En détail

4. Où peut-on voir ce palais ? Par qui a-t-il été construit ? En combien de temps ?
5. Parmi ces trois fragments, quels sont ceux qui appartiennent à la photo ?

À ton tour

6. a. Cherche la reproduction d'un bâtiment connu.
   b. Décalque sa silhouette et reproduis-la sur une feuille.
   c. Imagine et réalise une décoration originale pour les façades de ce bâtiment : couleurs, éléments nouveaux incrustés dans les murs…
   d. Échangez vos calques et essayez de deviner de quel bâtiment il s'agit.

Lire une petite annonce

1

À VENDRE

DALMATIENS de race pure
vaccinés et tatoués

229 €

Disponibles début avril.

Tél. : 00 54 33 20 15

2

Échange

BALLON DE FOOT neuf
contre ROLLERS même usagés.

S'adresser au gardien
2, rue de la Croix St-Jean
le mercredi ou le samedi.

Demander Jessica

3

JEUNE FILLE diplômée

cherche à donner cours
d'anglais à domicile

15 €/l'heure

Si intéressé
Tél. : 00 34 75 08 19
le soir

L'essentiel

1. À quoi servent ces documents ?
2. Où peut-on les trouver ?
3. Quel genre d'animal propose le premier ? Que signifie l'abréviation : Tél. ?
4. Qui fait l'échange dans le deuxième ?
5. Où se passent les cours dans le troisième ?

En détail

6. Dans l'annonce 1, les chiens proposés sont-ils donnés ou vendus ? Quelle est leur race ? Quand peut-on les acheter ?
7. Quand faut-il téléphoner pour répondre à l'annonce 3 ?
8. L'échange est-il intéressant dans l'annonce 2 ?

À ton tour

- Rédige une petite annonce pour vendre quelque chose.

Lire une page de dictionnaire

construire .... **conteur**

2. Une **construction** est un bâtiment, un monument : *les touristes viennent admirer les **constructions** anciennes de notre ville.*
○ Attention ! On écrit **tion** mais on prononce [sjɔ̃], comme dans « nous pas**sions** ».

construire verbe. **1.** *Le maçon **construit** une maison,* il monte des murs et pose un toit. ◆ Synonyme : **bâtir**. Contraires : **démolir**, **détruire**.
2. Construire une phrase, c'est mettre les mots dans le bon ordre pour en faire une phrase.
● Mot de la même famille : **construction**.

*On **construit** une cabane.*

consulter verbe. **1.** *Si tu ne connais pas le sens d'un mot, **consulte** le dictionnaire !,* cherche dedans pour te renseigner.
2. *Quand on est malade, on doit **consulter** un médecin,* aller chez le médecin pour se faire examiner.

nom masculin. **1.** *On risque de se brûler les doigts au contact du four,* quand on touche le four.
2. *Mamie est montée dans sa voiture et elle a mis le contact,* elle a tourné la clé pour mettre le courant électrique en marche et faire démarrer la voiture.

contagieux, contagieuse adjectif. *Nicolas a la rougeole : il est **contagieux**,* on peut attraper sa maladie si l'on s'approche de lui. La grippe est une maladie **contagieuse**, qui s'attrape facilement.

nom masculin. Un **conte** est une histoire, souvent assez courte, qui raconte des aventures merveilleuses : *« La Belle au bois dormant » est un conte célèbre.*
○ Attention ! Ne confonds pas « conte » et « faire ses comptes ».
● Mot de la même famille : **conteur**.

contempler verbe. *Nous **contemplons** le coucher du soleil sur la mer,* nous le regardons longtemps en l'admirant.
○ Attention ! Le son [ɑ̃] s'écrit **em** devant le **p**.

contenir verbe. *La boîte que Julie a apportée **contient** des gâteaux,* il y a des gâteaux dedans.
● Mot de la même famille : **contenu**.

content, contente adjectif. *Aurélie est **contente** de revoir ses amies,* cela lui fait plaisir et la rend heureuse.
◆ Contraire : **mécontent**.

contenu nom masculin. *Le **contenu** de la boîte s'est renversé,* ce qu'il y a dans la boîte, ce qu'elle contient.

conteur nom masculin, **conteuse** nom féminin. *Grand-père est un très bon **conteur**,* il raconte bien les contes, les histoires.

a b **C** d e f g h i j k l m n o p q r s t u v w x y z

149

Dictionnaire Mini débutants 6/8 ans,
© Larousse - HER.

L'essentiel

1. À quoi reconnais-tu qu'il s'agit d'une page de dictionnaire ? Pourquoi les mots *construire* et *conteur* sont-ils écrits en haut ?
2. Trouve le plus vite possible les mots : *contenu – contagieux.*
   Comment as-tu fait ?
3. Donne le mot qui suit *contempler* et le mot qui précède *content.*

En détail

4. Retrouve les mots cachés.
5. Relis la définition du mot *conte.*
   À ton avis pourquoi doit-on faire attention à l'écriture du son [ɔ̃] ?

À ton tour

◆ Avec tes camarades, essayez ensemble de rédiger la définition du mot *histoire*, puis comparez avec votre dictionnaire.

Lire une couverture de livre

L'essentiel

1. Que représente le document ci-dessus ?
2. Décris l'illustration : le lieu, les personnages, ce qui se passe…

En détail

3. Quelles autres informations se trouvent sur la couverture du livre ?

À ton tour

- Réalise la couverture de l'histoire que tu as imaginée, page 18.

Quel personnage choisis-tu de représenter ? Dans quel décor ?

Quelles informations doivent figurer sur la couverture ? À quel endroit doivent-elles se trouver ?

Lire une couverture de livre

Lorsque Ismahel s'embarque à bord du baleinier "Péquod", pour une campagne de chasse de trois ans, il est loin de se douter qu'il va être entraîné dans une effroyable aventure...

Bientôt l'énigmatique et légendaire Capitaine Achab dévoile son véritable dessein : renoncer à la traditionnelle pêche au cachalot pour se lancer sur les traces de Moby Dick, la monstrueuse Baleine Blanche, qu'il combat depuis des années et à qui il semble avoir fixé un ultime rendez-vous.

Commence alors une incroyable odyssée qui entraînera navire, marins et lecteurs aux confins des ténèbres.

Quête infinie et désespérée du capitaine d'un bateau-ivre embarqué pour un voyage sans retour, "Moby Dick" est une tragédie épique au terrible pouvoir dramatique.

Herman Melville (1819-1891) fut marin, aventurier, romancier et poète. "Moby Dick", publié en 1851, reste son ouvrage le plus connu. John Huston en a tiré un film en 1956.

ISBN 2-266-07569-1

CATÉGORIE 6

© Document Bridgeman-Giraudon

© Presses Pocket

L'essentiel

1. D'où proviennent ces documents ?
2. Quels renseignements trouves-tu sur la une ? et sur la quatrième ?
3. Comment l'illustrateur rend-il l'atmosphère du livre ?
4. Comment choisis-tu un livre ? en regardant l'illustration du recto ou en lisant le texte du verso ?

En détail

5. Quel est le prénom de l'auteur ? Où le trouve-t-on ?
6. Repère le résumé, le début du récit, le jugement sur le livre. Où les trouve-t-on ?
7. Qu'explique le paragraphe en italique ?
8. Quels personnages reconnais-tu sur l'illustration ?

À ton tour

◆ À toi de réaliser une couverture de livre pour *Le merveilleux voyage de Nils Holgerson*. Aide-toi du document ci-dessus (pense à différencier le résumé, le début du texte et ton opinion sur le livre).

Lire la couverture d'un CD-Rom

© Emme

L'essentiel

1. Qu'est-ce qui permet de savoir qu'il s'agit d'un jeu pour les jeunes ?
2. Qui sont Vulcor, Mirza, Gaïa et Plonk ?
3. Quel est le but de ce jeu ? Quelles qualités sont nécessaires pour gagner ?

En détail

4. Quels indices te permettent de savoir que c'est une pochette de CD-Rom ?
5. Quand et où rencontre-t-on ce type de document ?
6. Que doit faire le joueur ? Où est-ce écrit ?
7. Que voit-on en premier ?
8. Quelle impression l'illustration donne-t-elle ?

À ton tour

◆ Réalise une pochette de CD-Rom.

Choisis un jeu auquel tu aimes jouer. Crée une illustration (dessin, peinture ou collage). Donne toutes les informations nécessaires.

Lire un règlement

École élémentaire Jules-Ferry
25, rue des Écoles

RÈGLEMENT INTÉRIEUR

Le règlement intérieur établit les règles que chacun doit respecter ; il s'inscrit dans le respect des textes en vigueur.
Tout adulte et tout élève de l'école a pour mission de respecter et de faire respecter ce règlement intérieur.

A – ACCÈS À L'ÉCOLE :

1) Aux heures d'arrivée et de départ, les élèves passent par la grille nord-est (voie piétonne). En cas de retard, l'accès s'effectue par la porte du gardien.
2) En arrivant à l'école, les élèves doivent se diriger calmement vers leur classe.

B – MOUVEMENTS :

Après les récréations, les élèves se rangent dans la cour à l'endroit marqué pour leur classe, attendent leur enseignant et le suivent en ordre jusqu'à la salle de classe.
Aucun élève ne doit rester dans une salle après le départ de l'enseignant.
Au moment des récréations et de l'interclasse de midi, les élèves sortent dans la cour.
Aucun élève ne doit rester dans les couloirs.
Tous ces mouvements doivent s'effectuer dans le calme.

C – COMPORTEMENTS :

Les enseignants et tous les membres de la communauté éducative s'interdisent tout comportement, geste ou parole qui traduirait indifférence ou mépris à l'égard d'un élève ou de sa famille.
De même les élèves, comme leurs familles, doivent s'interdire tout comportement, geste ou parole qui porterait atteinte à la fonction ou à la personne des membres de la communauté éducative et au respect dû aux autres élèves ou à leurs familles.

L'essentiel

1. De quoi parle ce texte ?
2. À quel établissement s'applique-t-il ?
   À qui s'adresse-t-il ?
3. Comment est organisé le texte ? Pourquoi ?
4. Qu'est-ce qu'un règlement ?

En détail

5. Quel est le verbe le plus utilisé ?
6. Que signifie la dernière phrase de la première partie ?
7. Que doit faire un élève qui arrive en retard ?

À ton tour

◆ Rédige une partie de règlement organisant les récréations. Aide-toi de ce qui se fait dans ton école.

Lire une BD

Extraits de *Cubitus*, *Remets-nous ça* de Dupa, © Dupa-Le Loombard (Dargaud-Lombard s.a.).

L'essentiel

1. Que veulent faire les oiseaux ?

2. Tout au long de l'histoire, de quoi parle le chien ? De quoi parlent les oiseaux ?

3. Cette situation s'appelle un quiproquo. Relève les mots qui expriment *le quiproquo*.

En détail

4. Sur la dernière vignette : que fait Cubitus ? à qui parle l'escargot ? que signifie l'onomatopée « Z » ?

À ton tour

◆ À l'aide d'un calque, modifie les bulles : *Cubitus explique aux oiseaux qu'il n'est pas un arbre.*

Lire des dessins humoristiques

A

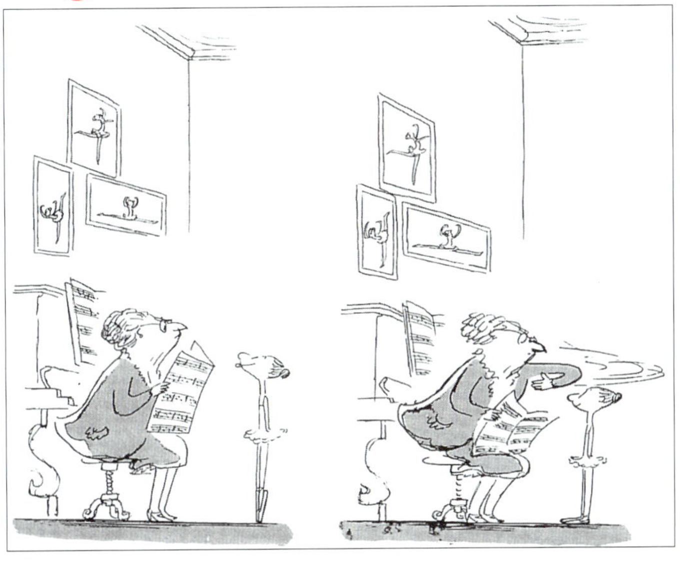

Quelques enfants de Sempé,
© Sempé et Éditions Denoël 1984 et 1999 nouv. éd.

B

Les vacances de Serre, © Glénat.

L'essentiel

1. Classe ces dessins en commençant par celui que tu préfères et en terminant par celui que tu aimes le moins.
2. Peux-tu expliquer ton choix ?

En détail

3. Que pourrait dire le skieur ? et le pompier ?
4. Observe bien la scène A. Pourquoi est-elle amusante ?

À ton tour

◆ Réalise un dessin humoristique en t'inspirant du dessin C. Tu peux utiliser des illustrations et des collages.

C

La vie est courte de Thiriet et Larcenet, coll. *Humour libre*, © Dupuis.

Lire un menu

AUBERGE DE LA BOUCLE
Crêperie

GALETTES DE BLÉ NOIR

Beurre	**2 €**
Œuf	**2,4 €**
Fromage	**2,6 €**
Jambon	**2,6 €**
Camembert et noix	**3 €**
La Forestière *Champignons, crème fraîche*	**4,3 €**
Jambon et fromage	**4 €**
Œuf et fromage	**4 €**
Œuf et jambon	**4 €**
Lardons et gruyère	**4 €**
Camembert et jambon	**4 €**
La Complète *Œuf, jambon, gruyère*	**4,6 €**

NOS SPÉCIALITÉS

La Biquette *Fromage de chèvre, salade, lardons, noix*	**5,8 €**
La Lorraine *Œuf, lardons, jambon, fromage, crème fraîche*	**5,8 €**
La super Forestière *Champignons, fromage, lardons, crème fraîche*	**5,8 €**
La Popeye *Œuf, fromage, lardons, épinards, crème fraîche*	**6 €**
La Formidable *Œuf, fromage, jambon, tomates, oignons cuits, crème fraîche*	**6 €**
La Royale *Fromage, viande hachée, ratatouille, oignons, œuf*	**6,8 €**
La Saint-Malo *Pommes de terre, fromage, crème fraîche, jambon, champignons, muscade*	**6,8 €**
La Nordique *Saumon fumé, crème fraîche*	**6,8 €**
La Campagnarde *Fromage, œuf, lardons, pommes de terre, fonds d'artichauts, crème fraîche*	**7,3 €**

L'essentiel

1. À quoi sert ce document ?
2. Où en as-tu déjà vu de semblables ?
3. Quel genre de restaurant est l'*Auberge de la Boucle* ?

En détail

4. Quel autre nom donne-t-on aux crêpes sur ce menu ?
5. Combien coûte la crêpe *Biquette* ? Pourquoi s'appelle-t-elle ainsi ?

À ton tour

6. Quelle galette choisirais-tu si tu déjeunais à l'*Auberge de la Boucle* ?
7. Fais la liste de tout ce que tu pourrais mettre dans une crêpe surprise géante. Invente-lui un nom.
8. Que mettrais-tu dans une crêpe qui serait mangée par un robot ?

Lire les euros

L'essentiel

1. À quoi servent les différentes productions reproduites ci-dessus ? De quoi s'agit-il ?

2. Où sont-ils valables ?

3. Comment s'appelait la monnaie avant celle-ci ?

4. Pourquoi appelle-t-on cette monnaie des « euros » ?

En détail

5. Qu'indiquent les différents nombres ?

6. Que signifient les étoiles sur les billets ?

7. Quels sont les éléments communs à tous les billets ? et quelles sont les différences ?

À ton tour

- Imagine et dessine de nouveaux billets.

Lire une œuvre d'art

Pierre Bruegel l'Ancien (v. 1525-1530 - 1569), *Jeux d'enfants*, peinture (1560), Kunsthistorisches Museum, Vienne.

L'essentiel

1. De quel sorte de document s'agit-il ? Où peut-on le voir ?

2. Qui est l'auteur ? Quel est le titre ?

En détail

3. Trouve le nom de cinq jeux qui ont été représentés sur ce tableau.

4. Vois-tu des jeux qui se pratiquent encore aujourd'hui ? Est-ce qu'il y a des jeux que tu ne connais pas ?

5. Retrouve ces détails du tableau :

A

B

C

À ton tour

◆ Choisis une petite partie du tableau et décris-la à un de tes camarades. Grâce à tes indications, il devra la retrouver sur le tableau.

Lire une œuvre d'art

Le radeau de la Méduse de Théodore Géricault, musée du Louvre, Paris.

L'essentiel

1. De quel genre de document s'agit-il ?
2. Quel est le titre de cette œuvre ? Quel en est l'auteur ? Où peut-on la voir ?
3. Que représente cette scène ?
4. Observe l'attitude des personnages : quels sentiments éprouvent-ils ?
5. Quelles sont les couleurs utilisées dans ce tableau ? Quel effet produisent-elles ?

En détail

6. Certains personnages sont tournés vers l'horizon ; qu'ont-ils aperçu ?

   Quels sentiments éprouvent-ils alors ?
7. Quels sont les liens entre ce tableau et les textes de l'unité 5 ?

À ton tour

- Imagine autre chose que les personnages pourraient apercevoir à l'horizon et dessine-le.

Lire une œuvre d'art

Edvard Munch, *Le cri*, 1893, Galerie nationale, Oslo.

Gustave Courbet, *Le Désespéré*, 1841, collection privée.

L'essentiel

1. Indique pour chacun de ces tableaux :
   – le nom du peintre qui l'a réalisé ;
   – le titre ;
   – l'endroit où on peut le voir.
2. Vois-tu un point commun entre ces tableaux ? Lequel ? Et pourquoi ?
3. Courbet et Munch peignent-ils de la même façon ? Quelles différences remarques-tu ?
4. Quel tableau préfères-tu ? Explique pourquoi.

En détail

5. Voici des détails de ces deux œuvres d'art. Les reconnais-tu facilement ? Quels sont les éléments qui te permettent de les identifier ?

(a) (b) (c) (d)

(e) (f) (g) (h)

À ton tour

◆ Choisis un sentiment dans la liste ci-dessous et trouve une peinture ou un dessin pour l'illustrer. Tu peux chercher chez toi, en BCD ou sur des CD-Rom…
angoisse – amour – haine – joie.

Lire un document scientifique

L'essentiel

1. Combien de parties ce document comporte-t-il ? Que décrit chacune d'elles ?
2. Que signifient les flèches qui vont vers l'arbre ?
3. Explique ce que tu as compris en regardant ce dessin.
4. Réponds à la question du titre.
5. À quoi sert ce document ?

Que mangent les arbres de la forêt ?

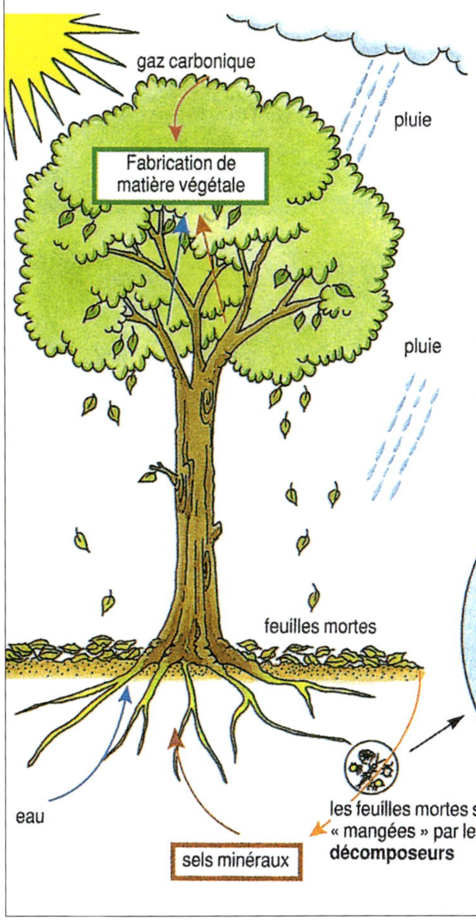

Pour se maintenir en vie, tous les êtres vivants ont besoin de s'alimenter. Mais, comme le montre le dessin de cette page, les plantes chlorophylliennes (un arbre de la forêt par exemple) ne se nourrissent pas comme les animaux ou l'homme.

Les plantes chlorophylliennes « mangent » :
– de l'**eau** et des **sels minéraux** absorbés par les racines,
– du **dioxyde de carbone** (gaz carbonique) absorbé par les feuilles.

Grâce à l'énergie fournie par le soleil et captée par les feuilles vertes, ces aliments sont transformés en **matière végétale** qui permet à la plante de grandir et de grossir, c'est-à-dire de se développer.

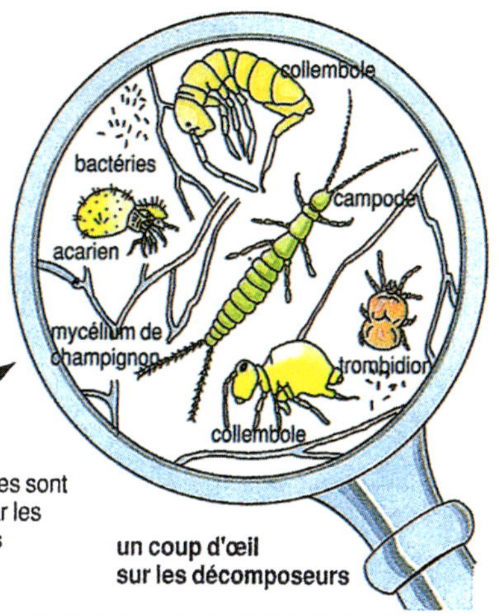

Extrait de *Sciences et technologie*, CM, Tavernier, © Éd. Bordas.

En détail

6. Pourquoi certains mots du texte sont-ils écrits en gras ? Pourquoi l'auteur met-il certaines parties du texte entre parenthèses ?
7. Qu'est-ce qu'un *collembole* ?
8. Recherche l'explication des deux groupes de mots encadrés en couleur. Où trouves-tu ces explications ?

À ton tour

◆ Réalise une fiche : *Que mangent les plantes ?*

Cherche les informations en BCD ou dans ton livre de sciences.

Aide-toi de ce document pour choisir les différentes parties de ta fiche.

Lire une planche documentaire

LES ANIMAUX

Les habitants des mers

LES ANIMAUX

Les habitants des mers

Les animaux marins ont des formes qui facilitent le déplacement dans l'eau. C'est pourquoi les mammifères marins (baleines, orques, etc.) ressemblent à certains poissons, bien qu'ils ne doivent pas être confondus avec eux.

1. Poisson-lune ou lune de mer ou môle.
2. Loup de mer ou bar.
3. Hippocampe.
4. Requin mako.
5. Exocet (poisson volant).
6. Poisson-clown.
7. Baleine franche (mammifère cétacé).
8. Espadon.
9. Dragon des mers.
10. Orque ou épaulard (mammifère cétacé).
11. Torpille.
12. Murène.
13. Pieuvre ou poulpe.

Extrait du *dictionnaire Bordas. Le Junior.*

L'essentiel

1. Réponds par *Vrai* ou *Faux* et justifie tes réponses :
   - a. Ce document est un montage de dessins et de photos.
   - b. Il présente tous les habitants des mers.
   - c. Grâce à ce document, on peut connaître la taille réelle des animaux représentés.
   - d. Il montre des poissons et des mammifères.
   - e. Les animaux sont numérotés du plus petit au plus gros.

En détail

2. Peux-tu expliquer les noms donnés aux animaux numérotés 1, 2, 6 et 9 ?

3. Quels surnoms donnerais-tu aux animaux numérotés 8, 12 et 13 ? Pourquoi ?

À ton tour

- Réalise une planche sur le sujet de ton choix (le contenu d'une trousse, d'un réfrigérateur, d'un placard de sorcière...). Découpe des photos dans des magazines et rédige les légendes.

Lire un article documentaire

L'astronaute américain Edwin Aldrin sur le sol lunaire lors de la mission Apollo 11 *en juillet 1969. On remarque ses empreintes et le module lunaire à droite du drapeau américain.* ▶

La jeep lunaire

Les quatre derniers vols se sont passés sans problèmes. Lors des trois derniers, les astronautes ont utilisé une jeep lunaire, une sorte de véhicule qui avait été transporté dans le module lunaire. Il a permis aux astronautes d'explorer des grands espaces de la surface de la Lune. Au cours de ces trois missions, ils ont ainsi parcouru presque 100 kilomètres à son bord.

Premiers pas sur la Lune

La mission *Apollo 11* a eu lieu en juillet 1969, avec trois astronautes : Neil Armstrong, Edwin Aldrin et Michael Collins. Au terme d'un voyage de trois jours, le vaisseau a atteint la Lune et s'est placé en orbite. Après avoir fait douze révolutions, le module lunaire s'est détaché pour commencer sa descente avec Armstrong et Aldrin à son bord. Le module s'est posé dans la mer de la Tranquillité. Armstrong a déployé une petite échelle et il a fait le premier pas sur la Lune. Aldrin l'a rejoint peu après. Les deux astronautes sont restés plus de deux heures sur la Lune. Ils ont recueilli des échantillons de roches et de sol lunaire, puis ont regagné le module. La partie supérieure du module les a ramenés vers Collins qui les attendait et l'équipage est revenu sur la Terre.

L'aventure de l'espace de Brian Jones, coll. *Jeune Savoir*, © Bordas.

L'essentiel

1. À quoi sert ce texte ? D'où a-t-il été extrait ? De quoi parle-t-il ?
2. À quoi sert la photographie ?
3. Combien de parties vois-tu dans ce document ? À quoi sert chacune d'elles ?

En détail

4. *Vrai* ou *Faux* ? Justifie ta réponse à l'aide d'une phrase du texte.
   a. Il a fallu trois jours à la fusée pour atteindre la Lune.
   b. Le module lunaire s'est posé dans l'eau de la mer de la Tranquillité.
   c. Armstrong et Collins ont marché sur la Lune pendant qu'Aldrin les attendait dans le vaisseau.
   d. Seuls deux des trois astronautes ont marché sur la Lune.

À ton tour

◆ Choisis une planète du système solaire. Documente-toi pour trouver des informations la concernant : sa taille, la nature de son sol, la distance qui la sépare de la Terre…
Réunis toutes ces informations dans un article documentaire que tu rédigeras toi-même.

Lire un article de revue

L'essentiel

1. *Vrai* ou *Faux* ? Ce document a été écrit pour :
   a. informer sur les déchets produits par les Européens.
   b. raconter une histoire de goélands.
   c. expliquer ce que deviennent les ordures.
   d. avertir des dangers qui menacent la planète.
2. Que représente la photographie ?

ESCALE DECOUVERTE

Sais-tu qu'un Européen jette 400 kilos de déchets chaque année ?

Les ordures ménagères mises en décharge ne sont pas recyclées, sauf par les goélands.

LE CHIFFRE

10 millions de tonnes

C'est la quantité d'ordures ménagères qui finissent en décharge en France. Mais il y en a autant qui sont brûlées ou recyclées.

LE MOT-CLE

Le recyclage

Beaucoup d'objets mis à la poubelle sont composés de matériaux qui peuvent encore servir. Le verre des bouteilles peut être refondu et moulé plusieurs fois. Cela permet d'économiser de l'énergie et de l'eau. Les fibres des papiers servent encore après avoir été désencrées. Les plastiques et les métaux sont aussi recyclables quand ils sont bien triés.

Trois solutions pour la planète

- En France, depuis janvier 1993, tous les fabricants doivent s'engager à recycler leurs emballages ou à les brûler pour produire de l'énergie. Mais il faudra attendre au moins dix ans pour que les trois quarts de nos emballages soient recyclés.
- Au Danemark, on ne vend plus de boissons dans des boîtes métalliques car leur fabrication gaspille trop d'énergie.
- En Allemagne, certaines bouteilles en plastique sont consignées depuis 1989. Ainsi, le plastique est collecté et peut servir à nouveau.

17

En détail

3. Combien y a-t-il de parties dans ce document ? Comment les reconnais-tu ?
4. De quels pays européens parle-t-on ?
5. Quelles sont les solutions proposées pour économiser l'énergie ?

À ton tour

◆ Avec tes camarades, imaginez d'autres solutions pour économiser l'énergie. Ajoutez ensuite un nouveau paragraphe à l'article.

Lire un article de journal

Mauresmo en demi-finale

Une perfomance pour Amélie Mauresmo, 29e meilleure joueuse de tennis du monde. À 19 ans, elle s'est qualifiée mardi pour la demi-finale de l'Open d'Australie, en battant Dominique Van Roost, 12e joueuse mondiale. C'est la 1re fois que la Française accède aux demi-finales d'un tournoi du Grand Chelem. Elle affronte ce matin l'Américaine Lindsay Davenport, n° 1 mondiale. Amélie l'avait battue l'an dernier, à l'Open d'Allemagne.

Amélie Mauresmo, lors du match qui l'opposait à la Belge Dominique Van Roost, mardi.

Le journal d'actualités des 10-14 ans, tél. 01 53 01 23 60 ou www.monquotidien.com

Grand Chelem : les 4 tournois les plus importants – Angleterre, Australie, États-Unis, France.

Mon quotidien, n° 1016, jeudi 28 janvier 1999.

L'essentiel

1. D'où provient ce texte ? De quoi et de qui parle-t-il ?
2. À quoi sert-il ?
3. Prends une feuille de calque et entoure le titre, la photo, la légende, le corps de l'article.

En détail

4. Quelle performance a accomplie Amélie Mauresmo ?
5. Quel âge a-t-elle à ce moment-là ?
6. Quelle est la joueuse classée au premier rang mondial ?

À ton tour

- Rédige un article racontant l'expédition *Erebus* de Jean-Louis Étienne.

  Relis le texte, page 154.
  Note les informations dont tu as besoin.
  Aide-toi du calque pour la présentation.

Tu peux illustrer ton article ou chercher une photo à laquelle tu ajouteras une légende.

Lire une affiche

Conception et réalisation : *Une bulle en plus*, © DR.

D.L.C. : Date **L**imite de **C**onsommation.

D.L.U.O. : Date **L**imite d'**U**tilisation **O**ptimale.

la chaîne du froid : les aliments doivent toujours être conservés au froid jusqu'à leur consommation.

L'essentiel

1. De quoi parle cette affiche ?
2. À qui s'adresse-t-elle ?
3. Comment sont mis en évidence les points importants ?

En détail

4. Quels sont les verbes à l'impératif ?
5. Que dois-tu faire pour ne pas casser la chaîne du froid ?

À ton tour

◆ Invente une affiche pour mettre en garde les enfants contre les dangers de l'électricité : *les prises de courant, le fer à repasser, le sèche-cheveux…*

Utilise l'impératif ou l'infinitif.
Mets en évidence chaque point important.
Choisis une illustration qui attire l'œil.

Lire une affiche

L'essentiel

1. Quelle région de France fait l'objet de cette affiche ? Repère-la sur une carte.
2. Qui est à l'origine de ce document ?
3. À qui est-il destiné ? À quoi sert-il ?
4. Décris cette photographie. Qu'évoque-t-elle pour toi ?

En détail

5. Quel sport pratiquent les personnages représentés ? Où le pratiquent-ils ?
6. « *le plein d'idées* ». À quoi cette formule te fait-elle penser ?
7. Quelle est la couleur dominante de l'affiche ? Qu'exprime-t-elle ?

À ton tour

◆ Choisis une région de France que tu connais bien et imagine une affiche qui en vanterait les mérites. Quels éléments représenteras-tu, sous quelle forme, avec quelles couleurs ? Utiliseras-tu une photocopie ou feras-tu un dessin ? À partir de quel paysage ? Quelle formule inscriras-tu ?

Lire un test de personnalité

As-tu bon cœur ?

Pour le savoir, lis attentivement chacune de ces situations.
Choisis ensuite la réponse qui correspond vraiment à ta réaction !

A. Un petit pleure car il a déchiré son pantalon en tombant dans la cour.

a) Tant pis pour lui ! b) Tu le consoles.
c) Tu vas lui acheter un pantalon neuf.

B. Ta voisine de classe a oublié sa gomme.

a) Tu caches la tienne. b) Tu lui prêtes ta gomme. c) Tu lui donnes ta gomme.

C. Tu déballes un gros sandwich à côté d'un enfant qui n'a rien à manger.

a) Tu fais comme si tu ne le voyais pas.
b) Tu partages avec lui.
c) Tu lui donnes ton sandwich.

D. Pendant une dictée, ton voisin copie sur toi.

a) Tu le dénonces aussitôt.
b) Tu caches ton cahier.
c) Tu le laisses faire.

E. Un élève de ta classe est malade depuis plusieurs jours.

a) Aucune importance puisque toi, tu es en pleine forme.
b) Tu lui écris ou tu lui rends visite.
c) Tu vas dormir dans sa chambre pour lui tenir compagnie.

F. Tu regardes un film qui raconte la vie d'un enfant très malheureux.

a) Tu ris en pensant que ce n'est pas vrai.
b) Tu décides d'aider un autre enfant malheureux que tu connais.
c) Tu sors à toute vitesse de chez toi et tu cherches partout un enfant malheureux pour l'aider.

Fais le compte de tes réponses !
Nombre de réponses
a) : ... b) : ... c) : ...

- **Si les réponses a) sont plus nombreuses** : Tu ne fais pas attention aux gens qui vivent autour de toi. Tu as un cœur de pierre.
- **Si les réponses b) sont plus nombreuses** : Tu as plutôt bon cœur. Tu n'hésites pas à partager et tu as une bonne idée de la justice.
- **Si les réponses c) sont plus nombreuses** : Tu en fais trop ! Ton cœur est tellement bon que tu ne penses plus à toi. C'est bien de vouloir aider les autres, mais là, tu exagères !

L'essentiel

1. À qui s'adresse ce document et à quoi sert-il ? D'où peut-il provenir ?
2. Fais le test !... Permet-il vraiment de savoir si on a bon cœur ? Pourquoi ?

En détail

3. Quelle est la situation que tu préfères ? Pourquoi ?
4. Que penses-tu de toutes les réponses c ?

À ton tour

◆ Recherche un thème de test (Es-tu courageux ? jaloux ? etc.) et rédige un questionnaire en t'aidant de cet exemple. Fais-le passer à tes camarades !

Le coin du poète

L'éléphantastique

Ils jouaient dans la classe
avec les mots et les images.
Ils apprivoisaient
peu à peu le langage.
Ils faisaient des charades
Des rébus des comptines
des bouts-rimés des acrostiches
et des calligrammes.
Ils dessinaient tout un bestiaire
d'oiseaux quadrupèdes
velus ou bicéphales
des martaureaux et des cerfeuilles
des serpaons des escargorilles.
C'est ainsi qu'il est né
avec sa trompe longue
de papillon et ses
huit pattes frêles
l'éléphantastique.

M.-F. Lavaur,

Mon cartable

Mon cartable a mille odeurs,
mon cartable sent la pomme,
le livre, l'encre, la gomme
et les crayons de couleurs.

Mon cartable sent l'orange,
le bison et le nougat,
il sent tout ce que l'on mange
et ce qu'on ne mange pas.

La figue, la mandarine,
le papier d'argent ou d'or,
et la coquille marine,
les bateaux sortant du port.

Les cow-boys et les noisettes,
la craie et le caramel,
les confettis de la fête,
les billes remplies de ciel.

Les longs cheveux de ma mère
et les joues de mon papa,
les matins dans la lumière,
la rose et le chocolat.

Pierre Gamarra, *La tarte aux pommes*,
Tire-Lyre 1, © L'école des loisirs.

L'écolière

Bon Dieu ! que de choses à faire !
Enlève tes souliers crottés,
Pends donc ton écharpe au vestiaire,
Lave tes mains pour le goûter,

Revois tes règles de grammaire.
Ton problème, est-il résolu ?
Et la carte de l'Angleterre,
Dis, quand la dessineras-tu ?

Aurai-je le temps de bercer
Un tout petit peu ma poupée,
De rêver, assise par terre,
Devant mes châteaux de nuées ?
Bon Dieu ! que de choses à faire !

Maurice Carême, *La grange bleue*,
© Fondation Maurice Carême.

Atelier de poésie

1. Écris ton prénom comme s'il s'agissait d'un dessin, avec des couleurs et des formes de lettres illustrées. Affiche-le avec ceux de tes camarades.
2. Écris ton prénom verticalement ou horizontalement et essaie d'ajouter d'autres mots :

E nnui
hi R ondelle
v I rage
C amion

v
a
b a n
E R I C
a c l
u l
e

Dimanche

Charlotte
Fait de la compote
Bertrand
Suce des harengs
Cunégonde
Se teint en blonde
Epaminondas
Cire ses godasses
Thérèse
Souffle sur la braise
Léon
Peint des potirons
Brigitte
S'agite, s'agite
Adhémar
Dit qu'il en a marre.

René de Obaldia, *Innocentines, Poèmes pour enfants et quelques adultes*, © Grasset.

◆ *Que penses-tu de ce tableau ?*
De quoi parlent les poèmes ?

La jeune maîtresse d'école de Jean-Baptiste Chardin, National Gallery, Londres.

À toi d'écrire

3. Trouve des mots qui riment avec ton prénom comme dans le poème *Dimanche*. *Ex : Camille, vanille, fille, bille, gentille...*
En utilisant les mots que tu as trouvés, écris un poème pour te décrire.
Recommence avec un autre prénom.

4. Cherche des mots qui commencent comme ton prénom et fais une phrase amusante avec :
Ex : Maya mâche des macarons devant la mare.
Salomé salue une sardine dans le salon.
Recommence avec le prénom de tes amis.

La frégate *La sérieuse*

Qu'elle était belle ma frégate,
Lorsqu'elle voguait dans le vent !
Elle avait au soleil levant,
Toutes les couleurs de l'agate ;
Ses voiles luisaient le matin
Comme des ballons de satin ;
Sa quille mince, longue et plate,
Portait deux bandes d'écarlate
Sur vingt-quatre canons cachés ;
Ses mâts, en arrière penchés,
Paraissaient à demi-couchés.
Dix fois plus vive qu'un pirate,
En cent jours du Havre à Surate
Elle nous emporta souvent.
Quelle était belle, ma frégate,
Lorsqu'elle voguait dans le vent !

Alfred de Vigny, *Poèmes antiques et modernes.*

En forêt

Dans la forêt étrange c'est la nuit ;
C'est comme un noir silence qui bruit ;

Dans la forêt, ici blanche et là brune,
En pleurs de lait filtre le clair de lune.

Un vent d'été qui souffle on ne sait d'où
Erre en rêvant comme une âme de fou ;

Et, sous des yeux d'étoile épanouie,
La forêt chante avec un bruit de pluie.

Germain Nouveau, *Premiers poèmes*, 1872-1879.

◆ *Raconte ce que tu vois sur ce tableau. À ton avis, pourquoi l'a-t-on choisi ?*

Le port et l'embarcation de la reine de Saba de Claude Le Lorrain, National Gallery, Londres, Angleterre.

En sortant de l'école…

En sortant de l'école
nous avons rencontré
un grand chemin de fer
qui nous a emmenés
tout autour de la terre
dans un wagon doré
Tout autour de la terre
nous avons rencontré
la mer qui se promenait
avec tous ses coquillages
ses îles parfumées
et puis ses beaux naufrages
et ses saumons fumés […]

Jacques Prévert,
Histoires, © Gallimard.

Madeleine Le Floch, coll. *L'enfant et la poésie*,
© le cherche midi éditeur.

G. Apollinaire,
Montparnasse,
œuvres poétiques,
© Gallimard.

Carelman et Massin,
Calligrammes, Exercices de style
de Queneau, © Gallimard.

Atelier de poésie

1. Lis ces calligrammes. Pour cela, trouve le bon sens…

À toi d'écrire

2. Choisis un des calligrammes de la page et écris-le sans passer à la ligne. Relis-le et dessine ce qu'il évoque pour toi en utilisant les mots de ce poème. Ce sont les mots qui doivent former eux-mêmes un dessin.

3. Reprends un poème que tu aimes et présente-le sous la forme d'un calligramme.

Le singe

Le singe descend de l'homme.
C'est un homme sans cravate,
sans chausssures, sans varices,
sans polices, sans malice,
sorte d'homme à quatre pattes
qui n'a pas mangé la pomme.

Claude Roy, *Enfantasques*,

Le zèbre

Le zèbre, cheval des ténèbres,
Lève le pied, ferme les yeux,
Et fait résonner ses vertèbres
En hennissant d'un air joyeux.
Au clair soleil de barbarie,
Il sort alors de l'écurie
Et va brouter dans la prairie
Les herbes de sorcellerie.
Mais la prison, sur son pelage,
A laissé l'ombre du grillage.

Robert Desnos, *Chantefables et Chantefleurs*,

◆ *Quelle impression te fait ce tableau ?*
Que penses-tu du paysage ? et des singes ?

Forêt tropicale avec singes, Le Douanier Rousseau,
Washington, États-Unis, collection particulière.

Les paons au coucher du soleil

Le paon Touflard, la paonne Ade, la paonne Oplie,
Le paon Dule, le paon Talon, le paon Créas,
Chaque beau soir que Dieu créa,
Toutes leurs splendeurs accomplies,
Le paon Théon, le paon Plemousse, le paon Tin,
La paonne Iquarde et le père paon Diculaire
Qui hautainement circulèrent
Le long des ruisseaux argentins,
Paonne Ache, paonne Onceau,
paon Phlétaire, paonne Urge, [...]
Sûrs que plus une tâche n'urge,
Éteignent leur grand cinéma.

Lucienne Desnoues,
Mon premier livre de poèmes pour rire,
© Lucienne Desnoues D.R.

Le tigre silencieux

Je me coule
Et je me faufile,
Et je me déroule
Et je me défile,
Entre les herbes
De la jungle.

Sur mes pattes veloutées,
Personne
Ne m'entend marcher,
Personne
Ne m'entend approcher.

Ni le buffle
Ni la gazelle
Qui viennent le soir
Boire l'eau calme
De la mare,
Et que je dévorerai...
Si j'arrive à les attraper !

Anne-Marie Chapouton,
Comptines pour enfants bavards,
coll. *Père Castor*, © Flammarion.

Atelier de poésie

1. Lis le poème sur les paons plusieurs fois. Que remarques-tu ?
2. Retrouve les mots sur lesquels l'auteur a *joué* en utilisant *paon* ou *paonne*.
Lis-le à haute voix en insistant sur les lignes en italique.
3. À ton tour, choisis un animal dont le nom ne possède qu'une syllabe.
Ex : chat – porc – pie – rat – ver...
Puis fais une liste de mots avec.
Ex : porc tique = portique ;
porc table = portable ;
porc taille = portail.

À toi d'écrire

4. Reprends la liste des mots que tu as inventés et essaie de les organiser pour faire un poème comme celui de Lucienne Desnoues.
Tu peux garder les lignes en italique. Tu pourras ensuite illustrer ton poème.

Le hareng saur

Il était un grand mur blanc-nu, nu, nu,
Contre le mur une échelle-haute, haute, haute,
Et, par terre, un hareng saur-sec, sec, sec.

Il vient, tenant dans ses mains-sales, sales, sales,
Un marteau lourd, un grand clou-pointu, pointu, pointu,
Un peloton de ficelle-gros, gros, gros,

Alors il monte à l'échelle-haute, haute, haute,
Et plante le clou pointu-toc, toc, toc,
Tout en haut du grand mur blanc-nu, nu, nu.

Il laisse le marteau-qui tombe, qui tombe, qui tombe,
Attache au clou la ficelle-longue, longue, longue,
Et, au bout, le hareng saur-sec, sec, sec.

Il redescend de l'échelle-haute, haute, haute,
L'emporte avec le marteau-lourd, lourd, lourd,
Et puis, il s'en va ailleurs-loin, loin, loin.

Et, depuis, le hareng saur-sec, sec, sec,
Au bout de cette ficelle-longue, longue, longue,
Très lentement se balance-toujours, toujours, toujours.

J'ai composé cette histoire-simple, simple, simple,
Pour mettre en fureur les gens-graves, graves, graves,
Et amuser les enfants-petits, petits, petits.

Charles Cros.
Le coffret de santal, 1873.

Conversation *(Sur le pas de la porte, avec bonhomie)*

Comment ça va sur la terre ?
– Ça va ça va, ça va bien.

Les petits chiens sont-ils prospères ?
– Mon Dieu oui merci bien.

Et les nuages ?
– Ça flotte.

Et les volcans ?
– Ça mijote.

Et les fleuves ?
– Ça s'écoule.

Et le temps ?
– Ça se déroule.

Et votre âme ?
– Elle est malade
le printemps était trop vert
elle a mangé trop de salade.

Jean Tardieu, *Le fleuve caché* © Gallimard.

Un enfant m'a dit

Un enfant m'a dit : le soleil
Est un œuf dans une poêle bleue…

Un enfant m'a dit : le soleil
Est une orange dans la neige…

Un enfant m'a dit : le soleil
Est une pêche jaune et rouge
Sur un lit de velours qui bouge…

Un enfant m'a dit : le soleil
Est un bijou sur une robe…

Un enfant m'a dit : je voudrais
Je voudrais cueillir le soleil.

Pierre Gamarra,
La tarte aux pommes, *Tire-Lyre 1*,

◆ *À ton avis, pourquoi le peintre a-t-il représenté le jongleur ainsi ?*

Le jongleur de Marc Chagall, 1943.

Atelier de poésie

1. a. Lis ce poème plusieurs fois. Que remarques-tu ?
   b. Invente un poème en te servant de la même structure, mais en prenant un autre mot que *soleil*.
2. Mettez-vous par deux (sans regarder ce que l'autre écrit). Le premier doit rédiger cinq questions commençant par « *Qu'est-ce que… ?* » pendant que le second écrit cinq phrases commençant par « *c'est…* ». Ensemble, composez votre poème en choisissant tour à tour une question et une réponse.

À toi d'écrire

3. Relis le poème *Conversation*. Invente un texte sur le même modèle en imaginant d'autres dialogues.

Le relais

En voyage, on s'arrête, on descend de voiture ;
Puis entre deux maisons on passe à l'aventure,
Des chevaux, de la route et des fouets étourdi,
L'œil fatigué de voir et le corps engourdi.

Et voici tout à coup, silencieuse et verte,
Une vallée humide et de lilas couverte,
Un ruisseau qui murmure entre les peupliers,
Et la route et le bruit sont bien vite oubliés !

On se couche dans l'herbe et l'on s'écoute vivre,
De l'odeur du foin vert à loisir on s'enivre,
Et sans penser à rien on regarde les cieux…
Hélas ! une voix crie : « En voiture, messieurs ! »

Odelettes, poésies et souvenirs de Gérard de Nerval.

Saltimbanques

Dans la plaine les baladins
S'éloignent au long des jardins
Devant l'huis des auberges grises
Par les villages sans églises

Et les enfants s'en vont devant
Les autres suivent en rêvant
Chaque arbre fruitier se résigne
Quand de très loin ils lui font signe

Ils ont des poids ronds ou carrés
Des tambours des cerceaux dorés
L'ours et le singe animaux sages
Quêtent des sous sur leur passage

Alcools de Guillaume Apollinaire,

Heureux qui comme Ulysse

Heureux qui, comme Ulysse, a fait un beau voyage,
Ou comme celui-là qui conquit la toison,
Et puis est retourné, plein d'usage et raison,
Vivre entre ses parents le reste de son âge !

Quand reverrai-je, hélas, de mon petit village
Fumer la cheminée, et en quelle saison
Reverrai-je le clos de ma pauvre maison,
Qui m'est une province, et beaucoup davantage ?

Plus me plaît le séjour qu'ont bâti mes aïeux
Que des palais romains le front audacieux,
Plus que le marbre dur me plaît l'ardoise fine,

Plus mon Loire gaulois que le Tibre latin,
Plus mon petit Liré que le mont Palatin,
Et plus que l'air marin la douceur angevine.

Les regrets de Joachim du Bellay.

Îles

Îles
Îles où l'on ne prendra jamais terre
Îles où l'on ne descendra jamais
Îles couvertes de végétations
Îles tapies comme des jaguars
Îles muettes
Îles immobiles
Îles inoubliables et sans nom
Je lance mes chaussures par-dessus bord
car je voudrais bien aller jusqu'à vous.

Feuilles de route de Blaise Cendrars,
in *Tout autour d'aujourd'hui* - Tome 1

◆ *À quel poème de cette page le tableau te fait-il penser ? Pourquoi ?*

Mosaïque du IIIe siècle après J.-C., *Ulysse et les sirènes*, détail, Musée du Bardo, Tunisie.

Atelier de poésie

1. Entraîne-toi à lire le poème de Cendrars en utilisant des tons différents : joyeux, triste, mystérieux…
2. Un mot revient régulièrement dans ce poème. Quel est-il et où est-il placé ?
3. Observe les deux derniers vers. Qu'en penses-tu ?

À toi d'écrire

4. En t'inspirant de son poème, écris quelques vers à la manière de Blaise Cendrars pour inviter au voyage. Compare ce que tu as écrit avec un camarade et, à deux, composez votre poème.
5. Remplace le mot *Îles* par *Forêts* et écris un poème à la manière de Blaise Cendrars.

Les cyclistes

Les grelots sonnent ;
Loin, sur la route,
Quatre cyclistes.

Entre leurs bras
Et leur poitrine
On voit le ciel.

Les pentes étirent
Les virages tordent
La vie élastique
De leurs quatre corps ;
Elle mollit, ploie,
Colle sur la voie,
Ou durcit et broie
Le néant qui dort

Jules Romains,
Un être en marche,
© Éd. Flammarion.

Le sportif au lit

Au fond je suis un sportif, le sportif au lit. Comprenez-moi bien, à peine ai-je les yeux fermés que me voilà en action.
Ce que je réalise comme personne, c'est le plongeon.[…] Je puis difficilement expliquer la perfection de mes mouvements. Pour moi ils sont tellement naturels. Les trucs du métier ne me serviraient à rien, puisque je n'ai jamais appris à nager, ni à plonger. Je plonge comme le sang coule dans mes veines. […]

Henri Michaux, *La nuit remue*, © Éd. Gallimard.

Tennis

De la raquette à la balle
De la balle à la raquette
Chocs, entrechocs

Des yeux aux yeux
Éclairs, sourires,
Des cils aux cils ;

Des mots, des chiffres
Des lèvres aux lèvres,
Et des dents aux dents
Du soleil.

André Spire, *Poèmes de Loire*,
© Éd. Grasset.

◆ *À ton avis, pourquoi le peintre a-t-il représenté les sportifs ainsi ? Qu'en penses-tu ?*

Footballeurs de Nicolas de Staël, 1952, Musée des Beaux-Arts, donation Granville, Dijon.

Saute-mouton

[…] – Qui veut *jouer* à saute-mouton ?
– Moi ! dit Jeannot-la-tête-au-vent.

Il *prend* de très loin son élan,
saute au-dessus d'un potiron.

Il *saute* par-dessus Médor.
De plus en plus haut, de plus en plus fort.

[…] Il a *sauté* par-dessus le nuage.
Est-ce Jeannot ? Est-ce un mirage ?

[…] Il a *disparu*, *sautant* dans le ciel,
à saute-mouton, à saute-soleil,

et la soupe va *refroidir*
dans l'assiette de Jean-qui-*vole*.

Claude Roy, *Nouvelles enfantasques*,

Saute-moutarde

– Qui veut jouer à saute-moutarde ?
– Moi ! dit Jeannot-la terre-au-ventre.

Il prend de très loin son évier,
Saute au-dessus d'un policier.

Il saute par-dessus Mélanie,
De plus en plus haut, de plus en plus fort.

Il a sauté par-dessus le numéro.
Est-ce Jeannot ? Est-ce un micro ?

Il a disparu, sautant dans le cinéma,
À saute-moutarde, à saute-sorcier,

et la souris va refroidir
dans la poche de Jean-qui-vole.

Louis-Jean Ybra.

Atelier de poésie

1. Lis ces deux poèmes.
Qu'a-t-on changé dans le deuxième ?
Observe le début des mots qui sont à la même place.
Que remarques-tu ?

Écris ta version de *Saute-moutarde* avec d'autres noms en utilisant la même règle.
Tu peux utiliser ton dictionnaire.

2. Tu peux également transformer le poème en changeant les verbes qui sont en italique.
Compare avec un camarade les résultats obtenus.

À toi d'écrire

3. Choisis un autre poème dans ton manuel.
Transforme-le de la même façon, en remplaçant les noms par d'autres noms ou les verbes par d'autres verbes.

Dis-le à voix haute à tes camarades et demande-leur de retrouver le poème original.

Rondeau à la neige

Tombe la neige !
Triste manège :
Moucher, toussir,
Prendre élixir,
Au lit gésir.

Maint déplaisir
Mon mal rengrège.
Tombe la neige.

Pardonnerai-je ?
Ou haïrai-je ?
Je n'ai loisir
De ne rien choisir.
Sur tout désir
Tombe la neige.

André Mary, *Rimes et bacchanales*

Femme se baignant de Rembrandt, 1655, National Gallery, Londres.

Les cheveux

Simone, il y a un grand mystère
Dans la forêt de tes cheveux.

Tu sens le foin, tu sens la pierre
Où des bêtes se sont posées ;
Tu sens le cuir, tu sens le blé
Quand il vient d'être vanné ;
Tu sens le bois, tu sens le pain
Qu'on apporte le matin ;
Tu sens les fleurs qui ont poussé
Le long d'un mur abandonné ;
Tu sens la ronce, tu sens le lierre
Qui a été lavé par la pluie ;
Tu sens le jonc et la fougère
Qu'on fauche à la tombée de la nuit ;
Tu sens le houx, tu sens la mousse,
Tu sens l'herbe mourante et rousse
Qui s'égrène à l'ombre des haies ;
Tu sens l'ortie et le genêt,
Tu sens le trèfle, tu sens le lait ;
Tu sens le fenouil et l'anis ;
Tu sens les noix, tu sens les fruits
Qui sont bien mûrs et qu'on cueille ;

Tu sens le saule et le tilleul
Quand ils ont des fleurs plein
les feuilles ;
Tu sens le miel, tu sens la vie
Qui se promène dans les prairies ;
Tu sens l'amour, tu sens le feu.

Simone, il y a un grand mystère
Dans la forêt de tes cheveux.

Rémy de Gourmont (1858-1915).

◆ *Que penses-tu du tableau ?*
De quoi parlent les poèmes ?

La différence

À Martine

Pour chacun une bouche deux yeux
deux mains deux jambes

Rien ne ressemble plus à un homme
Qu'un autre homme

Alors
entre la bouche qui blesse
et la bouche qui console

entre les yeux qui condamnent
et les yeux qui éclairent

entre les mains qui donnent
et les mains qui dépouillent

entre les pas sans trace
et les pas qui nous guident

où est la différence
la mystérieuse différence ?

Jean-Pierre Siméon,
À l'aube du buisson,

Les Quatre sans cou

Ils étaient quatre qui n'avaient plus de tête,
Quatre à qui l'on avait coupé le cou,
On les appelait les quatre sans cou.

[…] Quand ils couraient, c'était du vent.
Quand ils pleuraient, c'était vivant,
Quand ils dormaient, c'était sans regret.

[…] Quand ils jouaient, c'était comme tout le monde,
Comme vous et moi, vous et nous et tous les autres,
Quand ils jouaient, c'était étonnant.

[…] Leurs mains avaient des lignes sans nombre
Qui se perdaient parmi les ombres
Comme des rails dans la forêt.

Robert Desnos,
Les sans cou, *Fortunes*,

Atelier de poésie

1. Relis le poème *Les Quatre sans cou* et relève les actions.

2. Complète ces vers avec d'autres comparaisons :
   - quand ils couraient, c'était …
   - quand ils pleuraient, c'était…
   - quand ils dormaient, c'était …
   - quand ils jouaient, c'était …

À toi d'écrire

3. Réécris le début du poème de Desnos en choisissant d'autres personnages qui vont en groupe :
   les trois sans main…
   les deux sans nez…

4. Sur le même modèle, invente d'autres actions :
   Quand ils …, c'était …

5. Avec un camarade, mettez vos idées en commun et composez un poème à la manière de Robert Desnos.

Conseils donnés par une sorcière

(À voix basse, avec un air épouvanté,
à l'oreille du lecteur.)

Retenez-vous de rire
dans le petit matin !

N'écoutez pas les arbres
qui gardent les chemins !

Ne dites votre nom
à la terre endormie
qu'après minuit sonné !

À la neige, à la pluie
ne tendez pas la main !

N'ouvrez votre fenêtre
qu'aux petites planètes
que vous connaissez bien !

Confidence pour confidence :
vous qui venez me consulter,
méfiance, méfiance !
On ne sait pas ce qui peut arriver.

Jean Tardieu, *Monsieur, Monsieur*,

Si…

Si la sardine avait des ailes,
Si Gaston s'appelait Giselle,
Si l'on pleurait lorsqu'on rit,
Si le pape habitait Paris,
Si l'on mourait avant de naître,
Si la porte était la fenêtre,
Si l'agneau dévorait le loup,
Si les Normands parlaient zoulou,
Si la mer Noire était la Manche,
Et la mer Rouge la mer Blanche,
Si le monde était à l'envers,
Je marcherais les pieds en l'air,
Le jour je garderais la chambre,
J'irais à la plage en décembre,
Deux et un ne feraient plus trois…
Quel ennui, ce monde à l'endroit !

Jean-Luc Moreau, *L'arbre perché*,

◆ *À ton avis, qui sont ces personnages ? Aimerais-tu les rencontrer ? Pourquoi ?*

Crispin et Scapin d'Honoré Daumier, 1864, Musée d'Orsay, Paris.

Pour Alice

Est-ce un oiseau qui aboie
une lampe qui fume
un enfant qui verdoie
C'est un lapin qui chante
un homme qui rit
un prêté pour un rendu
Alice ma fille ma plume
jouons enfin au plus fin
au jugé à la tartelette
Il faut nous donner la main
les lunettes sur nos cheveux
et les cheveux sur nos lunettes

Philippe Soupault,
Chansons (1949), *Poèmes et poésies*,
Grasset, © Philippe Soupault.

Les moustiques

Les moustiques
Piquent, piquent
Les gens qui
Pique-niquent.

Ils attaquent
En oblique
Les hamacs
Élastiques

Et bivouaquent,
Sans panique,
Dans les sacs
En plastique.

Les moustiques
Font la nique
Aux gens qui
Pique-niquent.

Et qu'ils piquent
Et repiquent
En musique.
C'est comique !

Pierre Coran, *Direlire, Comptines pour que les consonnes sonnent*,
© Éd. Casterman.

Atelier de poésie

1. Entraîne-toi à lire *Les moustiques* sans hésiter, puis mets le poème en musique sur un air de ton choix.
Tu peux très bien l'inventer ! *Chante* ton poème à tes camarades. Ont-ils trouvé des musiques très différentes ?

2. En écrivant, Pierre Coran s'est amusé avec les moustiques, mais aussi avec les mots. Comment les a-t-il choisis ? Dans quel but ? Comment s'appelle son livre ?

3. Écris quelques vers en commençant par *Les fourmis*. Pour cela, recherche d'abord une dizaine de mots (des noms, des verbes, des adjectifs…) contenant le son *fou*, puis organise-les à ta guise.

À toi d'écrire

4. a. Choisis un nom (d'animal, de personne…) contenant un son que l'on rencontre fréquemment. Écris une liste de mots contenant ce son ; tu pourras l'enrichir avec celles de tes camarades.

b. Utilise les mots de ta liste pour écrire un poème à la manière de Pierre Coran.
Essaie de le chanter à tes camarades, ou à tes parents…

Écoles

… Ce sont les écoles de campagne, les écoles perdues
Entre la lande et la pierraille, entre les bois et les labours ;
Il y en a près des hameaux où les chemins font carrefour ;
D'autres qu'entoure le village et d'autres à l'entrée du bourg ;
Celles aussi qu'on a bâties à l'écart sur un monticule.
Et si nos yeux pouvaient franchir cette brume qui traîne au bout,
Ils en verraient d'autres monter sur un terrain noir contre une usine,
Pâles écoles de banlieue où l'air sent le fer et le soufre ;
Et d'autres bien creusées de cours naître du cœur des grandes villes.

Jules Romains, *L'homme blanc*, © Éd. Flammarion.

L'élève modèle

C'est un élève modèle
a dit l'instituteur.
Quelques-uns ont compris.
Ce sont ceux
qui copient sur lui…

Marjan, *Tenue de fantaisie*,
1951, D.R.

Grammaire

Peut-être et toujours peut-être
adverbes que vous m'ennuyez
avec vos presque et presque pas
quand fleurissent les apostrophes

Et vous points et virgules
qui grouillez dans les viviers
où nagent les subjonctifs
Je vous empaquette vous ficelle

Soyez maudits paragraphes
pour que les prophéties s'accomplissent
bâtards honteux des grammairiens
et des mauvais joueurs de syntaxe

Sucez vos impératifs
et laissez-nous dormir
une bonne fois
c'est la nuit et la canicule

Philippe Soupault, *Poèmes et poésies*,
Grasset 1973,
© Philippe Soupault.

La blanche école

La blanche école où je vivrai
N'aura pas de roses rouges
Mais seulement devant le seuil
Un bouquet d'enfants qui bougent

On entendra sous les fenêtres
Le chant du coq et du roulier ;
Un oiseau naîtra de la plume
Tremblante au bord de l'encrier

Tout sera joie ! Les têtes blondes
S'allumeront dans le soleil,
Et les enfants feront des rondes
Pour tenter les gamins du ciel

René-Guy Cadou,
Les amis d'enfance,
© Éd. Seghers.

◆ *As-tu déjà vu des sculptures ? Où ?*
Que penses-tu de cette écolière ?

Mots-valises

Chevalphabet :
grand mammifère
à crinière qui sert
à transcrire les sons

Coucouronne :
oiseau grimpeur
que l'on met sur la tête

Enfantôme :
garçon ou fille qui
apparaît de façon
surnaturelle

Élèvelours :
élève très doux

Virguleçon :
signe de ponctuation
à apprendre par cœur

L'écolière de E. Degas, *Études de femmes*, 3/4 gauche, plâtre, 1880-81, Musée d'Orsay, Paris.

Atelier de poésie

1. a. Comment sont formés les mots-valises ? Et leur définition ?

b. Quel mot obtiens-tu avec : *cartable* et *tableau* ?
Construis des mots-valises avec *stylo, école, lecture, classe* et invente leur définition.

2. a. Lis à voix haute ces mots trouvés dans un dictionnaire : *deutéragoniste, syntoniser, sycophante, oxymore, joubarbe*.

b. Imagine une définition pour chacun, puis compare avec celles de tes camarades.
Cherche celles du dictionnaire.

À toi d'écrire

3. a. À plusieurs, inventez des mots-valises.

b. Choisissez-en cinq pour lesquels vous imaginerez des définitions.

c. Comparez ce que vous avez trouvé.

4. Cherche dans un dictionnaire des mots « rares », par leur longueur ou leur sonorité, et demande à un camarade d'inventer leur définition. Échangez les rôles.

La guenon, le singe et la noix

Une jeune guenon cueillit
Une noix dans sa coque verte ;
Elle y porte la dent, fait la grimace... « Ah ! certes,
Dit-elle, ma mère mentit
Quand elle m'assura que les noix étaient bonnes.
Puis, croyez aux discours de ces vieilles personnes
Qui trompent la jeunesse ! Au diable soit le fruit ! »
Elle jette la noix. Un singe la ramasse,
Vite entre deux cailloux la casse,
L'épluche, la mange, et lui dit :
« Votre mère eut raison, ma mie,
Les noix ont fort bon goût, mais il faut les ouvrir.
Souvenez-vous que dans la vie,
Sans un peu de travail, on n'a point de plaisir. »

Jean-Pierre Claris de Florian, 1792.

Le glouton

À son souper un glouton
Commande que l'on apprête
Pour lui seul un esturgeon,
Sans en laisser que la tête.
Il soupe ; il crève, on y court ;
On lui donne maints clystères.
On lui dit, pour faire court,
Qu'il mette ordre à ses affaires.
« Mes amis, dit le goulu,
M'y voilà tout résolu ;
Et puisqu'il faut que je meure,
Sans faire tant de façon,
Qu'on m'apporte tout à l'heure
Le reste de mon poisson. »

Jean de La Fontaine, 1665, *Fables*.

◆ *Que peut-on savoir de cet homme ?*
Que peut-on supposer ?

Portrait de J.-P. Proudhon en 1853 de G. Courbet, 1865. Huile sur toile, 147 x 198 cm, Musée du Petit Palais, Paris.

La chenille

Le travail mène à la richesse.
Pauvres poètes, travaillons !
La chenille en peinant sans cesse
Devient le riche papillon.

Guillaume Apollinaire,
Le bestiaire ou cortège d'Orphée,

La grenouille qui se veut faire aussi grosse que le bœuf

Une grenouille vit un bœuf
Qui lui sembla de belle taille.
Elle, qui n'était pas grosse en tout comme un œuf,
Envieuse, s'étend, et s'enfle, et se travaille,
Pour égaler l'animal en grosseur,
Disant : « Regardez bien, ma sœur ;
Est-ce assez ? dites-moi ; n'y suis-je point encore ?
– Nenni. – M'y voici donc ? – Point du tout. – M'y voilà ?
– Vous n'en approchez point. » La chétive pécore
S'enfla si bien qu'elle creva.
Le monde est plein de gens qui ne sont pas plus sages :
Tout bourgeois veut bâtir comme les grands seigneurs,
Tout petit prince a des ambassadeurs,
Tout marquis veut avoir des pages.

Jean de La Fontaine.

Atelier de poésie

1. Lis attentivement la fable ci-dessus, repère les personnages, puis relisez-la à plusieurs en vous répartissant les rôles.
2. À quel animal se rapporte la phrase écrite en vert ? Justifie ta réponse.
3. Sur une copie de la fable, colorie en bleu tout ce qui parle du bœuf et en vert tout ce qui parle de la grenouille. Entoure toutes les actions de la grenouille.

À toi d'écrire

4. Choisis deux autres animaux et, à la manière de Jean de La Fontaine, imagine une fable qui aura pour titre : *Le (la)... qui veut se faire aussi petit(e) que le (la)...*

Oceano Nox

Oh ! combien de marins, combien de capitaines
Qui sont partis joyeux pour des courses lointaines
Dans ce morne horizon se sont évanouis !
Combien ont disparu, dure et triste fortune !
Dans une mer sans fond, par une nuit sans lune,
Sous l'aveugle océan à jamais enfouis !

Combien de patrons morts avec leurs équipages !
L'ouragan de leur vie a pris toutes les pages
Et d'un souffle il a tout dispersé sur les flots !
Nul ne saura leur fin dans l'abîme plongée.
Chaque vague en passant d'un butin s'est chargée ;
L'une a saisi l'esquif, l'autre les matelots !

Victor Hugo (1802-1885),
L'homme blanc.

◆ *Selon toi, à quoi correspond chacune des formes colorées ? Qu'en penses-tu ?*

Paul Klee, *Tapis du souvenir*, 1914.
Huile/bois. 33 x 20,5 cm, Suisse, Berne, coll. Bürgi.

Un matin

Dès le matin, par mes grands'routes
[coutumières
Qui traversent champs et vergers,
Je suis parti clair et léger,
Le corps enveloppé de vent et de lumière.

Je vais, je ne sais où. Je vais,
[je suis heureux ;
C'est fête et joie en ma poitrine ;
Que m'importent droits et doctrines,
Le caillou sonne et luit
[sous mes talons poudreux.

Les bras fluides et doux des rivières
[m'accueillent ;
Je me repose et je repars
Avec mon guide, le hasard,
Par des sentiers sous bois
[dont je mâche les feuilles.

Emile Verhaeren,
Les forces tumultueuses.

Rêve d'enfant

Qui n'a rêvé de gloire et de fortune
De longs voyages aux émouvantes arrivées
Qui n'a même distrait rêvé de la lune
Penché sur le ciel et près de chavirer

Qui n'a couru les mille et quatre chemins
Chemins d'espoir et chemins d'infortune
Ah qu'aujourd'hui est beau quand il y a demain
Dans la douceur des soirs au plein sommet des dunes

Poèmes du petit matin de Claude Haller,
Coll. *Livre de poche Jeunesse*, © Hachette Livre.

On dit que…

Entre l'arbre et l'écorce il ne faut pas mettre le doigt.

Mieux vaut tard que jamais.

Pierre qui roule n'amasse pas mousse.

Qui veut voyager loin ménage sa monture.

En avril ne te découvre pas d'un fil.

Qui veut noyer son chien l'accuse de la rage.

Atelier de poésie

1. Comment s'appellent les phrases ci-dessus ? En connais-tu d'autres ?

2. Amuse-toi à compléter ces proverbes. Tu peux t'aider d'un dictionnaire.

… deux lièvres à la fois.
… pas le chat qui dort.
… des fourmis à une charrette.
… la chandelle par les deux bouts.
… qui croyait prendre.

3. Retrouve les proverbes suivants :

On ne fait pas d'omelette…
L'appétit vient…
L'argent n'a…
Qui s'y frotte…
Un tien vaut mieux…

… sans casser des œufs.
… en mangeant.
… que deux tu l'auras.
… pas d'odeur.
… s'y pique.

À toi d'écrire

4. Recopie tous ces proverbes sur des bandes de papier, coupe-les en deux et fais-en deux paquets. Amuse-toi à les reconstituer en tirant au hasard.

5. Écris des proverbes pour différents moments de ta vie :
Ex. : Quand le maître n'est pas là, les…
Savoir ses leçons sur…

6. Réécris des proverbes en ne gardant que ce qui est en rose dans le proverbe suivant :
Pierre qui roule n'amasse pas mousse.
Ex. : Plume qui vole n'amasse pas de duvet.

Le soleil aujourd'hui

Le soleil aujourd'hui,
Je me le suis donné.

J'en ai mis plein mes poches
Et dans d'autres endroits
Où mes mains ne vont pas.

Je peux escalader
Ce qui me séparait.

Je peux montrer aux gens
Comment c'est, la lumière.

Eugène Guillevic,
Les chansons d'Antonin Blond,
© Éd. Seghers.

L'avion

Un avion a atterri
cet après-midi
sur une page blanche
de mon livre ouvert.

Il a dessiné de ses huit roues
comme une mèche de cheveux
au beau milieu de la feuille ;
puis lentement s'est rangé,
en bas,
à gauche,
près du numéro 36.

36 passagers sont descendus.
Ils m'ont parlé en 36 langues,
de 36 millions d'enfants
que je ne connaissais pas.

Et mon livre traduisait,
et mon livre jubilait.

Alain Serres, *N'écoute pas celui qui répète*, © Cheyne Éditeur.

◆ *Cherche le cheval blanc dans le tableau.*
Que penses-tu de la technique utilisée par le peintre ?
Pourquoi parle-t-on d'impressionnisme ?

Paysage à Collioure, le cheval blanc de André Derain, huile sur toile, 1905, Musée d'Art moderne, Troyes.

Je chante pour passer le temps

Je chante pour passer le temps
Petit qu'il me reste de vivre
Comme on dessine sur le givre
Comme on se fait le cœur content
À lancer cailloux sur l'étang
Je chante pour passer le temps
[…]
Oui pour passer le temps je chante
Au violon s'use l'archet
La pierre au jeu des ricochets
Et que mon amour est touchante
Près de moi dans l'ombre penchante
Oui pour passer le temps je chante

Je chante le temps en chantant
Je chante pour passer le temps

Louis Aragon, *Le roman inachevé*,
© Éditions Gallimard.

L'avenir

Soulevons la paille
Regardons la neige
Écrivons des lettres
Attendons des ordres

Fumons la pipe
En songeant à l'amour
Les gabions sont là
Regardons la rose
[…]

Regardons nos mains
Qui sont la neige
La rose et l'abeille
Ainsi que l'avenir

Guillaume Apollinaire, *Calligrammes*,
© Éditions Gallimard.

Atelier de poésie

1. Lis, à haute voix, le poème d'Aragon. Qu'entends-tu à la fin de chaque vers ?

2. Recopie ce poème et colorie de la même couleur les vers qui se terminent par le même son (les rimes).
Compare la 1re et la 2e strophe. Que remarques-tu ?

3. Écris une troisième strophe, sur le modèle du poème d'Aragon, en commençant par :
Oui pour m'amuser je chante.
(Attention aux rimes !)
Pour t'aider, voici quelques mots finissant par *chante* : *alléchante, approchante, attachante, couchante, méchante…*
Cherches-en d'autres avant d'écrire.

À toi d'écrire

4. Trouve d'autres raisons pour lesquelles on peut chanter.
Compose ensuite une poésie, comme celle de Louis Aragon, avec deux strophes, des rimes particulières et des vers qui se répètent.

Dire/lire/écrire au cycle 3

Unités 1 à 21
Exploitation des textes
pp 7 à 258

Dire/lire/écrire: des textes de genres et de types variés pour aborder les différentes fonctions de l'écrit
au moyen d'extraits de textes variés et d'activités diversifiées permettant de travailler : l'oral, le vocabulaire, l'aisance de la lecture, la compréhension du texte et la perception de son fonctionnement, la lecture oralisée, la production d'écrits tant dans des activités d'écriture partielle ou de réécriture que dans des mini-projets d'écriture.

Le coin du lecteur
pp. 259 à 301

Lire des textes longs initiateurs de la lecture littéraire
au moyen d'extraits significatifs de textes littéraires et d'activités permettant de comprendre, de discuter, d'interpréter le texte, de s'en servir comme support d'activités d'écriture et déclencheur de lectures en réseaux.

Le coin des documents
pp. 302 à 326

Lire des documents pour acquérir les repères culturels et les compétences transversales nécessaires à la lecture de tous types d'écrits
au moyen de textes documentaires diversifiés sollicitant les différentes fonctions de l'écrit, et d'activités permettant d'explorer ces documents, de les comprendre et d'en réaliser d'autres du même genre.

Le coin du poète
pp. 327 à 352

Dire/lire/écrire : des textes poétiques pour prendre toute la dimension de la langue et l'utiliser à des fins de création et d'expression
au moyen de textes poétiques variés et d'activités de lecture expressive ou d'expression orale, de compréhension ou d'exploration du texte poétique, d'écriture ou de réécriture.

Achevé d'imprimer par Graficas Estella (Espagne)
N° d'éditeur 10091918 (I) (15) CSBS 90° - D.L. : juin 2002